Paul-Joachim Hopp
Weite Pürsch

Paul-Joachim Hopp

Weite Pürsch

Von Jägern, Wild und Hunden

*Mit 8 Übersichten, einer Karte und
8 Bildtafeln mit 16 Fotos*

Verlag Paul Parey · Hamburg und Berlin

CIP-Kurztitelaufnahme der Deutschen Bibliothek

Hopp, Paul-Joachim:
Weite Pürsch : von Jägern, Wild u. Hunden / Paul-
Joachim Hopp. – Hamburg ; Berlin : Parey, 1984. –
  ISBN 3-490-38611-6

ISBN 3-490-38611-6

Inhalt

Die Vergangenheit ist niemals tot.
Sie ist nicht einmal vergangen.

William Faulkner, Requiem für eine Nonne,
Deutsche Übertragung von Robert Schnorr,
Zürich, 1956

Ouvertüre

Brunft 1981

Abends beim Schnepfenstrich riecht man den aufkommenden Frühling, das Nahen des Herbstes erkennt das Auge: Das Korn ist geerntet, über welkenden Kartoffelstauden verglüht flimmernd der Sommer. Auf der Frühpirsch halten Spinnen Taudiamanten, und die Vogelbeeren leuchten scharlachrot. Herbst will es werden. Das Kahlwild steht schon in der Nähe der Brunftplätze. Die Hirsche ziehen an, Himmelszeichen hier und dort hinterlassend. Und dann ist es soweit; die Hirsche melden, stimmen sich ein. Das große Konzert des Jahres im Hochwildrevier beginnt.

Im Jahr 1981 schrien die ersten Hirsche im Jossgrund bereits in den letzten Tagen des Monats August. Forstamtmann Sieges verhörte sie am 29. dieses Monats im „Birkenacker", und Dr. Hackmann jun. bestätigte einen Tag später Brunftbetrieb im Revier Burgjoß. Die Jagd auf die Brunfthirsche setzte ein.

Im „Graben", der von Eichen-Riegeln und Laubholz-Blöcken umsäumten und durchstellten Fichten-Mulde des Birkenackers, entdeckte ich bald darauf einen bullenhaften Eissprossenzwölfer. Der Träger bildete mit dem mächtigen Rumpf eine Linie, und der Widerrist wölbte sich über dem Vorderziemer. Der Hirsch war alt genug und jagdbar.

7

Da Gäste nicht abrufbereit waren, wurde Forstamtsinspektor Willi Haas, das Orber-Original, in das Revier Birkenacker beordert. Zur Einstimmung führte ich ihn in den Forstort „Peenemünde". Die Abmachung lautete: Einen Hirsch der Klasse I schießt „Willi", einen Hirsch der Klasse II c der Chef.

Wir saßen noch nicht lange auf dem hohen Sitz, da zog ein Rudel Kahlwild auf die Kulturfläche. Ein Hirsch erschien nicht. Dafür trat erneut Mutterwild mit Kälbern aus der Dickung. Drei junge Hirsche, ein geringer Sechser, ein guter Jährling und ein jämmerlicher Schmalspießer, gesellten sich hinzu. Schließlich ästen 31 Stück Rotwild vor uns. Als das Büchsenlicht schwand, erhielt der schwache Spießer hochblatt die Kugel und lag im Feuer.

In den nächsten Tagen rückten wir immer näher an den Graben heran. Nachdem ich allein noch einmal den „Bullen" beobachtet hatte, wagte ich den ersten Abendansitz mit Haas oberhalb der Mulde. Vor der „Veranda" suchten zwei jüngere Hirsche. Dann knörte ein Hirsch rechts in den Fichten, und plötzlich war der Bulle da. Aber er wendete sofort und verschwand wieder mit schaukelndem Geweih im Jungwuchs. Willi wußte nun, wem es galt. Julante, das Hausschwein, sollte für die Hirschfeier sterben.

Aber der Metzger kam nicht mehr zum Schlachten. Der Bulle fiel, bevor die Sau gebrüht war. Denn schon am nächsten Morgen pürschten Haas und Hopp wieder den Graben entlang. Es war nur eine kleine Hausmusik, die aus der Mulde heraufklang, aber sie genügte, um den Eissprossenzwölfer zu orten. Er stand an der Veranda.

Wir erreichten den Hochsitz nicht gerade leise, denn Willis Füße steckten in „Elbkähnen" und planierten bei jedem Schritt Rückewege. Die Fläche mit dem Fichten-Anwuchs war leer, dennoch bezogen wir Posten.

Die Sonne war schon aufgegangen, und die Waldarbeiter fuhren bereits zu den Hiebsorten, als ohne Ankündigung der Bulle aus dem Eichen-Geviert auf die Fläche trat. Einen Moment zögerte ich, prüfte noch einmal das Alter und gab dann den Schuß frei. Er peitschte hinaus und riß den Hirsch herum. „Härr Doktor, de kriegt de Kurve ne me!", war der Spruch meines Nachbarn im breiten Orber-Dialekt. Im hohen Holz brach der Hirsch zusammen.

Der Bulle hielt, was er versprochen hatte. Wuchtige Schlittenkufen waren die Augsprossen. Die langen und kräftigen Stangen – links 102,0 cm und rechts 103,1 cm – endeten jeweils in auseinandergezogenen Dreierkronen mit starken Enden. Auf der Landestrophäenschau 1983 in Kassel rangierte das Geweih mit 188,28 IP an dritter Stelle des Jahrganges 1981 und erhielt die bronzene Medaille.

Dem Erleger verschlug der Anblick des gestreckten Hirsches zunächst die Sprache. Aber dann kam die Freude über den Geburtstagshirsch zum fünfzigsten Wiegenfest. Die in der Nähe arbeitenden Waldarbeiter waren die ersten, die die Moritat des Morgens vernahmen. Etwas langsamer wurde die Geschichte am Abend im Lärchenzimmer vorgetragen. Der erlegte Hirsch wollte beim Erleger nicht sterben.

Es sollte der erste und zugleich der letzte starke Hirsch des Orber Försters vom Jägerskreuz sein, denn als wir den Bullen bejagten, hatte den Erleger schon eine tödliche Krankheit geschlagen. Nach Monaten der Spannung zwischen Hoffnung und Resignation starb Willi Haas, wir trugen ihn im Juli 1983 zu Grabe.

Aber zurück zur Brunft 1981. Im „Scheibenwald" hatte Forstinspektor Pfeifer an der „Köhlerhütte" einen alten Kronenzehner gesehen. Er war am Abend mit einem Rudel Kahlwild in die Dickung gezogen und brunftete am Morgen des 15. Septembers in einer flachen Wanne unterhalb der Hütte. Ihn sollte ein Apotheker bejagen. Er wurde fernmündlich herbeigerufen.

Am Vormittag errichteten Waldarbeiter einen Schirm. Abends saßen der Gast und ich bereits im neuen Gehäuse am Wechsel. Wir brauchten nicht lange zu warten, da meldete der Hirsch schon. Bald erschien Kahlwild, aber statt des schreienden Hirsches schlug sich nur ein hoher Spießer zum Rudel. Im Stangenholz jedoch war rege Brunft. Der Hirsch trieb und schrie zuweilen voll durch. In die Delle vor uns zogen Tier und Kalb. Der Wedel des Alttieres war angehoben, der Apotheker machte sich fertig. Doch der Hirsch folgte nicht. Er bearbeitete mit dem Geweih eine stärkere Strobe am Rande des höheren Holzes. Ich erkannte seine Umrisse, aber das Geweih konnte ich nicht ansprechen. Dann waren das Tier und das Kalb verschwunden, auch der Hirsch hatte sich verstellt. Er schrie jetzt hangauf.

Erst als es dämmerte, bewegte sich die Musik erneut auf uns zu. Das Tier kam wieder, das Kalb trollte hinterher, und da zog ein drittes Stück, ein brunftiges Schmaltier. Plötzlich tauchten blitzende Enden im Grün des Tanns auf und nieder, der Hirsch folgte dem Stück mit spielendem Lecker.

Doch war das ein Kronenzehner? Ich zählte die Enden und kam immer wieder auf die Zahl „zwölf". Auch die Altersansprache beschäftigte mich. War der Hirsch wirklich zehn Jahre alt? Viel Zeit blieb uns nicht mehr. Das Büchsenlicht ging, und das Kahlwild formierte sich. Ich mußte mich entschließen und bat den Gast zu schießen. Der Hirsch sackte im Schuß in die jungen Fichten. Die Kugel hatte ihn mit einem Treffer hochblatt von den Läufen gestoßen. Die Stangen des Eissprossenzwölfers aus dem Scheibenwald sind kürzer als die seines Vetters aus dem Graben, das Geweih wirkt dadurch klobiger als das des Bullen, aber der unbekannte „Apo-Hirsch" war gerade nur zehn Jahre alt.

Beeindruckt von den beiden schnellen Erfolgen ließ ich mich dazu verleiten, zwei weitere Gäste abzurufen. Zunächst reiste ein jüngerer Bankkaufmann an. Ihm folgte ein ausgewachsener Bankdirektor.

Aber in der Brunft gibt es wie an der Küste Ebbe und Flut. Dieser Wechsel zwischen hoher Zeit und lauen Tagen wird durch das Brunftigwerden vom weiblichen Wild bestimmt, und das Konzert der Hirsche ist dazu noch abhängig von der Anzahl der vorhandenen ranghohen Bewerber und dem Witterungsverlauf. Am Anfang und am Ende der Brunft sind nur wenige Stücke brunftig, aber in der zweiten Hälfte des Monats September wird im Spessart gewöhnlich das Maximum erreicht. Ausfallzeiten, Flauten, sind also vor allem bei Beginn und beim Abklingen der Brunft zu erwarten.

Eben war der Apo-Hirsch gestreckt, da schlug die Witterung um. Es regnete und wurde warm. Das Brunftkonzert verstummte fast völlig. Der Gast und ich beobachteten kaum Rotwild. Sahen wir einen Hirsch, handelte es sich entweder um einen Japper oder um einen Hirsch der Güteklasse I. Wir aber suchten einen besseren II b-Hirsch, ein schwieriges Unterfangen in einem Revier, das zu einem Rotwildgebiet zählt, in dem nach Möglichkeit bereits in der Jugendklasse der Wahlabschuß weitgehend getätigt wird und die Mittelklasse kaum noch „Mogler" enthält.

Nach drei Tagen vergeblichen Bemühens machte mich Pfeifer auf einen älteren, aber relativ dünnstangigen Kronenzehner im Forstort „Scheibengrund", einem Reviertteil der Försterei Birkenacker, aufmerksam.

Jagdgast Schmidt und ich verhörten tags darauf im Morgengrauen auf der „Flörsbacher Höhe" die Hirsche. Sie schrien wider Erwarten gut. Vier, fünf, nein sogar sechs Stimmen konnten wir ausmachen. Wir beschlossen, in den Scheibengrund einzudringen. Zunächst stießen wir aber auf eine stärkere Sau, die nahe einer Äsungsfläche im Gebräch stand und unser Erscheinen mit ärgerlichem Blasen quittierte. Anschließend kamen wir jedoch im Laubholz-Block der Nordseite des Tales gut voran. Zum Brunftrudel schlossen wir aber erst kurz vor der „Hirschbank" auf. Zwei Stück Kahlwild gaben uns noch die Ehre, die Hirsche standen bereits im Dickungskomplex der „Kalten Eiche".

Da begann im Gegenhang wieder ein Hirsch zu melden. Die Stimme klang gut. So wechselten wir zügig von Hang zu Hang. Im Steilhang schlug der Puls am Hals, und keuchend erreichten wir den „Fernblick", den Hochsitz auf der Höhe.

Unterhalb der nahen Wildwiese, in den hohen Fichten, mußte der Hirsch brunften. Ab und zu schrie er noch. Das Angehen begann und stockte bereits an der Wiese. Dort stand ein Hirsch mit drei Stück Kahlwild. Es war der angekündigte Kronenzehner. Ich gab ihn frei, aber der Gast konnte nicht schießen. Der Hirsch verschwand mit seinem Wild in einer Bodenwanne.

Noch einmal hieß es laufen. Wir durchquerten das Altholz und dann eine Dickung. Ich wollte dem Hirsch den Wechsel verlegen. Es gelang, aber am Rand des Stangenholzes erwartete uns das ganze Rudel. Wir hatten an der Wiese nur die Nachhut gesehen. Das Leittier eräugte uns. Aufgeregt stellte es die Lauscher und bewegte die Vorderläufe, wendete und führte das Rudel im Troll zurück.

Wir stießen auf dem Pürschsteig nach, erklommen den Sitz an der Wiese und sahen das Wild im Mittelhang. Es war außer Schußweite. Doch das führende Tier drehte bei und wechselte entlang der Äsungsfläche zurück. Es wollte partout in die hinter uns liegende Dickung. Der Hirsch folgte etwas langsamer dem flüchtigen Wild. Als er breit am Sitz vorbeitrollte, faßte ihn die erste Kugel des Gastes. Danach benutzte der Kronenzehner nur noch drei Läufe und kam schwerfällig parallel zur Breitseite der Wiese im Fichten-Altholz. Auch die zweite Kugel traf. Erst der dritte Schuß, den ich als Führer assistierend hochblatt antrug, riß ihn verendend von den Läufen.

Als wir überglücklich von der Revierförsterei dem Forstamt per Telefon die Erlegung von „Schmidtchen", dem braven, zehnjährigen IIb-Hirsch meldeten, erfuhren wir, daß auch der bereits angereiste Bankdirektor Madaus zu Schuß gekommen war. Unter Führung von Forstamtmann Rohland hatte er im Dienstbezirk Villbach einen ungeraden Vierzehnender gestreckt.

Erneut schlug das Wetter um. Es wurde wieder warm. Die laue Brunft brach zusammen. Dennoch gelang es, mit dem nächsten Jagdgast, Forstdirektor Rudolph aus Darmstadt, Hirsche anzugehen. Aber wir hatten Pech, nichts Passendes präsentierte sich uns. Erst im

Graben wurde es spannend, mehrere Hirsche schrien, und Kahlwild tummelte sich im Tal. Beim Muldensitz konzentrierte sich das Brunftkonzert. Alles steuerte auf einen bekannten Wechsel unterhalb des „Sieben-Wege-Kreuzes" zu. Schließlich tauchte der Hirsch auf. Ein ungewöhnlich starker Sechzehnender trollte uns entgegen. Am Wechsel drehte er bei. Der schnelle, weite Schuß verfehlte das Ziel. Der konsternierte Schütze wollte von einem erneuten Pürschgang im Birkenacker nichts mehr wissen. Die „Raketenbahnen" dieses Revieres sagten ihm nicht zu. So sparten wir am nächsten Morgen die Frühpürsch aus und fuhren erst am Nachmittag in den Bezirk Villbach. Hier hatte Revierleiter Rohland Brunftbetrieb am „Hirscheck" bestätigt.

Der milde Herbsttag lullte uns ein. Abwechselnd schliefen der Gast und der Führer. Fern stieß einmal ein Hirsch an, dann war wieder Stille. Ich schlummerte weiter, doch dieses Dösen mit dem Zwang zur Bereitschaft ist kein tiefer Schlaf. Das geschulte Ohr vernimmt auch im Halbschlaf Geräusche und sendet Signale zur Zentrale.

So hörte ich angedeutet das Überfallen der Waldstraße von einem Stück Wild. Steine kieselten. Die Sinne schärften sich. Stangen strichen im Fichten-Aufwuchs an. Vorsichtig weckte ich den Gast. Er war just bereit, als ein grauer Hirsch mit gedrungenem Körper aus einer „Salzhöhle" stieg. Ich mahnte ihn an. Der Hirsch verhoffte, sicherte und schrie. In diesem Augenblick fiel der Schuß und fällte den zwölf- bis dreizehnjährigen Kronenzehner.

Als wir den Hirsch versorgten, erwachte die Brunft. Auf der „Großen Wildwiese", im Hirscheck und am „Loshieb" orgelten Hirsche. Sie verabschiedeten sich vom „Schleicher".

Mit dem nächsten Jagdgast, einem etwas älteren, aber quicklebendigen Oberstarzt a. D. und tennisspielenden Professor stieg ich wieder in den Graben. Mich reizte der Sechzehnender. Regen und Wärme ließen jedoch die Brunft immer mehr abflauen, und der September ging zur Neige.

Doch wir gaben nicht auf. Wir saßen an und pürschten; ich voran als Führer in leichter Feldmontur, dahinter der Professor mit Lodenmantel, Schal, Joppe und Sweater. Schweiß floß in Strömen, doch das soll, so wurde mir gesagt, gesund sein.

An einem Morgen mit Nieselregen folgten wir einem Brunftrudel. Wir pürschten durch den ganzen Graben. Erst in der Mulde bekamen wir Kontakt. Unbemerkt vom Wild kletterten der „Eskimo" und der „Nackte" auf die Kanzel.

Hier mahnte ich mehrmals. Das Brunftgeschehen belebte sich. Ein Beihirsch zog über die Schußschneise. In der Dickung standen zwei Hirsche schreiend einander zu. Ein weiterer Hirsch trieb. Immer näher kam er mit seinem Stück. Dann sah ich in den jungen Fichten zwei gewaltige Gabeln. Der Sechzehnender? Nein, aber ein höchst begehrenswerter älterer Hirsch. Der Professor fragte zurück, ich nickte, und die Kugel verließ den Lauf. Schlagartig brach der Geweihte auf der schmalen Lücke zusammen. Das Schmaltier zögerte und entfernte sich dann in verhaltenen Fluchten. Ich aber verließ den Hochsitz und lief zum Hirsch, der mit einem sehr hohen Blattschuß nicht verenden wollte. Zwei Fangschüsse erlösten ihn. Ein bemerkenswerter Achter war gestreckt, zwar nur ein II b-Hirsch, aber ein Hirsch mit einer Trophäe für Feinschmecker.

Der letzte Jagdgast für einen höher qualifizierten Hirsch war der Büchsenmachermeister Obertreis aus Wiesbaden. Geschäftlich gebunden kam er spät mit wenig Zeit. Das war für die fast eingeschlafene Brunft eine äußerst schlechte Disposition. So kam es auch, daß wir bis zum vorletzten Tag, den der Gast bleiben konnte, nichts bewerkstelligt hatten. Ich wußte nur, daß im „Mittelgrund" und an der „Rabenbergs-Linie" noch Brunftbetrieb war. Der Hirsch im Mittelgrund war heimlich, niemand hatte ihn bisher gesehen. An der Rabenbergs-Linie herrschte ein kronenloser Hirsch.

Der letzte Nachmittag war angebrochen. Früh standen Obertreis und ich auf der Linie. Wir prüften den Wind und entschieden uns für den „Auerhahn-Sitz" im „Schwarzen-Grund". Als der Wind drehte, umschlugen wir den Dickungskomplex und störten dabei nahe der Wildwiese der Abteilung 39 a das austrittsbereite Brunftrudel. Es polterte davon, stieß auf dem Kammweg mit einer Gruppe von Wanderern zusammen und flüchtete in den „Wettergrund". Die Chance war dahin, und die Zeit drängte.

Kurz entschlossen wechselten wir mit dem Pkw die Revierseite. Am späten Nachmittag pürschten wir von der Höhenlinie zwischen den ehemaligen Revierförstereien Mernes und Burgjoß Richtung Mittelgrund. Irgendwo mußte hier Oberamtsrat Blume zur Beobachtung ansitzen. Ich hoffte auf eine lautlose Verständigung, auf die richtige Deutung der Situation.

Just als ich die Plattform des Hochsitzes am Muldenkopf erklommen hatte, trat Kahlwild aus der Verjüngung auf die Abteilungsschneise. Der Jagdgast erstarrte auf der Leiter, ich zog mich auf den Sitz. Doch das Alttier war mißtrauisch geworden und verschwand mit dem Familienverband in die Deckung des Stangenholzes. Ein Wink, und Obertreis saß neben mir. Eben hatte er seine Büchse eingerichtet, da erschien ein kompakter Hirsch mit einem abnormen Geweih auf der Linie. Das Alter paßte, das Geweih auch, ich stieß den Gast an, und der Schuß brach, als der Unbekannte in das Stangenholz eintauchen wollte. Ein Zeichnen hatte ich nicht bemerkt. Aber der Gast, ein Fachmann ja, schwor, gut abgekommen zu sein. Er wies mich ein, doch ich entdeckte im Anschußbereich kein Schnitthaar und keinen Schweiß. Aber im weichen Oberboden stand eine besonders ausgeprägte Stanzfährte. Dieser Fluchtfährte folgte ich bis zum Bestandsrand und sah in der Läuterungsfläche das fahle Rot des gestreckten Hirsches. Auch Blume kam, er hatte hinter uns an der Wildwiese gesessen.

Der geheimnisvolle Hirsch des Mittelgrundes, der die weite Fichten-Mulde beherrscht hatte, wurde so noch am Ende der Brunft en passant überlistet. Der ungerade Kronenzehner war zehn bis elf Jahre alt. Rechts zeichnete ihn eine abnorme, schaufelartige Krone aus, links trug er eine knuffige Achterstange. Für den „Baron vom Mittelgrund" loderten am Abend noch einmal die Feuer auf dem Burghof, erklangen die Signale „Hirsch tot!", „Jagd vorbei!" und „Halali!", Besinnung und Freude zugleich.

So leicht scheint es, Brunfthirsche zu bejagen. Seit mehreren Jahren kann ich über derartige Erlebnisse zur Brunftzeit berichten. Manchmal wirken die Geschichten kaum glaubhaft, aber sie sind belegt. Doch ist das Jagen auf mehrere Brunfthirsche mit verschiedenen Gästen wirklich so mühelos? Ich meine nicht.

Entscheidend ist sicherlich, daß Kahlwild im Revier steht und bejagbare Hirsche sich zuschlagen. Von besonderer Bedeutung aber ist auch, daß die Jägerei ihr Handwerk versteht. Alle Beobachtungen sind zu melden und werden zentral ausgewertet. Für die Führungen selbst kommen nur wenige Beteiligte in Frage. Sie müssen die Kenntnisse vom Revier mit den Gepflogenheiten des Wildes verknüpfen, intuitiv Situationen deuten können und entscheidungsfreudig sein. Dazu kommt die Einschätzung der Gäste, denn nicht mit jedem Begleiter kann man alles unternehmen. Die Jagd auf den Brunfthirsch ist unter diesen Umständen nicht leicht, aber reizvoll. Um den Reiz genießen zu können, bedarf es jedoch einer gründlichen Ausbildung. Auch Jäger wird man nur über den Weg vom Lehrling zum Gesellen und vom Gehilfen zum Meister. Über diesen Werdegang eines Jägers sollen daher die folgenden Seiten nicht zuletzt Auskunft geben.

Anfänge

Plattdeutsche Lieder

Wenn die Augen von hoher Warte das Wild suchen, durchstößt manchmal der Blick das Geäst. Er gleitet über die Wipfel der Bäume, überspringt Täler, steigt an den Bergen hinauf und findet im Erinnern in ferner Ebene eine Stadt, überragt von zwei wuchtigen Türmen. Parchim, eine mecklenburgische Kleinstadt, grüßt unvermittelt mit seinen Ziegelkirchen St. Georgen und St. Marien. Für einen Augenblick berührt die Kindheit den Jäger.

Sie begann in Ludwigslust, der kleinen Residenz der Herzöge von Mecklenburg-Schwerin. Theodor Heuss hat diesem klassizistischen Kleinod der „griesen Gegend" im Reisebericht „Herbststreife durch Mecklenburg" (1959) eine liebenswürdige Zuneigung bekundet. Aus dem schlichten Jagdschloß Klenow wurde „Ludwigs Lust", zwei Wörter, die sich zu einem Namen verbanden und das Kürzel „Lulu" zeugten.

Die Umgebung von Ludwigslust ist wald- und wildreich. Friedrichsmoor, Jasnitz und Leussow, Orte mit Namen von jagdlichem Rang, liegen in seiner Nähe. Aber den Knaben interessierten damals Hasen, Rehe und Wildschweine nur, wenn sie zur Weihnachtszeit am Eingang eines Delikatessengeschäftes hingen.

Dafür wurde ich von Vater Gillmeister, einem Nachbarn in der Luisenstraße, die man bis 1982, dem Jahr der Inbetriebnahme der Autobahn Hamburg–Berlin, auf dem Transitweg (!) zwischen Elbe und Spree passierte, in die Anfangsgründe des Fischfangs eingeführt. Mit dem Fahrrad ging es an die Elde. Stundenlang konnte ich „Würmer baden", war aufgeregt bei einem Biß, glückselig über ein gefangenes Rotauge, eine Plötze, einen Barsch.

Aber der Trieb des Beutemachens war geweckt. In Parchim, der zweiten Station meiner Kindheit, bewohnten wir ein Haus am Wokkersee. Hier wurde ich zum Angler, Aale und Karpfen gingen mir an den Haken. Als 1945 der Jüngling den Krieg in Berlin überlebt hatte

Parchim   An der Elde

und als Wanderer an den heimatlichen See zurückgekehrt war, konnte
er schon mit Rute, Schnur und Haken eine Familie ernähren.

Bei diesem „Schwarzmarkt-Geschäft besonderer Art" zerschlug
mir ein Karpfen nach dem Anschlag das Fischzeug. Mit der Spitze der
Angel strebte er vom Ufer fort. Ich zog die Kleider aus, hechtete vom
Steg in das Wasser, schwamm der Pose nach und ergriff den Bambus-
stock. Bald war der Fisch müde. Ein prächtiger Karpfen wurde gelan-
det. Der nackte Fischer hatte die Lacher auf seiner Seite, und die Eltern
eines Freundes bekamen einen Leckerbissen in den Topf.

Von Parchim ging es nach Rostock. Germanistik und Philosophie
wollte ich dort studieren. Doch mich beschäftigten die russische Lite-
ratur und das Theater. Unvergessen Paul Wegener in „Nathan der
Weise", auch die großen Künstler hatten in der Hungerzeit das Land,
in dem die Kartoffeln blühen, lieben gelernt. Aber der Aufenthalt an
der Warnow blieb nur eine Episode.

Einem Klassenkameraden war es gelungen, in die Forstlehre einzu-
treten. Wir blieben im Verbund, und in mir wuchs das Verlangen, es
ihm gleich zu tun. Das Unerwartete glückte, am 11. April 1947 trat
ich als Forstlehrling meinen Dienst im Stadtwald Parchim an.

Die Revierförster Otto Buhr, Buchholz, und Heinrich Brockmann, Kiekindemark, wurden meine ersten forstlichen Lehrer. Ihnen
verdanke ich das handwerkliche Rüstzeug meines Berufes. Dabei

kam auch die jagdliche Ausbildung nicht zu kurz, denn es gab trotz der beträchtlichen Wildverluste durch die Kriegsfolgen noch immer Rotwild, Sauen, Rehwild, Hasen, Kaninchen, Füchse, Dachse und Marder. Schwarzwild konnte ich sogar in Rotten bis zu dreißig Stück beobachten. Starke Keiler zogen ihre Fährten.

Es kam zu den ersten eigenen jagdlichen Handlungen. Die Fallenjagd auf Raubwild und der Karnickelfang mit Tellereisen wurden geübt. Zuletzt stellten wir auch schon größeren Tieren nach, aber der Erfolg blieb mangels Erfahrung und wegen der gebotenen Vorsicht aus.

Heinrich Brockmann war es, der mich mit dem „Plattdeutschen", diesem heiteren „Singsang" der Mecklenburger, vertraut machte, denn meine Mutter duldete als Darmstädterin das Platt im Elternhaus nicht. Im täglichen Umgang mit der Landbevölkerung lernte ich schnell hinzu und fungierte bei den Brennholzeinschlägen für viele Flüchtlinge als „Dolmetscher". „Jochen, överset mal!", lautete dann das Kommando meines Lehrherren, dem der Schalk aus den Augen „plinkerte" und dessen „Räuberuniform" einem Robin Hood Ehre gemacht hätte. Brockmann starb hochbetagt 1977, Buhr folgte ihm 1980. Beide sah ich zuvor noch einmal wieder. Der „Förster von Kiekindemark" besuchte mich, ausgerüstet mit einer Umhängetasche, im Odenwald, den „Herrn vom Buchholz" suchte ich in Söllingen auf.

Im Sommer 1949 wurde ich zur Ergänzung der Ausbildung an das Forstamt Neukloster versetzt. Das Revier Höltingsdorf nahm mich auf. In Revierförster Hasselmann traf ich erneut auf einen vorbildlichen Forstbeamten alter Schule. Er war nicht nur Forstmann, sondern auch Landwirt und Jäger.

Aber mein Aufenthalt in diesem herrlichen Landstrich unweit der Ostseeküste war nur kurz. Als die Kraniche sich zum Zug sammelten und die Kartoffelfeuer brannten, verließ ich Mecklenburg.

Ich habe es bis heute nicht wieder betreten. Aber ich habe bei Ratzeburg am Culpiner See an der Grenze gestanden und gedacht, daß ich in gut einer Stunde in Parchim sein könnte. Als ich 1979 mit der Fähre von Göteborg nach Travemünde unter der mecklenburgischen Küste entlangfuhr, sah ich die Wachtürme, die Sperrzäune und Soldaten mit Hunden. Es wurde mir bewußt, daß die nun schon lange währende Teilung des deutschsprachigen Raumes eine neue Etappe erreicht hat.

Aber „Mecklenburg, das Land der Ostsee und der Seen, Mecklenburg, der Landstrich der Buchendome und der Kiefernbackstuben,

Mecklenburg, die Landschaft der Kornschläge und der Kartoffelfelder", wie ich es in meinem ersten Buch kennzeichnete, bleibt meine Heimat. Ein Land allerdings, von dem manche Westdeutsche nicht mehr wissen, daß es ein deutsches Land ist, und wo es in Deutschland liegt!

Bei der Frage nach dem Verlauf eines ostdeutschen Flusses, der Lage einer verlorenen deutschen Stadt und dem Schicksal einer östlichen Provinz unseres Vaterlandes steht nicht die Prüfung des geographischen Wissens im Vordergrund, vielmehr erkundet sie vorrangig den Grad des nationalen Bewußtseins.

Wo Werra sich und Fulda küssen ...

Ab Wintersemester 1949/50 studierte ich in Hann. Münden und blieb zehn Jahre mit dieser Stadt an den drei Flüssen als Forststudent, Doktorand und Referendar verbunden. Werra und Fulda, die nach dem Kuß „ihre Namen büßen müssen", fließen hier zur Weser zusammen, und alle drei Wasser bestimmten die Anlage der Siedlung. Sie birgt noch heute Kostbarkeiten an Fachwerkbauten, kann mit dem Rathaus aus dem 17. Jahrhundert repräsentieren und das Welfenschloß vorzeigen. Über die Werra führt zur Innenstadt eine Steinbrücke, sie wurde um 1400 erbaut. Das Hauptgebäude der Forstlichen Hochschule und späteren Forstlichen Fakultät der Georg-August-Universität Göttingen war trotz der bevorzugten Lage an der Werra jedoch kein bauliches Kunstwerk. Es glich eher einem preußischen Kleinstadtbahnhof aus der Gründerzeit als einem Tempel der Wissenschaft. Der Abriß dieses Baues nach dem Umzug der Forstlichen Fakultät nach Göttingen war daher kein städtebaulicher Substanzverlust.

Das Studentsein in der Nachkriegszeit wurde durch den Aufenthalt in der traditionsbewußten Kleinstadt erleichtert. Man erfuhr Hilfe durch die Stadtverwaltung, man fand Unterstützung in der Bevölkerung und wurde gefördert durch die Fakultät. Die Professoren waren Forscher *und* Lehrer, der Kontakt zwischen ihnen und den Studenten eng. Die Studenten der damaligen Jahrgänge, meistens durch den Krieg geprägt, stellten geringere Ansprüche an die Allgemeinheit als die heutige Generation der Studierenden. Die Lernenden waren vor allem willens, sich selbst zu helfen. Dennoch, als Werkstudent allein

18

hätte man sein Ziel wohl kaum erreicht, die Hilfe der Elternhäuser, der Verwandten, der Korporationen, der Freunde, der akademischen Lehrer und ihrer Assistenten war eine wesentliche Stütze. Dazu kam der Zusammenhalt in mancher Studentenehe. Das damalige Studium war sicherlich für viele Studenten keine leichte Zeit, aber doch ein erfüllter Zeitabschnitt.

Und es wurde auch gejagt. Auf einem Semesterball gewann ich bei der Tombola die Abschußerlaubnis für einen Rehbock im Forstamt Kattenbühl. Am 3. August 1951 meldete ich mich bei dem damaligen Revierförster Denzer mit einer geliehenen Büchse zur Jagdausübung. Es war Mittagszeit, und die Sonne glühte von einem wolkenlosen Himmel herab. 30 °C im Schatten maß das Thermometer, und Denzer belächelte mich wie einen Irren.

In den Werra-Hängen diesseits der Autobahn begann die Pürsch in der Mittagsglut. Oberhalb eines alten Steinbruches wurde ein Schmalreh flüchtig. Ich kombinierte und befand lehrbuchmäßig, daß dort, wo in der Blattzeit eine Rehjungfrau wäre, auch ein Bock stehen müßte. Also kraxelte ich noch vorsichtiger im Geröll herum. Überall entdeckte ich Plätzstellen, das Hoffnungsbarometer stieg. Plötzlich sah ich auf einer Lichtung zwei rote Bälle. Ein Bock trieb eine Ricke. Im Glas erfaßten die Augen die eingebogenen Stangen mit der geringen Vereckung. Der Bock paßte. Ich machte mich fertig, aber die Ricke warf auf, sicherte und sprang ab. Der Sechser folgte, doch kurz vor dem Abhang traf ihn die nachgeworfene Kugel. Mit gekrümmtem Rücken stürzte er talwärts.

Aufgeregt saß ich auf einem Stein. Schließlich schritt ich zum Anschuß. Dunkler Schweiß und Gescheidefetzen zeigten mir, daß das Geschoß weidewund gefaßt hatte. Als ich über den Kamm lugte, lag der schwerkranke Bock zehn Meter unter mir. Ein Fangschuß erlöste ihn.

Schweißtriefend trug ich die Beute von der „Rehbocksweide" zum Forsthaus Kattenbühl. Denzer staunte nicht wenig, den Bock mit der guten Trophäe kannte auch er. Vielleicht wollte er ihn selbst bejagen, aber er hat mir den schnellen Zugriff nicht nachgetragen. Bei Tagungen des Vereins für Deutsche Wachtelhunde e. V., in dem Denzer das Amt des Obmanns der Landesgruppe Niedersachsen versieht, erinnerten wir uns stets an die erfolgreiche Pürsch.

Dafür klappte es bei mir auf den Treibjagden nicht. Ich hatte keine Übung und wurde nicht fertig. Schoß ich einmal, so traf die Kugel nicht. Erst im Dezember 1952 erlegte ich bei einer Gesellschaftsjagd im Stadtwald Hann. Münden eine Ricke. Das erlegte Wild trugen die Teilnehmer der Treibjagd über den Mittelstreifen der Autobahn Kassel–Göttingen zum Sammelplatz. Wer wollte das heute noch tun?

In Castrop-Rauxel, wo ich mehrere Semesterferien bei der Westfälischen Holzgesellschaft „Westholz" als Werkstudent arbeitete, bekam ich durch Revierförster Lingenhöfer bald Anschluß zu örtlichen Jägern. Mit erheblichem Patronenaufwand erlegte ich meine ersten Enten und Fasanenhähne. Dafür mußte ich Steinhäger und Pils trinken und lernte es im Zyklus der Wiederholungen.

Beim Tottrinken der ersten Gockel erschienen zu später Stunde die Damen der Jägerrunde. Mit Diana verband mich bald ein munteres Spiel der Augen. Zufällig begegneten wir uns im Garten. Doch der angeheiterte Zeuge Lingenhöfer eilte in das Lokal und verkündete das Gesehene: „Hopp schnäbelt, Hopp schnäbelt!" Der gleichfalls angetrunkene Ehemann war nur schwer zu beruhigen, und ich wurde schlagartig nüchtern und ganz klein. Als ich 1954 den Kohlenpott besuchte, schenkte mir Diana im Beisein der Jagdgesellschaft zur Erinnerung Fasanenfedern, die Federn meiner ersten Hähne. Westfalen sind gutmütige Menschen.

So hatten die Mündener Jahre trotz aller finanziellen Belastungen auch heitere Momente. Der Gewinn der Studienzeit lag im menschlichen und fachlichen Bereich. Jagdlich formten sie die Startlöcher für ein bewußtes und erfolgreiches Waidwerken.

Eisenberg

Meine eigentliche jagdliche Lehre begann 1956 im Knüllgebirge. Nach der Forsteinrichtungszeit im Hessischen Forstamt Oberaula zog ich als Referendar in das benachbarte Frielingen, um innerhalb der sogenannten „Reisezeit" für zwei Monate bei der von Baumbach-Kirchheim'schen Forstverwaltung vor allem betriebswirtschaftlich und steuerrechtlich geschult zu werden. Forstmeister Gliem, der langjährige Leiter dieser Privatverwaltung, war aber nicht nur ein versierter Steuerexperte und gewandter Betriebswirt, er war auch ein erfahrener Jägersmann.

Mit der Erlegung eines Schmalrehes eröffnete ich am 16. Oktober 1956 einen lange währenden jagdlichen Reigen unterhalb des Eisenberges. Er endete nach fast zwanzig Jahren im Juli 1976 mit dem

Abschuß eines Knopfbockes. Jährlich reiste ich in der Zwischenzeit für mehrere Urlaubstage in den Knüll. Gewöhnlich erschien ich zur Blattzeit in Frielingen, aber auch im Herbst und Winter war ich Gast im von Baumbach'schen Revier.

Vater Gliem war ein großzügiger Gastgeber, aber ein penibler Lehrherr. Ich hatte Freiheit im Abschuß und durfte auf Hirsch, Sau und Rehwild in eigener Verantwortung jagen. Doch der Maßstab, mit der die Jagdausübung gemessen wurde, war streng. Fehlschüsse waren verpönt, schlechte Schüsse wurden beanstandet, Irrtümer beim Wahlabschuß gerügt. Ich erhielt ob meiner Hitzigkeit beim Schießen, die Kontrollsuchen und Schweißarbeiten bedingte und falsche Stücke zur Strecke brachte, mehr „Nasenstüber" als mir lieb waren. Mit der Zeit aber wuchsen dadurch die Selbstkontrolle und das handwerkliche Geschick. Das Maß beider Merkmale und die Gabe der Intuition kennzeichnen die Qualität eines Jägers. Vieles, was ich heute jagdlich vermag, verdanke ich dem Lehrherrn vom Eisenberg.

Ausgenutzt habe ich die gebotene Freiheit aber nie. Bei den Hirschen blieb ich trotz weitergehender Freigaben stets im Bereich der Güteklasse II c. Starke Böcke sparte ich für Jagdgäste auf, die ich mit Vergnügen führte. Trotz allen Drängens des Jagdleiters habe ich in Frielingen keinen einzigen Rehbock mit einem überdurchschnittlichen Gehörn erlegt. Doch die Erinnerung ist gefüllt mit Erlebnissen.

Als ich nach Frielingen kam, hatte ich noch kein Stück Schwarzwild zur Strecke gebracht. Vater Gliem wollte mir zur ersten Sau verhelfen. Er leitete mich an, aber zunächst klappte es nicht. Im Herbst 1957 brachen die Sauen stark auf den Feldern im Aula-Tal. Anfang Oktober stand endlich der Vollmond am Himmel. Der Meister und der Lehrbub zogen abends hinaus in die Flur. Ich erhielt einen aussichtsreichen Platz. Es knallte auch. Ein Überläufer lag beim Lehrprinzen.

Am nächsten Abend hockte ich am Heddersdorfer Feld an der Waldgrenze. Ein Reh wollte ich schießen, doch Diana behütete Kitz und Ricke. Dann trat der Mond hinter alten Kiefern hervor. Ich überlegte und blieb. Warum sollten die Sauen nicht erneut die bereits gebrochene Wiese annehmen?

Der Acht-Uhr-Expreß zuckelte im Grund vorüber. Ein Reh trollte über die kahlen Felder. Es wurde Nacht. Der Mond stieg höher, und im Schatten der Bäume glitt rufend ein Kauz. Dann rauschte es in der Schlucht hinter mir. Sauen? Nichts war zu entdecken, und die Stille umgab mich wieder. Äste knackten. Sauen? Ich sah keine. Es raschelte und trappelte, es brach, und dann zog ein Stück Schwarzwild auf die Wiese. Plötzlich stand eine Rotte im Gebräch. Die Büchse war angeschlagen. Das Herz schlug schneller. Aber dann schaffte ich es, ein kleiner schwarzer Klumpen wanderte in den Zielstachel. Der Feuerstrahl des Schusses zerriß die Nacht, noch im Knall helles, scharfes Klagen. Links und rechts vom Hochsitz das Poltern der davonstürmenden Rotte. Vor mir das verebbende Schlegeln der Sau.

Aber ich fand sie nicht. Ich war so aufgeregt, der erste Schwarzkittel! Im Eilmarsch ging es nach Frielingen. Oberforstwart Ickler wurde samt Hund mobilisiert. Wir fuhren zum Heddersdorfer Feld. Schon beim Angehen zum Sitz stolperte ich über den längst verendeten starken Frischling. Ich war überglücklich, und Forstmeister Gliem bereitete dem Frosch in der Gastwirtschaft Schmitt einen würdigen Abgang.

Gliem übernahm 1927 die Leitung der von Baumbach'schen Verwaltung. Damals wurden im Revier, das durch Anpachtungen zwischen Kirchheim und Willingshain rund 2000 Hektar umfaßte, jährlich etwa zehn Stück Rotwild erlegt, und der kurhessische Berghirsch konnte durch Reifen noch starke Geweihe bilden. Als ich knapp dreißig Jahre später am Eisenberg zu jagen begann, war das Rotwild im Knüllgebirge bereits seltener geworden. Die durchschnittliche Jahresstrecke im Jagdbezirk der Familie von Baumbach hatte sich gegenüber den Ergebnissen der dreißiger Jahre auf annähernd gleicher Fläche halbiert. Hirsche mit knuffigen Geweihen gab es kaum noch. Die scharfe und zum Teil ungezügelte Bejagung des edlen Wildes im weiten Rund machte sich bemerkbar, und erste Umweltveränderungen, wie zum Beispiel die Autobahn Kassel–Frankfurt, begannen sich auszuwirken.

Auf Rotwild kam ich daher im Knüll nicht jedes Jahr zu Schuß. Einmal erlebte ich jedoch im Bereich der Forstorte „Scherengraben", „Klingelswiese", „Stiefvater", „Steinsgebiß", „Löscher" und „Buchwald" eine Rotwildkonzentration. Im Zuge der Flurbereinigung hatte man die saftigen Bergwiesen unterhalb des Eisenberges größtenteils neu angelegt und zum Schutz der Ansaat mit Hafer übersät. Das Rotwild bevorzugte diese Flächen zur Äsung und stand in den Einständen unterhalb der Jagdhütte.

Am 30. Juli 1963 streckte ich so auf der Klingelswiese ein Schmaltier. Dabei hatte ich Glück, die Kugel verfehlte das Ziel, aber das Flintenlaufgeschoß der Bockbüchsflinte traf das nahe Stück. Zwei Tage später folgte im Scherengraben ein sehr schwaches, einzelnes Tier. Mit der Erlegung eines Schmalspießers am „Erzenberg" wurde der Urlaub beendet. Dieser Erfolg sollte sich nicht wiederholen.

Heute ist das Rotwild am Eisenberg noch seltener geworden. Die Eisenberg-Hütte hat sich in ein gut besuchtes Hotel verwandelt. Im Bereich von Steinsgebiß, Löscher und Buchwald entstand das „Ferienlager Hannover", ein Dorf für Kinder. Über eine fest ausgebaute Straße rollt inzwischen der Verkehr zu und von den Freizeiteinrichtungen, die jetzt am Nordabhang des Eisenberges noch durch einen Skilift mit Flutlichtanlage ergänzt wurden. Die Verbindung des Ortes Willingshain mit dem Ferienlager Hannover und dem Gastronomiebetrieb auf der Höhe des Berges durch eine Straße wirkt im Verbund mit der dadurch gegebenen Unruhe wie ein Wildzaun. Die Fernwechsel des Rotwildes vom Erzenberg über Oberaula nach Teichwiesenwald bis in die Schwalm hinein wurden fast abgeschnitten.

Dabei ist die Beeinträchtigung des Lebensraumes für das Rotwild gar nicht die gewichtigste Einbuße, viel stärker wiegt der Verlust eines Stückes Landschaft, das durch seine einst ungestörte Terrassen-Folge von Wald und Bergwiesen zu den schönsten Gebieten der hessischen Mittelgebirge zählte. Selbst die einigermaßen gelungene Einordnung des Feriendorfes in den Wald-Wiesen-Wechsel und die rücksichtsvolle Einbettung des Hotels in einen Laubholzbestand ändern an der Tatsache nichts.

Daraus sieht man, daß wir alle noch viel zu leichtfertig mit dem schwindenden, aber für die Gesundheit der Gesellschaft immer bedeutsamer werdenden Gut „Natur" umgehen. Oftmals sind es Politiker, die beim erfolgreichen Einsatz für kommunale Bestrebungen ungewollt Teile des noch natürlichen Lebensraumes zerstören. Dabei kann bei der Verwirklichung eines Bauvorhabens der betreffenden Gemeinde oder einer Stadt sogar geholfen werden, nur der Allgemeinheit nützt das nichts. Ihr geht vielmehr ein Stück Landschaft unwiederbringlich verloren. Im Fall „Eisenberg" hätte eine andere Standortwahl für das Ferienlager Hannover sicherlich bei gleichem sozialen Gewinn der Kommune ebenfalls gedient, aber der Gesellschaft einen kostbaren Fleck Erde erhalten.

Streifzüge im Odenwald

Im Hinteren Odenwald, der durch den Buntsandstein geprägt wird, betreute ich in den Jahren von 1958 bis 1965 im Bereich der Hessischen Forstämter Beerfelden, Hirschhorn und Wald-Michelbach den bäuerlichen Kleinprivatwald, vor allem den Bauernwald der Hubengüter in der Oberzent. Zusätzlich nahm ich Vertretungen im Forstamt Hirschhorn wahr.

Die Zeit im Odenwald war und bleibt wohl einer meiner schönsten jagdlichen Abschnitte. Ich hatte Jagdgelegenheit in den drei Forstämtern und wurde von Jagdpächtern zur Einzeljagd und Gesellschaftsjagden eingeladen. In den Verwaltungsjagden der Forstämter Beerfelden und Hirschhorn stand das Rotwild im Mittelpunkt der Hege. Im Amt Wald-Michelbach war wie in den gemeinschaftlichen Jagdbezirken Airlenbach, Beerfelden und Falken-Gesäß das Rehwild gleichrangig. Selbst reizvolle Niederwildjagden habe ich im Hinteren Odenwald erlebt.

Dabei spielte meine in Unter-Sensbach vom bekannten Rüdemann Hecker gezogene Deutsche-Wachtel-Hündin „Maja von der Hermetze" eine besondere Rolle. Spezialisiert für Schweißarbeiten, durfte sie zum Ausgleich gelegentlich stöbern, insbesondere Hasen „stechen" und brackieren.

In der „Weidenau" am Neckar bei Hirschhorn hatte Maja im Sommer des Jahres 1964 bei brütender Hitze die legendäre Nachsuche auf das „Fliegenschwein" begonnen. Die geringe Überläuferbache lag mit einem Schuß im kleinen Gescheide nach drei Kilometern Riemenarbeit verendet in einem Bombentrichter und war von Hunderten metallfarbener Fliegen und unzähligen Wespen besetzt.

Im Herbst des gleichen Jahres jagten wir in der Weidenau auf Hase, Fasan und Ente. Maja stöberte im Schilf und zwängte sich in das Dornendickicht, sie stach die Hasen, ließ die Fasanen aufsteilen und fing im Neckar einen altgeflügelten Erpel. Sieben Schützen hatten in kurzer Zeit drei Hasen, drei Gockel und eine Henne erlegt.

Auf einer Hasenstreife im gemeinschaftlichen Jagdbezirk Hetzbach versuchte die Hündin sogar mit den Schützen zu konkurrieren. Bei scharfem Wind fing sie zwei unbeschossene Hasen in den Sassen, tat sie ab und apportierte. Auch die anderen Hasen, sieben an der Zahl, gingen auf das Konto der feinnasigen Hundedame. Sie hatte sie alle aufgestöbert.

Fahre ich nach Beerfelden, blicke ich in der Nähe des Gasthauses „Zum Steinbruch" bei Hetzbach hangauf und sehe im Geiste Maja wieder jubelnd jagen. Dann wechselt mein Blick zum Gegenhang, zum Friedhof des Dorfes, auf dem seit 1980 der Forstamtmann Jurkowiak ruht. Er war mehrere Jahre mein „Adjutant" bei der Forstlichen Wirtschaftsberatung, ein verläßlicher Kamerad und guter Jäger, ein heiterer Geselle vieler froher Stunden.

Maja hat sicherlich dazu beigetragen, daß ich im Odenwald so viel und erlebnisreich jagen durfte. Das Gespann streifte durch die Oberzent, erfolgreiche Nachsuchen sind werbende Empfehlungen.

Entscheidend für meinen Werdegang als Jäger sollten die Begegnungen mit Oberlandforstmeister Vorreyer und Alfred Hubertus Neuhaus, dem Geschäftsführer der „Vereinigung der Rotwildjäger im Odenwald e. V." und heutigem Landesjägermeister des LJV Baden-Württemberg, sein. Vorreyer sah und hörte ich das erste Mal 1958 in Hirschhorn, damals zierte ein starker Hirsch des Hubengutsbesitzers Helm aus Airlenbach die Trophäenschau. 1965 und 1968 war ich wieder Zuhörer bei Vorträgen von Vorreyer im Odenwald. Erst viel später haben wir im Beisein des gemeinsamen Freundes Reulecke am Kamin in Burgjoß die Distanz der Generationen überbrückt.

Neuhaus beeindruckte durch seine Stetigkeit. Er übernahm die einfache Erkenntnis Vorreyers aus dessen Wirken im Harz: Ausgereifte und starke Geweihe können nur von alten Hirschen gebildet werden. Er predigte diese Quintessenz immer wieder und überzeugte. Die Erfolge der Rotwildjäger im Odenwald sind vor allem auch ein Ergebnis des unermüdlichen Einsatzes ihres Steuermanns.

Dabei sind die Verhältnisse im Rotwildgebiet Odenwald schwieriger als in den Rotwildgebieten Harz und Hessischer Spessart. Im Rotwildgebiet Odenwald müssen die Vorstellungen von drei Ländern über die Hege und Bejagung des Rotwildes in einer Richtlinie zusammengefaßt werden. Außerdem gilt es, relativ zahlreiche und kleine Jagdbezirke in die Pflicht und in den Ertrag der Hege einzubinden. Schließlich sind die Biotopverhältnisse durch die Besitzstruktur negativ beeinflußt. Es gibt im Odenwald verhältnismäßig wenig Staatswald. Der Privatwald überwiegt, wobei der bäuerliche Waldbesitz forstpolitisch besonderes Gewicht besitzt. Aus standörtlichen Gründen und betriebswirtschaftlichen Überlegungen dominiert jetzt die Fichte im Odenwald, und der Schwerpunkt ihres Altersklassenverhältnisses liegt eindeutig bei den 21–60jährigen Beständen, also in Bestockungen, die dem Wild kaum etwas bieten können.

Hinsichtlich des Zustandes der Rotwildpopulation im Odenwald am Anfang des Kurswechsels gilt dasselbe wie bei den Ausgangssituationen im Harz und Spessart. Bei einer überhöhten Wilddichte überwog eindeutig das Kahlwild. Hirsche gab es nur wenig. Alte Hirsche mit starken Geweihen hatten Seltenheitswert. Das hat sich grundlegend geändert. Der Rotwildbestand ist heute beachtlich reduziert. Das Geschlechterverhältnis wurde annähernd ausgeglichen. Das Altersklassenverhältnis erfuhr eine tiefgreifende Wandlung. In der Jagdgeschichte des Odenwaldes gibt es im 20. Jahrhundert erstmals zahlreiche Hirsche mit starken Geweihen. Die Trophäen sind, auch bezogen auf den internationalen Maßstab, bemerkenswert.

Der Aufwärtstrend in der Entwicklung der Geweihe im Rotwildgebiet Odenwald wurde im Jagdjahr 1980 jedoch abgebremst und erfuhr 1981 und 1982 weitere Dämpfer. Der Anteil der über zehnjährigen an der Gesamtstrecke aller Hirsche ist gegenüber den Resultaten der siebziger Jahre nicht mehr gestiegen, er hat sogar erheblich abgenommen. Die Stärke der Geweihe ist zurückgegangen. Das kann eine vorübergehende Erscheinung sein und auf Ursachen beruhen, die noch unbekannt sind. Möglicherweise hängt jedoch der Rückschlag auch mit den nachstehend aufgeführten Anmerkungen zusammen:

1. Der Biotop ist im Odenwald durch den Rückgang des Laubholzes, besonders durch die fast vollständig abgeschlossene Umwandlung des Eichen-Stockschlages in Fichten-Bestockungen im Kleinprivatwald, ärmer geworden.

2. Das Aufwachsen der großflächigen Fichten-Anpflanzungen der Nachkriegszeit zu Dickungen und Stangenhölzern hat aus der anfänglich äsungs- und deckungsreichen „Waldsteppe" forstlicher Aufbaubetriebe zwischenzeitlich geschlossene, eintönige und äsungsarme Bestände entstehen lassen und verstärkt damit die durch die Änderung der Holzartenverteilung hervorgerufene Verarmung des Lebensraumes.

3. Die Aufforstung von Talwiesen und die Abgatterung von Feldgemarkungen führten zu einer weiteren Verknappung des Äsungsangebotes, die von den zahlreich angelegten Daueräsungsflächen und Wildäckern bei der vorhandenen Wilddichte und der gewandelten Baumartenverteilung nicht mehr ausgeglichen werden kann. Auch die Fütterung des Wildes zur Notzeit bedeutet keinen Ausgleich des Biotopdefizites.

4. Lange und parallel zu einer Talsohle verlaufende Wildgatter verhindern den witterungsbedingten Einstandswechsel des Wildes.

5. Regelungen, die den Abschuß von Hirschen der Güteklasse I b schon vor dem normalen Mindestalter von zehn Jahren für Hirsche der Güteklasse I ermöglichen, können zu einem Rückgang der Geweihstärke führen; denn die Stärke der Geweihe ist im wesentlichen eine Funktion des Alters ihrer Träger.

6. Der bisher ausgeprägte „Pioniergeist der Jagdausübungsberechtigten" kann durch Pächterwechsel und übertriebene Erwartungen einzelner Jäger abgenutzt sein.

Die vorstehenden ersten vier Fakten sind derzeit kaum kurzfristig zu ändern, aber man kann einer weiteren Verschlechterung des Biotopes gemeinsam mit den zuständigen Waldbesitzern und Forstverwaltungen entgegensteuern. Der verbliebene Laubholzanteil sollte erhalten bleiben und tunlichst aufgestockt werden. Der weitere Ausbau der Äsungsverbesserung erscheint trotz der damit verbundenen Kosten im Odenwald zweckmäßig.

Das Beispiel Odenwald zeigt, wie vielfältig die Besitzstruktur eines Raumes und die wirtschaftlichen Zielsetzungen der Grundstückseigentümer die Hegebemühungen einer Jägervereinigung tangieren. Manches ist leichter gesagt als getan. Das am Neckar bisher Erreichte ist daher außerordentlich.

Trotz meiner Versetzung in den Spessart komme ich alljährlich noch mehrmals in den Odenwald. Die Bindungen zu den Menschen der Oberzent blieben erhalten. Durch den freundschaftlichen Verbund mit der Familie des Rechtsanwaltes und Notars Weber, Erbach, besitze ich weiterhin Jagdgelegenheit rings um Beerfelden. Es gab 1965 also eigentlich keinen Abschied, und dennoch bedrückte mich der sich im Jagdjahr 1964 abzeichnende Fortgang. Ich freute mich daher besonders, daß ich zum 16. Januar 1965 vom Jagdherrn Henzel im Namen der Dresdner Bank AG noch einmal zu einer Jagd auf Hochwild in Ober- und Unter-Sensbach eingeladen wurde.

An einem ruhigen Wintertag zeigte sich bei leichter Schneedecke viel Rotwild. 32 Schüsse fielen; am Abend wurden zwei Hirsche, zwei Alttiere, ein Schmaltier, zwei Kälber und ein Schmalreh verblasen.

Mir kamen im ersten Treiben vier Stück Kahlwild, von denen eines mein Nachbar, der „Subdirektor" Engelter, Jagdaufseher im Sensbachtal, erlegte. Im nächsten Treiben, das die Forstorte „Weißsohl" und „Platte" umfaßte, kam ich hintereinander auf einen Augsprossengabler und einen geringen Sechser zu Schuß. Ich fehlte die flüchtigen Hirsche auf fünfzehn Meter. Erst im letzten Treiben sollte ich Erfolg haben.

Über eine Stunde lang hockte ich schon an einer Fichte in der „Kleinen Müllers Delle". Fern hörte ich eine Kanonade von Schüssen, aber vor mir tat sich nichts. Dabei mußte der Stand gut sein, denn mein linker Nachbar war Landforstmeister Roßmäßler, der damalige Jagdreferent des Landes Hessen, und rechts von mir saß Bankdirektor a. D. Klein aus München.

Plötzlich erschien ein einzelner Hirsch im Steilhang. Ich sprach ihn als mäßigen Sechser an und schoß. Im Schuß ruckte der Hirsch zusammen und stürmte den Bergkegel hinauf. Wieder vorbei? Nein, da polterte und krachte es, ein Stoß Fichten-Faserholz kam über mir in Bewegung, und mit den Hölzern rollte mir der immer noch lebende Hirsch vor die Füße. Ein rascher Fangschuß erlöste den Kranken. Die anwesende Maja verbellte wütend. Ich aber erkannte Gabeln und machte mir Sorgen. Doch Landforstmeister Roßmäßler, der den Hirsch ob seiner Ansätze zum Achter begnadigt hatte, erklärte ihn für richtig. Erlegt hatte ich einen dreijährigen Hirsch, dessen Geweih auf der Trophäenschau in Eberbach 1966 unter den II c–Hirschen hing.

Es wurde eine lange Nacht in der Gastwirtschaft Völker zu Unter-Sensbach. Meine Damenrede begann: „Assessorchen, Assessorchen . . .", und der ehemalige Assessor Henzel schmunzelte.

Entlang der Jossa

Burg, Amt und Revier

Am 1. Juli 1965 übernahm ich die Leitung des Hessischen Forstamtes Burgjoß. Ich kehrte zurück an den Ort, mit dem ich in den Jahren von 1954 bis 1956 als Forstreferendar besonders verbunden war. Sicherlich verdanke ich dieses herrliche Amt der Fürsprache meines Referendarvaters, des späteren Oberlandforstmeisters Dr. Georg Hackmann, der von 1931 bis 1959 das Forstamt an der Jossa leitete und anschließend bis Anfang 1968 Leiter der Forstabteilung beim Regierungspräsidenten in Wiesbaden war. Aber auch der damalige Personalchef unserer Verwaltung, Oberlandforstmeister Wilckens, setzte sich für den „zornigen jungen Mann", der es seinen Vorgesetzten nicht immer leicht gemacht hatte, ein. Die Entscheidung fällte schließlich Landesforstmeister Weisgerber. Ich habe ihm die Zustimmung nicht vergessen und bin dafür dankbar. Direktheit, gepaart mit einer schnellen und scharfen Zunge, ist eine Kombination von Eigenschaften, die nicht jeder Vorgesetzte als Empfehlung betrachtet.

Froh fuhr ich zum Dienstantritt von der „Wegscheide" herab in den Jossgrund. Ich freute mich nicht nur auf die neue Aufgabe, ich empfand auch Vorfreude auf das Wiedersehen mit dem Dorf und auf den Einzug in die Burg. Die Familie erwartete nach Jahren der Wanderschaft ein festes „Zuhause".

Burgjoß, das seinen Namen von der Burg an der Jossa erhielt, wurde erstmals 850 im Güterverzeichnis des Klosters Fulda erwähnt. Teile des mächtigen Mauerwerkes der Burg, die einst wahrscheinlich eine Wasserfeste war, datieren aus dem 9. Jahrhundert. Andere Teile sollen um 1220 entstanden sein.

Das dreistöckige Herrenhaus wurde 1573 durch Daniel Brendel von Homburg, Kurfürst und Erzbischof von Mainz sowie Erzkanzler des Reiches, beim Umbau der Burg errichtet. Sein in Stein gehauenes

Die Ausführungen des Kapitels „Burg, Amt und Revier" basieren zum Teil auf den im Literaturnachweis zusammengefaßten Quellen.

Wappen mit dem Mainzer Rad schmückt den Eingang des Treppenturmes.

Der Ort wurde zu Dreiviertel von Fulda und zu einem Viertel von den Herren von Isenburg erbaut. Mit dem Fuldischen Teil sind als Lehnsmänner oder Eigentümer die Namen der Herren von Jossa (Jazaha), des Ritters Apel von Küchenmeister, des Grafen Ulrich III. von Hanau, der Herren von Thüngen und der Herren von Hutten verbunden.

Die Herren von Hutten, die über die Grafen von Jülich auch den Isenburgischen Anteil des Gerichtes und Ortes erwarben, verkauften im Jahr 1540 die Burg mit den Dörfern Burgjoß, Oberndorf, Pfaffenhausen, Mernes und Alsberg und den größten Teil der Herrschaft Salmünster mit Schloß Hausen und den dazugehörigen Waldungen einschließlich des Jagdrechts an das Kurfürstentum Mainz.

Kurmainz regierte bis zum Reichsdeputations-Hauptschluß vom 25. Februar 1803 über den Jossgrund, der danach für sieben Jahre Bestandteil des Fürstentums Aschaffenburg wurde. Das Großherzogtum Frankfurt gebot in den Jahren von 1810–1814 über das Gebiet um Orb. Im Jahr 1814 trat das Königreich Bayern die Herrschaft an. Sie währte zweiundfünfzig Jahre und endete mit dem Deutschen Krieg. Im Friedensvertrag vom 22. August 1866 fielen die bayerischen Ämter Orb und Gersfeld an die preußische Krone.

1875 richtete Preußen das Forstamt Burgjoß ein. Sitz des Amtes wurde die Burg, die zuvor schon von der bayerischen Forstverwaltung als Dienstgebäude genutzt war. Das Königreich Preußen tilgte der Erste Weltkrieg, das Land Preußen wurde 1945 zerschlagen. Seit dieser Zeit gehört der Jossgrund zum Bundesland Hessen, und beherbergt das alte Haus das Hessische Forstamt Burgjoß. Es wurde am 1. Januar 1976 nach hundert Jahren im Zuge der Gebietsreform in „Jossgrund" umbenannt und erhielt damit den Namen des Tales und der neuen Gemeinde.

Bei der Übernahme des Amtes im Jahr 1965 war die Burg in einem desolaten Zustand. Dr. Hackmann plante seit langem, das Forstamt nach Bad Orb zu verlegen und die Burganlage zu veräußern. Die Folge war, daß an und in den Gebäuden jahrelang keine nennenswerten Unterhaltungsarbeiten vorgenommen wurden.

Das Vorhaben der Verlegung des Forstamtes von Burgjoß nach Bad Orb, das sich schließlich aus haushaltsrechtlichen Gründen zerschlug, habe ich nicht unterstützt. Das Forstamt war als Betrieb und Behörde seit Jahrzehnten ein zentraler Punkt des Jossgrundes, seine

Entfernung hätte die strukturarme Spessartgemeinde schwer getroffen. Ich war entschlossen, auf dem Land zu leben, und wußte aus Erfahrung, daß es ein Leben mit der und für die Bevölkerung ohne Anspruch auf Anerkennung sein mußte.

Um so dankbarer bin ich der Verwaltung, daß sie meine Vorstellung, das Forstamt zu renovieren und zum Kern einer Dorfanlage auszubauen, förderte. Seit 1972 hat das Land Hessen eine gründliche Restaurierung der Burg einschließlich der Gestaltung eines Parkes durchgeführt und damit einen kulturellen Beitrag für die Entwicklung eines kleinen Ortes geleistet. Die Arbeiten, die von der Gemeinde und der Bevölkerung des Dorfes tatkräftig unterstützt wurden, fanden auch die Förderung der Flurbereinigungsbehörde, des zuständigen Wasserwirtschaftsamtes und des Zweckverbandes Naturpark Hessischer Spessart. Das gelungene Gemeinschaftswerk ist die werbende Visitenkarte von Burgjoß.

Seit dem Frühjahr 1979 befindet sich an der Giebelfront des Forstamtsgebäudes der Abguß einer Skulptur des hl. Eustachius, dargestellt als Jäger mit einem Rehbock, der im Gehörn das Kreuz trägt. Das Original dieses Werkes wurde etwa um 1740 von einem unbekannten Meister innerhalb eines Zyklus der sogenannten „Vierzehn Nothelfer" für die Wallfahrtskirche Gehilfersberg bei Rasdorf geschaffen. Der Abguß ist eine Gabe von Prälat und Domkapitular Professor Dr. Dr. Pralle, Fulda, der als Seelsorger und Jäger ein gern gesehener Gast im Jossgrund ist. Der obere Teil des Tales ist katholisches Land und das kirchliche Leben dort noch intensiv. Ich habe durch den Kontakt zur Geistlichkeit Einblick in und Verständnis für die katholische Kirche gewonnen.

Das Forstamt Jossgrund umfaßt den Kern des Hessischen Forstamtes Burgjoß, das seinerseits aus den zentralen Revieren der Preußischen Oberförsterei Burgjoß entstand. Dieses Amt wurde anfangs im wesentlichen vom Königlich Bayerischen Forstrevier Burgjoß, Revierförsterei im Bayerischen Forstamt Orb, gebildet und erhielt 1932 für Flächenabgaben im Norden und Süden die Waldungen der Preußischen Oberförsterei Orb und des Reichsforstamtes Orb dazu.

Das Reichsforstamt Orb war aus dem Truppenübungsplatz Lettgenbrunn-Villbach hervorgegangen, der 1911 gegründet und 1919 mit dem Friedensschluß von Versailles geschlossen wurde. Im Jahr 1935 belebte die Einrichtung eines Bombenabwurfplatzes in der Gemarkung Lettgenbrunn noch einmal kurz die militärische Widmung des Platzes, der in den Jahren seines Bestehens auf Grund des Wechsels von Schußbahnen und kaum genutzten Beständen dem Wild gute Einstände und hervorragende Äsung bot. Villbach war schon früher ein markantes Rotwildrevier.

Die Organisationsänderungen der Jahre 1961 und 1969 hatten nur kleine Ausmaße und tasteten die Kernzone des Amtes nicht an. Umfangreicher waren die Flächenveränderungen im Zusammenhang mit der Gebietsreform. Dem Zugang des Birkenackers und des „Neulandes" stand der Abgang von Flächen aus dem Merneser Revier gegenüber. Das Forstamt erhielt Aufbauflächen und gab leistungsfähige Bestockungen ab. Jagdlich aber war die Angliederung des „jungfräulichen" Birkenackers sicherlich ein Gewinn.

Bedeutungsvoll war, daß das Hessische Forstamt Jossgrund mit einer Gesamtfläche von knapp 7600 Hektar auch nach der Reform eine historisch gewachsene und gut arrondierte Verwaltungseinheit blieb. Die Schere der Gebietsreform, die vielerorts um fragwürdiger Postulate willen in der Geschichte wurzelnde Einheiten zerschnitt, häufig strukturell zusammenhängende Wirtschaftsräume teilte, manchmal Behörden aufblähte und oftmals durchaus nicht bürgernah wirkte, ließ die Burgjoßer Waldungen fast ungeschoren. Das war nicht nur ein forstgeschichtlicher Gewinn und ein forstwirtschaftlicher Pluspunkt, es war auch die Voraussetzung für die Fortführung der eingeleiteten Neuordnung des Jagdbetriebes auf großer Fläche.

Der Staatswald nimmt etwa zwei Drittel der Verwaltungsfläche des Amtes ein, der Körperschaftswald besitzt einen Flächenanteil von rund einem Drittel. Der Privatwald umfaßt gut 300 Hektar, er ist stark parzelliert und wirtschaftlich ohne große Bedeutung. Entscheidend für die Forstwirtschaft sind drei in sich voll geschlossene Betriebe: der Staatswald, der Stadtwald Bad Orb und der Gemeindewald Jossgrund. Diese günstige Flächenverteilung und Betriebsbildung beeinflußt auch jagdliche Maßnahmen positiv. Ihr Kurs und Umfang brauchen nur mit wenigen Waldbesitzern für relativ große Flächen in Einklang gebracht zu werden.

Die Jagdfläche des Forstamtes beträgt bei Berücksichtigung der nach dem Gesetz gemeinschaftlichen Jagdbezirken zugehörigen forstfiskalischen Streuparzellen und der Abtrennungen und Angliederungen insgesamt 4620 Hektar. Von dieser Fläche sind 4526 Hektar Wald und 94 Hektar landwirtschaftliche Nutzflächen. Die Gesamtfläche verteilt sich auf zwei Jagdbezirke. Der Verwaltungsjagdbezirk (VJB) ist 4172 Hektar groß. Im verpachteten staatlichen Eigenjagdbezirk Pfaffenhausen sind 448 Hektar zusammengefaßt.

Parchim mit St. Georgen. (Foto: E. Voß)

Links unten Heinrich Brockmann, der Förster von Kiekindemark, und rechts Forstmeister Rudolf Gliem, der langjährige Leiter der von Baumbach-Kirchheim-schen Forstverwaltung, Forstmänner und Jäger, die mich prägten. (Fotos: Pless, P.-J. Hopp)

Die Burg an der Jossa, der Sitz des Hessischen Forstamtes Jossgrund, mit Herrenhaus, halbrundem Turm und Giebel des Wirtschaftsgebäudes. (Foto: H. Langer)

Die im Forstamtsbereich überwiegend aus Buntsandstein entstandenen Böden waren in Höhenlagen von 220 bis 540 m über NN und bei Niederschlägen von 880–1100 mm jährlich ursprünglich auch um Orb von Laubholz bestockt. Eiche, Buche, Hainbuche, Linde, Birke und Erle bildeten je nach dem Standort die Hauptbaumarten. Dabei herrschte bei der Eiche auf großen Flächen der Niederwaldbetrieb vor. Die Gewinnung von Gerbrinde und die Erzeugung von Brennholz stand bei dieser Betriebsform im Vordergrund. Wie in anderen Teilen des nordwestlichen Spessarts Glashütten und Köhlereien durch die ständigen Nutzungen zur Erschöpfung der Eichen-Schälwaldungen führten, bedingte im Bereich des späteren Forstamtes Burgjoß vor allem der große Brennholzbedarf der Sudpfannen der Orber Salinen den Rückgang des Laubwaldes. Diese Salzgewinnungsanlagen erlebten ihre Blütezeit im 18. Jahrhundert.

Nach den Freiheitskriegen trat mit dem zunehmenden Abbau von Steinsalz ein starker Rückgang des Orber Salinenbetriebes ein. Der Brennholzbedarf sank. Auch die Lohrindengewinnung verlor später mit dem Aufkommen überseeischer Gerbstoffe an Bedeutung. Die hohe Zeit des Schälwaldbetriebes war dahin. Andererseits zeichnete sich mit der Zunahme der Bevölkerung und der Industrialisierung ein erhöhter Bedarf an Bauholz ab.

Zur Deckung der erwarteten Steigerung des Nutzholzbedarfs wurden die nur noch wenig ertragreichen Niederwälder in Nadelholzbestockungen umgewandelt. Dabei übersäte man die abgetriebenen Stockschläge mit Samen von Kiefer und europäischer Lärche. Zur Anwendung gelangte auch die sogenannte „Zapfensaat". Oft wurde der Samen zum besseren Ankommen des Nadelholzes durch Vieheintrieb angetreten.

Die Nadelhölzer wuchsen gemeinsam mit den Stockausschlägen der Laubbäume zu Kiefern-Lärchen-Eichen-Mischbeständen mit Birken aus Anflug heran. Diese Mischbestände findet man heute noch besonders entlang der Würzburger-Straße (L 3199) und beiderseits der Hindenburg-Straße (L 2905), sie sind das Charakteristikum des sogenannten „Orber Reisigs".

Für den Anbau der Kiefer um Bad Orb lassen sich zwei Höhepunkte nachweisen. Die erste Anbauwelle füllte vor allem die Zeit zwischen 1820 und 1830. In den Jahren zwischen 1850 und 1870 wurde die Kiefer noch einmal verstärkt angebaut.

Nach der Jahrhundertwende übernahm die Fichte bei der Umwandlung die Rolle der Kiefer. Man hatte die besondere Gefährdung der Kiefer durch den Naßschnee in den Höhenlagen zwischen 350 bis 450 m über NN erkannt.

Während Kiefer und Lärche heute im Staatswald noch 14 Prozent der Holzbodenfläche umfassen, nimmt die Baumartengruppe Fichte 65 Prozent ein. Die ursprünglichen Baumarten Eiche und Buche sind auf 13 bzw. 8 Prozent zurückgefallen.

Besonders Forstmeister Otto Jacobi, der das Forstamt Burgjoß von 1887 bis 1920 leitete, hat den Vormarsch der Fichte gefördert. Auch Oberlandforstmeister Dr. Hackmann, der elf Jahre nach Jacobi das Amt übernahm und fast 28 Jahre führte, war ein Freund dieser Baumart; doch bemerkte er zunehmend die Probleme der Fichte bei großflächigem Anbau auf Grund ihrer Anfälligkeit gegenüber vielerlei Gefahren.

Nicht zuletzt deshalb wandte sich Hackmann vom Kahlschlag als Mittel zur Bestandsgründung weitgehend ab. Er verjüngte die meist vorrats- und wertarmen älteren Kiefern-, Lärchen- und Eichen-Mischbestände des Orber Reisigs ebenso wie die Fichten-Althölzer durch die Einlage von Lochhieben natürlich von innen heraus sukzessive auf ganzer Fläche. Dabei wurde die Fichte bevorzugt und gruppenweise gemischt auch Douglasien, Stroben, Tannen und Lärchen eingebracht. Oft blieben über der Verjüngungsfläche verstreut einzelstamm- bis horstweise ältere Kiefern, Lärchen und Fichten als Oberständer erhalten. Ziel waren mehrstufige und stabile sowie leistungskräftige Nadelholzmischbestockungen. Der Rückgang der Laubbäume wurde dabei bewußt in Kauf genommen.

Die jetzige Wirtschaftsführung hat das Grundelement der „Hackmann'schen Wirtschaftsweise", die natürliche Verjüngung der Fichte in Verbindung mit der Begründung von Nadelholzmischbestockungen, beibehalten. Sie beachtet jedoch durch die Anwendung eines kombinierten Femel-Saumschlagverfahrens auch im Verjüngungsstadium mehr das Prinzip der räumlichen Ordnung. Bei der Verjüngung erfolgt die Abdeckung jetzt schneller und auf größeren Flächen. Die Einbringung von Mischbaumarten geschieht heute meistens horst- bis flächenweise. Die Mehrstufigkeit der Bestände ist lediglich noch ein Produkt der gestrafften Verjüngungsphase und kein erstrebenswertes Ziel auf Dauer. Außerdem wird das Laubholz nach Möglichkeit erhalten und die Begründung von Eichen-Beständen mit Buchen-Beimischung gezielt gefördert.

Seit 1965 wurden 61 ha Traubeneichen-Buchen-Mischkulturen angelegt, das sind nur knapp 1,4 Prozent der Holzbodenfläche und zeigt, daß der Baumartenwandel bei dem bestehenden Engpaß in der Beschaffung von Eichen-Saatgut und dem hohen Geldbedarf für Laubholzkulturen eine äußerst langfristige Angelegenheit ist.

Zur Absicherung der großflächigen Fichten-Bestockungen tritt ein Netz von „Riegelbeständen" und „Sturmblöcken" aus den relativ sturmfesten Baumarten Eiche, Kiefer und Lärche. Die Zeit der Umwandlung von Eichen-Schälwaldungen ist vorbei, der Niederwald wird in Hochwald überführt.

Derartige Waldaufbauformen sind abwechslungsreich und bieten dem Wild häufig Äsung und Deckung zugleich. Sie ermöglichen dem Forstmann aber auch die Erfüllung der Aufgaben in der Nahzone eines bedeutenden Heilbades und im Einzugsbereich des Ballungsraumes Rhein-Main mit dem Ferienzielgebiet Jossgrund: Forstbetrieb, Erholungswald und Lebensraum für Tiere jeweils auf einer Fläche bei von Fall zu Fall verschiedener Wertigkeit der einzelnen Teilaufgaben miteinander zu vereinen. Die Harmonisierung dieser Grundelemente des Wirtschaftens im Dreiklang ist bei einem noch hohen Nadelholzanteil der Reiz der Aufgabe des Betriebsleiters im Jossgrund.

Es muß aber darauf hingewiesen werden, daß die Wirtschaftsweise im Forstamt Jossgrund standortgebunden ist. Bei meist guter bis besserer Wasserversorgung liegen die Böden nährstoffmäßig durchweg im unteren mesotrophen Bereich. Die Hauptbaumarten finden dabei überwiegend gute Wuchsbedingungen, ihre Naturverjüngung ist auf Grund der Nährstoffarmut des Oberbodens durch jahrzehntelange Streu- und Weidenutzung fast überall möglich. Anfänglich gibt es kaum eine Konkurrenzflora.

Trotz der umfangreichen Biotopgestaltung und -pflege mit waldbaulichen Mitteln reicht die Äsungskapazität für das Schalenwild im Revier nicht aus. Der Jossgrund als Weiche zwischen den östlichen und westlichen Einstandsgebieten des Rotwildes im hessischen Spessart hat immer mit einer höheren Rotwilddichte als Randreviere zu rechnen. Seit 1970 wurden daher im Hessischen Forstamt Jossgrund zur Äsungsverbesserung Daueräsungsflächen in der Form hochwertiger Kleewiesen angelegt. Die Verwaltung hat das Programm der Äsungsverbesserung in allen Forstämtern der Spessart-Inspektion großzügig unterstützt. Das Hessische Forstamt Jossgrund verfügt zur Zeit über 47 Äsungsflächen mit 31,10 Hektar. Das sind 0,69 Prozent der Holzbodenfläche. An die Schaffung weiterer Daueräsungsflächen ist bis auf geringe Arrondierungen nicht gedacht. Die Unterhaltungskosten müssen in einem vertretbaren Rahmen bleiben.

Wildäcker und Verbißgehölze gibt es im Forstamt Jossgrund nicht. Wildäcker sind teuer in der Bestellung und stehen dem Wild nur für eine kurze Zeit im Jahr zur Verfügung. Verbißgehölze verursachen hohe Anlagekosten und sind nicht sofort und dann jährlich ebenfalls nur für einen knappen Zeitraum ergiebig.

Die Daueräsungsflächen, die pro Jahr zwei Pflegeschnitte erhalten, erzeugen außer der Grünäsung Gras für die Silageaufbereitung und Heu. Saft- und Rauhfutter wird mit Mais und Hafer nach der Brunft bis Ende März des nächsten Jahres gereicht. Das Forstamt verfügt über vierzehn Großfütterungen und sieben stationäre Futtersilos mit 85 m³ Fassungsvermögen. Hinzu kommen noch fünf Fahrsilos, in denen 127 m³ Silage aufbereitet werden können.

Nicht unwesentlich ist für die Ernährung des Wildes, daß in den letzten Jahren mehrere Kalamitäten große Kulturflächen entstehen ließen. Am 15. August 1972 wurden durch einen orkanartigen Gewittersturm vor allem in den Dienstbezirken Stelzengarten, Pfaffenhausen, Birkenacker und Villbach rund 165 000 Erntefestmeter ohne Rinde verwertbaren Holzes geworfen. Auch die seit 1973 nicht abreißende und im Januar 1977 mit einem Schadholzanfall von 36 100 Erntefestmeter ohne Rinde kulminierende Kette der Duft- und Schneebruchkalamitäten führte zu großflächigen außerplanmäßigen Verjüngungen. Dadurch tragen umfangreiche Flächen im Forstamt Jossgrund derzeit den Charakter einer „Waldsteppe", die dem Rotwild besonders zusagt.

Andererseits sind im Staatswald des Forstamtes bei einer Zaunlänge von knapp 95 Kilometern rund 81 Hektar Laubholz- und 227 Hektar Nadelholzkulturen gegattert. Das sind insgesamt 308 Hektar oder sieben Prozent der Holzbodenfläche.

Die kurze Einführung in die Geschichte des Jossgrundes und seine forstliche Gestaltung erschien mir notwendig, um den Hintergrund für manche Begebenheit, für diese oder jene Entwicklung sowie für einzelne Beurteilungen und Entscheidungen sichtbar zu machen. Wer das Geschehen seiner Zeit begreifen will, muß es in der Geschichte zu ergründen suchen. Auch verlangt das vielschichtige Problem Wald und Wild eine detaillierte Darstellung der Revierverhältnisse.

Rot und schwarz

Rotwild und Sauen ziehen im Spessart seit unvordenklichen Zeiten ihre Fährten. Die Jagd auf Hirsche und Keiler war ein ritterliches Vergnügen. Die Geschichte berichtet davon. Auch die höfische Zeit schätzte die Jagd auf das hohe Wild in den Waldungen zwischen Main und Kinzig. Später entstanden im bayerischen Spessart Jagdgatter. Noch heute gibt es dort Gatterreviere in privater Hand, in denen Forstwirschaft betrieben sowie Schwarzwild gehegt und bejagt wird.

In der freien Wildbahn war die Wilddichte beider Wildarten früher aber trotz besserer Umweltverhältnisse wesentlich geringer als heute. In der von GRIMM (1974) bearbeiteten „Generellen Beschreibung des Königl. Forstrevieres Burgjoß" vom Jahr 1845 heißt es im „Cap. VI – Von den k. Jagden": „Nur wenige Stücke Rot- und Schwarzwild durchwechseln die Reviere Burgjoß, Alsberg, Orb und die Salmünsterer Waldungen. Höchst selten namentlich stecken sich Sauen im Revier Burgjoß." Auch PUCHERT (1981 b und 1982) belegt das geringe Rotwildvorkommen, wenn er die Strecke von mehrtägigen Jagden in den Condominatsrevieren Mittelsinn und Rieneck mit zwei bis drei Stück Rotwild wiedergibt.

Das muß sich im Jossgrund jedoch bald geändert haben, denn schon zur Zeit von Forstmeister Jacobi (1887–1920) war Burgjoß ein bekanntes Rotwildrevier. Hackmann begann 1931 seine jagdlichen Eintragungen im „Hauptmerkbuch des Forstamtes Burgjoß" mit der Feststellung, daß für das Rot- und Rehwild durch das Ministerium eine zehnprozentige Abschußerhöhung verfügt sei. Ein Jahr zuvor hatte Oberförster Riehmer, der Vorgänger von Dr. Hackmann, die Anhebung des Wildstandes und einen erhöhten Abschuß von weiblichem Rotwild zur Regulierung des Geschlechterverhältnisses protokolliert.

Aus Erzählungen meines Referendarvaters weiß ich, daß zu Beginn seiner Tätigkeit im Jossgrund sich zur Winterszeit Rudel von vierzig bis zu einhundert Stück Rotwild bildeten. Die starken Rudel wurden damals nicht nur von den Beamten und Gästen des Forstamtes bejagt, auch Wildererbanden veranstalteten zu jener Zeit Treibjagden. Wirtschaftsflaute, Inflation und Arbeitslosigkeit bedrückten die Bevölkerung und hatten besonders im kargen Spessart die hier nie ausgestorbene Wilddieberei wieder aufleben lassen. Mit Hilfe eines eingeschleusten Kriminalbeamten wurde 1932 in Orb ein größerer Kreis von Wilderern zerschlagen. Im gleichen Jahr wurden auch „zwei Leute" aus dem Jossgrund wegen Wilderns verurteilt. Einem der Täter, inzwischen Unternehmer, Gastronom und Jagdpächter geworden, mußte ich 34 Jahre später eine Hausdurchsuchung androhen. Während seine Frau ahnungslos war, als Amtsrat Dierks und ich in der Abendstunde als „Gäste der Pension" erschienen, ahnte der Betroffene sein Geschick. Ohne Federlesen händigte er uns das widerrechtlich im Verwaltungsjagdbezirk geborgene Schmaltier aus und zeigte sich anschließend telefonisch selbst beim Kreisjagdberater an. Er kam auf Grund besonderer Umstände mit einer Geldbuße von 500,– DM und den Kosten des Verfahrens davon. Erfreulich war, daß mir der Jagdnachbar den Zugriff in der kurzen Zeit, die er noch zu leben hatte, nicht verübelte. Das „Geschäftsrisiko" war einkalkuliert.

Bei meinem Einzug in Burgjoß als Forstamtsleiter hatte sich das Rotwild im Jossgrund nach dem Aderlaß der Nachkriegsjahre derart vermehrt, daß die Schälschäden nachdenklich stimmten. Auch befriedigte die Konstitution des Wildes nicht, und alte starke Hirsche fehlten. Erheblichen Schäden durch Schälen, Verbiß, Fegen und Schlagen standen nur geringe jagdliche Freuden gegenüber.

Zum Abschluß des Jagdjahres 1965 vermerkte ich daher im Hauptmerkbuch: „Mit etwa 4,0 Stück Rotwild je 100 ha Waldfläche ist die Wilddichte überhöht. Das vorhandene Rotwild ist für die Burgjoßer Waldbewirtschaftung untragbar, es befriedigt auch jagdlich nicht. Zahlreiche an Wildpret schwache Stücke ziehen ihre Fährte. Bei den Hirschen mangelt es an ausgereiften älteren Trophäenträgern, die Mittelklasse ist dagegen gut ausgestattet, häufig sind II c-Hirsche. Der Wildstand ist daher sowohl aus forstlichen als auch aus jagdlichen Gründen zu reduzieren. Es sollte eine Wilddichte von 2,5 Stück je 100 ha Waldfläche angestrebt werden. Bei den Hirschen sollten vor allem die II c-Hirsche bejagt werden, während mittelalte Hirsche zu schonen sind. Nur reife Hirsche der Klasse I dürfen zur Strecke kommen. Beim weiblichen Wild, in das zur Verbesserung des Geschlechterverhältnisses stärker eingegriffen werden sollte, ist vor allem der Abschuß des schwachen Wildes vorzusehen."

Dieses erste Resümee hatte ein „ahnungsloser Engel" geschrieben, denn wahrscheinlich stand das Doppelte an Wild im Revier und in der Umgebung, als ich es geschätzt hatte. Die mathematisch-statistischen Rückrechnungen über Abschußzeitreihen für das Rotwildgebiet Spessart von KÖNIG vom Arbeitskreis Wildbiologie und Jagdwissenschaft an der Justus-Liebig-Universität Gießen [1979 und 1981 sowie

HOFMANN und KÖNIG (1979)] bestätigten später die völlige Verkennung der Ausgangssituation.

Statt der Einführung neuer örtlicher Richtlinien für die Hege und Bejagung des Rotwildes verbunden mit einer fühlbaren Abschußerhöhung verlängerte die Verwaltung zunächst nur die Jagdzeit auf Schmalspießer, Schmaltiere und Kälber. In die Jährlingsklasse konnte damals bereits ab Juni eingegriffen werden, und Kälber wurden noch im Februar bejagt. Dadurch wurde der Jagddruck zeitlich ausgedehnt und verstärkt, aber eine umfassende Wende nicht herbeigeführt. Ich habe die entsprechenden Anordnungen in Burgjoß daher nur in den ersten drei Jahren meiner Forstamtsleitertätigkeit befolgt und ab 1968 mit Gleichgesinnten über den neuformierten Rotwildring Rotwildgebiet Spessart die grundlegende Wandlung angestrebt und herbeigeführt.

Im Neuland, dem „umstrittenen Grenzgebiet" zwischen „Besen-Kassel" und Burgjoß, erlegte ich mein erstes Stück Rotwild als Forstamtsleiter. Die Juli-Sonne schien noch, als nachmittags von Kassel her ein äußerst geringer Schmalspießer auf die Kulturfläche zog. Hochblatt faßte die Kugel und warf den Schwächling in den Rohhumus. Bald darauf fiel ein Schuß im Mittelhang. Forstamtmann Rohland hatte ein Schmaltier erlegt. Der Spießer brachte bahnfertig 34 Kilogramm auf die Waage, seine „Schwester" wog gar nur 28 Kilogramm. Von den Gewichten her war der jahreszeitlich frühe Eingriff in die Jährlingsklasse damals sicherlich gerechtfertigt. Heute übertreffen schon geringe Kälber zur Herbstzeit die genannten Wildpretgewichte, die allgemein angestiegen sind.

Starke Hirsche wurden im Forstamt Burgjoß vor 1968 kaum erlegt. Hackmann schoß 1931 zwar einen Sechzehnender, doch würde das Geweih heute allenfalls zu den mittleren Trophäen im Spessart zählen (160–175 IP). Das Geweih des starken Kronenzehners, den Landforstmeister Dreyer als Inspektionsbeamter 1933 streckte, kenne ich nicht. Beachtlich ist das etwas steile, aber endenfreudige Geweih des Hirsches, der am 5. Oktober 1963 durch Dr. Hackmann im Beisein von Revierleiter Rohland im Dienstbezirk Villbach zur Strecke kam. Nicht ausgereift, aber mit sechzehn Enden versehen, erreicht es 179 IP. Zwei Tage zuvor hatte Dr. Martens im Revier Mernes unter Führung des heutigen Oberamtsrates Blume einen starken Vierzehnender erlegt. Die Trophäe soll knuffiger sein und eine weitere Auslage als die des Hackmann-Hirsches besitzen. Sie dürfte deshalb sogar die Schwelle von 180 IP überspringen.

Heute können im gesamten Rotwildgebiet Spessart alte Hirsche mit starken Geweihen bejagt werden. Der Aufwärtstrend in der Geweihentwicklung hat auch im Hessischen Forstamt Jossgrund (Burgjoß) zur Erbeutung von bemerkenswerten Trophäen geführt. Von den 48 Hirschen der Klasse I, die seit 1965 im Verwaltungsjagdbezirk oder im verpachteten staatlichen Eigenjagdbezirk Pfaffenhausen zur Strecke kamen (Tabelle 2), liegen fünfzehn Geweihe im Rahmen von 160–169 IP. Achtzehn Trophäen erreichen 170–179 internationale Punkte, und drei Geweihe befinden sich in der Spanne von 180–189 IP. Drei Trophäen übertreffen sogar die Marke von 190 internationalen Punkten. Nur neun Geweihe liegen unter 160 IP.

Tabelle 1
Rotwild-Strecke in Stück
im Staatswald des Hess. Forstamtes Burgjoß in den Jagdjahren 1933–1964

Jagdjahr	Hirsche	Kahlwild	insgesamt	davon Fallwild
1933	6	30	36	–
1934	6	?	?	?
1935	7	?	?	?
1936	?	?	?	?
1937	16	34	50	?
1938	14	33	47	4
1939	?	?	68	18
1940	?	?	82	39
1941	12	69	81	21
1942	?	?	40	–
1943	13	30	43	–
1944	?	?	23	–
1945	?	?	39	30
1946	?	?	22	?
1947	?	?	15	?
1948	?	?	20	6
1949	5	32	37	7
1950	8	31	39	2
1951	13	35	48	8
1952	9	33	42	4
1953	9	25	34	3
1954	11	12	23	5
1955	6	14	20	–
1956	9	14	23	–
1957	4	6	10	–
1958	5	11	16	–
1959	8	12	20	4
1960	7	5	12	2
1961	7	14	21	5
1962	6	10	16	7
1963	12	21	33	3
1964	14	20	34	6

Bedeutsam ist dabei, daß allein in den letzten sechs Jahren (1978–1983) 36 Hirsche der Klasse I fielen und besonders in dieser Zeit Hirsche mit starken Trophäen erlegt werden konnten. 30 der 36 Geweihe übersteigen die Schwelle von 160 IP. Darunter befinden sich allein fünf der sechs Trophäen mit über 180 internationalen Punkten. Die Hirsche, die die Jäger im Rotwildgebiet Spessart nach 1968 schonten, reifen nun heran.

Die beiden folgenden Tabellen 1 und 2 geben Auskunft über die Rotwild-Strecke im Hessischen Forstamt Jossgrund (Burgjoß) seit 1933. Dabei sind die Angaben für die Strecken der Jahre 1933 bis 1964 auf Grund der unvollständigen Unterlagen nur wenig aussagefähig, aber für die folgenden Überlegungen doch von Interesse.

Tabelle 2
Rotwild-Strecke in Stück
im Staatswald des Hess. Forstamtes Jossgrund (Burgjoß) in den Jagdjahren 1965–1983

Jagd- jahr	Ia	Ib	IIa	IIb	IIc	HK	MW	A	S	WK	WW	ins- gesamt	GV
1965	–	–	–	4	15	4	23	9	13	10	32	55	1 : 1,39
1966	–	1	1	3	17	10	32	8	15	5	28	60	1 : 0,88
1967	–	–	1	4	10	7	22	11	10	7	28	50	1 : 1,27
1968	–	–	2	–	12	9	23	9	8	8	25	48	1 : 1,09
1969	1	–	1	1	8	11	22	8	9	7	24	46	1 : 1,09
1970	1	–	1	4	8	11	25	11	9	9	29	54	1 : 1,16
1971	1	–	2	1	14	11	29	12	7	13	32	61	1 : 1,10
1972	1	–	3	4	12	14	34	9	10	11	30	64	1 : 0,88
1973	–	–	2	1	12	13	28	15	13	9	37	65	1 : 1,32
1974	1	–	–	4	13	13	31	15	14	12	41	72	1 : 1,32
1975	1	–	–	2	19	14	36	12	11	20	43	79	1 : 1,19
1976	2	–	4	3	28	12	49	22	20	19	61	110	1 : 1,24
1977	1	2	1	1	24	22	51	17	14	20	51	102	1 : 1,00
1978	4	1	1	2	31	18	57	14	18	26	58	115	1 : 1,02
1979	6	1	1	7	30	16	61	22	13	28	63	124	1 : 1,03
1980	5	1	1	–	30	18	55	19	22	25	66	121	1 : 1,20
1981	4	1	–	2	30	29	66	11	21	32	64	130	1 : 0,97
1982	2	4	2	1	28	28	65	16	17	23	56	121	1 : 0,86
1983	4	3	1	–	13	29	50	22	10	38	70	120	1 : 1,40
19 J.	34	14	24	44	354	289	759	262	254	322	838	1597	1 : 1,10
Ø	2	1	1	2	19	15	40	14	13	17	44	84	1 : 1,10

Legende:
1. Für die Jagdjahre 1982 und 1983 erfolgte aus Vergleichsgründen die Einordnung der Hirsche nach den bis 1981 gültigen Güteklassenbestimmungen.
2. HK = Hirschkälber, MW = Männliches Wild, A = Alttiere, S = Schmaltiere, WK = Wildkälber, WW = Weibliches Wild, GV = Geschlechterverhältnis.

Offensichtlich hatte das Rotwild im Jossgrund infolge der Kahlschlagswirtschaft in der Ära Jacobi bis zum Dienstantritt von Hackmann stark zugenommen. Der Erlaß des preußischen Jagdgesetzes im Jahr 1934 und das 1935 in Kraft getretene Reichsjagdgesetz bewirkten mit den strengen Abschußregulierungen einen weiteren Anstieg der Spessart-Population. Die Schneebruchkalamität vom April 1936 mit den nachfolgenden großen Kulturflächen trieb den Bestand über das gesteigerte Nahrungsangebot zusätzlich in die Höhe. In den Kriegsjahren wurden trotz einer verringerten Beamtenschaft im Forstamt Jossgrund deshalb beachtliche Jahresstrecken erzielt. Der hohe Fallwildanteil in diesen Jahren dürfte vor allem auf die kriegsbedingte mangelhafte Biotoppflege und geringe Fütterung bei zum Teil äußerst strengen Wintern zurückzuführen sein.

Die Verluste der Nachkriegszeit wurden überschätzt. Der erfaßte rechnerische Streckendurchschnitt der Jahre 1949–1953 beträgt ohne die nicht ermittelbaren Abgänge durch Wilderei und nicht gefundenes Fallwild 32 Stück Rotwild. Ein derartiges Resultat setzt eine gewisse Bestandshöhe voraus. Dagegen kamen in der Zeit von 1954–1964 bei nachlassendem Wildererunwesen pro Jahr durchschnittlich nur knapp 21 Stück zur Strecke. Da die Verhältnisse in den anderen Forstämtern der Spessart-Inspektion ähnlich lagen, kann unterstellt werden, daß die am Ende des sechsten Jahrzehnts offenbar gewordene Übervermehrung der örtlichen Rotwildpopulation ihre Ursache in einer zu geringen Bejagung des Rotwildes innerhalb der zweiten Hälfte der fünfziger und der ersten Hälfte der sechziger Jahre hatte.

Die Unterschätzung der Ausgangssituation führte trotz einer beachtlichen Abschußerhöhung bei gleichzeitiger Einführung neuer Abschußrichtlinien nach der Neuorganisation des Rotwildringes zu einem nur langsamen Abbau des Rotwildüberhanges. Außerdem kam es innerhalb des Rotwildgebietes zu Biotopveränderungen, die Umstellungen des Wildes zur Folge hatten oder noch bewirken. Die aus der Sturmkalamität des Jahres 1958 herrührenden weiten Aufforstungen im alten Forstamt Marjoß (heute Sinntal) haben sich geschlossen, in den Forstämtern Biebergemünd und Jossgrund führten dagegen der orkanartige Gewittersturm vom 15. August 1972 und die Schneebruchkatastrophe vom Januar 1977 zu großflächigen Kulturen oder aufgelockerten älteren Beständen mit reichlichem Äsungsangebot. Während im Forstamt Sinntal die Abschußzahlen sinken, steigen sie in Biebergemünd und Jossgrund.

Der Anteil des weiblichen Wildes an der Strecke, vor allem die

Quote der alten Tiere befriedigt nicht. Die Teilpopulation des männlichen Wildes dürfte in den Altersklassen weitgehend geordnet sein.

Schon aus den Ergebnissen der Jagdausübung im Forstamt Jossgrund, das eine große und zentrale Jagdfläche umfaßt, lassen sich daher Rückschlüsse auf die Populationsverhältnisse im Rotwildgebiet Spessart ziehen.

Im bereits zitierten Cap. VI – Von den k. Jagden – der Generellen Beschreibung des Königl. Forstrevieres Burgjoß findet man über das Schwarzwild noch folgende bemerkenswerte Aussage: „Das Schwarzwild wird übrigens seiner Schädlichkeit für den Feldbau wegen, höchster Bestimmung zufolge nicht gehegt, vielmehr zu jeder Jahreszeit wie das Raubzeug verfolgt und erlegt."

Da haben wir das auf weiten Flächen der Bundesrepublik noch heute angewandte Prinzip der Schwarzwildbejagung: schwarzer Klumpen und Schuß! Statt Schwarzwildhege meistens Schwarzwildbekämpfung, seit 1845 hat sich daran nicht viel geändert, denn sonst müßte es heute anders um die Sauen zwischen Elbe und Rhein bestellt sein. Ein Zeichen des Wandels ist die Bejagung des Schwarzwildes nach dem Lüneburger und Helmstedter Modell in Hegeringen Niedersachsens und anderswo; die Erfolge zeigen, daß diese Wildart dankbar ist für eine nach wildbiologischen Gesichtspunkten ausgerichtete Hege und Bejagung.

Im Forstamt Burgjoß konnte die Jägerei stets Sauen bejagen. Schwarzwild ist in seinem Bereich Standwild. Doch fehlt dem Biotop als Ergänzung zu den Einstandsmöglichkeiten in jungen Nadelholzbeständen das ältere, Mast bringende Laubholz. Die sich zugunsten des Laubwaldes allmählich verändernde Baumartenverteilung kann nur auf lange Sicht Besserung bewirken, eher vermag der verstärkte Maisanbau auf den Feldern als Mastersatz den örtlichen Schwarzwildbestand schnell zu heben. Doch ist das wegen der betroffenen, relativ ertragsarmen Höhenlandwirtschaft ein heikles Problem.

Sauen waren und sind also vorhanden, aber alte und starke Keiler sowie ältere Bachen hat es seit langem kaum gegeben, solche Stücke besitzen Seltenheitswert. Eine Ausnahme macht lediglich die Zeit nach dem Krieg. In den Jahren von 1946–1952 stieg als Folge der unterbundenen oder erschwerten Jagdausübung der bereits in den Kriegsjahren mangels ausreichender Bejagung angewachsene Schwarzwildbestand weiter an. Es gab plötzlich nicht nur viele Sauen, es wurden damals auch im Jossgrund erstmals im nennenswerten Umfang mehrjährige und grobe Stücke erlegt.

Aber die günstige Ausgangslage für eine Ordnung der Schwarz-wildpopulation wurde nicht genutzt. Die von der Militärregierung zur Sicherung der Ernährung betriebene Ausrüstung der Jägerschaft mit Karabinern als Jagdpolizeitruppe für die Schwarzwildbekämp-fung war der Anfang vom Ende. Die Wiedererlangung der Jagdho-heit wandelte die Schwarzwildbejagung nicht. Die Zerschlagung der Schwarzwildpopulationen nahm ihren Fortgang.

Die Tabelle 3 unterstreicht für den örtlichen Bereich den skizzierten Prozeß. Die Schwarzwildstrecken der Kriegs- und Nachkriegszeit im Forstamt Burgjoß sind denen der fünfziger und sechziger Jahre ge-genübergestellt. Ab 1970 steigen die Strecken an, die Mastjahre 1970, 1972 und 1978 dürften ebenso wie die Zunahme des Maisanbaues in der Landwirtschaft über die verbesserten Fraßbedingungen zu einem Anwachsen der Population und damit auch zu einer Steigerung der Jahresstrecken im Forstamt geführt haben. Herausragend ist das Er-gebnis des Jagdjahres 1983 mit 55 Stück Schwarzwild, vorangegan-gen war 1982 die „Jahrhundertmast" im Spessart. Doch dürften in der

Tabelle 3
Schwarzwild-Strecke in Stück
im Staatswald des Hess. Forstamtes Jossgrund (Burgjoß) seit dem Jagdjahr 1941

Jagdjahr	Strecke	Jagdjahr	Strecke	Jagdjahr	Strecke	Jagdjahr	Strecke	Jagdjahr	Strecke
1941	3	1946	26	1953	8	1970	10	1979	19
1942	3	1947	30	1954	14	1971	22	1980	29
1943	5	1948	36	1955	5	1972	15	1981	17
1944	10	1949	13	1956	3	1973	11	1982	15
1945	5	1950	31	1957	4	1974	19	1983	55
		1951	20	1958	7	1975	24		
		1952	28	1959	4	1976	9		
				1960	6	1977	15		
				1961	5	1978	21		
				1962	3				
				1963	8				
				1964	3				
				1965	12				
				1966	5				
				1967	7				
				1968	5				
				1969	3				
5 J.	26	7 J.	184	17 J.	102	9 J.	146	5 J.	135
Im Ø je Jahr:									
	5		26		6		16		27

Legende:
Strecke 1983 bis zum 31. 1. 1984

44

Jahresstrecke von 1983 sich auch bereits die Hegebemühungen der 1979 innerhalb des Rotwildringes Rotwildgebiet Spessart gegründeten Schwarzwildhegegemeinschaft widerspiegeln. Es gibt wieder ältere Bachen mit geordneten Familienverbänden. Nach MEYNHARD (1984) ist das Alter der Bachen für die Wurfstärke bedeutsam, und es dürfte auch für die Aufzucht des Nachwuchses eine Rolle spielen. Ältere Bachen haben eine höhere Reproduktionsquote als jüngere, und auf Grund ihrer Stärke und Erfahrung sowie des zeitgemäßen Frischens werden bei älteren weiblichen Stücken die natürlichen Abgänge an Frischlingen relativ geringer sein als bei den Frischlings- und Überläuferbachen.

Die genannte Tabelle beginnt erst mit dem Jahr 1941. Vorher sind nur für das Jagdjahr 1936 Angaben vorhanden (14 Stück). Die Aufteilung der Jahresstrecken nach natürlichen Altersklassen ist in den Unterlagen teilweise erfolgt, aber wertlos, weil die Bestimmung des Alters in der Mehrzahl aller Fälle nach dem Augenschein ohne Freilegung der Unterkiefer vorgenommen wurde. Da werden also Überläufer Frischlinge gewesen sein, und Keiler wie Bachen waren vermutlich meistens gut entwickelte Überläufer. Seit 1979 erfolgt in der Schwarzwildhegegemeinschaft des hessischen Spessarts die Altersbestimmung der gestreckten Stücke beim körperlichen Nachweis durch die Überprüfung des Gebisses am Unterkiefer. Die Zahnentwicklung ist beim Schwarzwild nach 24 Monaten abgeschlossen. Bis zu diesem Zeitpunkt kann das tatsächliche Alter ziemlich genau bestimmt werden.

Auch die Feststellung des Geschlechts der erlegten Sauen ist für die Beurteilung der Struktur eines Schwarzwildbestandes von Bedeutung, die vorgefundenen Angaben „Überläufer" oder „Frischling" reichen nicht aus.

Auf die etwaige Frage, wie ich es mit der Schwarzwildbejagung gehalten hätte, gibt es eine einfache Antwort: Am Anfang verhielt ich mich wie die meisten Jäger noch heute, Sauen bejagte ich, wie sie kamen. Nur führende Bachen versuchte ich zu schonen, und den Abschuß von Sauen an Fütterungen oder Kirrungen duldete ich nicht.

Bei einer derartigen Jagdausübung unterliefen mir Fehler. Gut entwickelte Überläuferkeiler kamen zur Strecke, und dreimal lagen trotz sehr geringen Gewichts führende Überläuferbachen am Anschuß. Erst spät kam die Einsicht, daß es so nicht weitergehen könnte. Nach der Ordnung der Rotwildgehege setzten die Bemühungen um das Schwarzwild ein.

Meine „starken" Keiler, die dreijährig sein sollen und mit Sicherheit dem Überläuferalter noch nicht entwachsen waren, brachten lediglich Gewichte von 64, 5, 64 und 61 kg. Die „alten" Bachen, die alle nicht führten, waren nach unserem heutigen Wissen ebenfalls noch nicht zweijährig und wogen 63, 5, 61, 53 und 51 Kilogramm. Nur eine Bache hatte ein starkes Gebäude. Nach dem Unterkiefer mußte das Stück mehrjährig sein. Wir schätzten das Alter auf drei bis vier Jahre, das Gewicht lag bei 51 kg. Meine traurige Dublette von 1982 erbrachte auf schmaler Schluppe im danach „Muggengatter" getauften Einstand des Forstortes „Stierruh" zwei dreijährige, nicht führende Bachen mit Wildpretgewichten von 58, 5 und 69, 5 Kilogramm.

Aber einen Bassen habe auch ich erlegt. Ich verdanke ihn Forstoberinspektor Schade. Er hatte Anfang Januar 1979 an einem Sonntagmorgen im Mittelgrund fünf geringere Sauen mit einem starken Keiler beobachtet. Die Rotte schob sich in einen Fichten-Naturverjüngungshorst ein. Schade, der mittags verreiste, meldete mir vorher die Begegnung und wünschte „Waidmannsheil!".

Kurz vor 16 Uhr stapfte ich durch den Schnee zur Wildwiese am Hang. Wanderer benutzten sie gerade zum Rodeln. Dann ging es weiter zur Kanzel am Verjüngungshorst. Beim Hinsetzen knarrte das gefrorene Holz, die Bockbüchsflinte schlug an, und oben juchzten die Rodler, viel Lärm für einen schwarzen Gesellen.

Aber ich hockte kaum, da sah ich die erste Sau in den tief verschneiten, kleinen Fichten. Dann tauchte der Keiler auf, ein wirklicher Urian. Er suchte die rauschige Bache und verschwand wieder. Ich griff zum Gewehr, legte die Läufe auf die Brüstung und stach ein.

Das „Schweine-Karussell" drehte sich, hier und dort zog ein Schwarzkittel. Ich aber wartete auf den Hochzeiter. Dieses Mal wechselte er von links auf den Pflegepfad. Schon lag der vertraute Schaft an der Wange, suchte das Auge das Ziel, stand der Stachel des Zielfernrohres im Schwarzen und fiel der Schuß. Zwei Überläufer brachen aus, mein Keiler aber lag und schlegelte. Nach sieben Minuten hatte Diana gelächelt.

Eine Begegnung mit dem eventuell noch kranken groben Schwein wollte ich in der dichten Verjüngung vermeiden. Daher ließ ich den Keiler ungestört und fuhr nach Burgjoß. Die Familie zeigte ob meiner frühen Rückkehr verdutzte Gesichter, und Oberamtsrat Blume, den ich für die Nachsuche mobilisierte, staunte.

Mit „Zerro" am langen Riemen ging es im Mittelgrund Kurs Anschuß. Just als ich den Rüden in der Nähe desselben ablegen wollte, stoben zwei Sauen aus den Fichten-Kusseln und hinterher der Keiler. Ich konnte nicht schießen, meine Nachsuchenbüchse hing über der Schulter, und Blume hatte nicht geladen. Es war eine Schweinerei!

Mein Basse? Was ich dafür gehalten hatte, lag am Anschuß mit einem Treffer hinter den Tellern. Der „Keiler" war ein Frischling von 16 kg, der auf einem dunklen Stubben im Schnee mir das „Hauptschwein" vorgetäuscht hatte. Im Wald, auf der Burg und bei der Mannschaft viel Gelächter, aber bei mir dennoch Freude über das „Reinhard-Schade-Schwein".

Kleinod „Auerwild"

Als Werkstudent konnte ich im Studium keine Reichtümer erwerben, und die Referendarbezüge reichten zum Durchkommen. Bei meinem ersten Aufenthalt im Jossgrund besaß ich daher weder ein Fahrrad noch gar ein Kraftfahrzeug. Aber ich war gut zu Fuß und wach für die Entdeckungen am Wegesrand.

Schon in den ersten Tagen sah ich Auerwild. Später verging keine Woche, in der ich nicht mehrmals Hähne und Hennen beobachten konnte. Besonders im Bereich der Höhenlinie zwischen den Revieren Burgjoß und Mernes waren die Auerhühner heimisch. Offensichtlich sagten ihnen die zum Teil von Fichte unterwanderten Kiefern-Eichen-Buchen-Mischbestände mit eingestreuten Heidelbeerflächen besonders zu. Aber auch in den damaligen Dienstbezirken Lettgenbrunn, Beilstein und Villbach gab es noch reichlich Auerwild. Ich hatte ein Kleinod gefunden, denn in Hessen und in anderen Ländern der Bundesrepublik waren die großen Waldhühner schon damals auf dem Rückzug. Der Kahlschlagbetrieb im Verbund mit nachfolgenden einschichtigen Fichtenbestockungen zerstörte vielfach ihre Lebensräume. Im Spessart konzentrierte sich das Auerwild-Vorkommen daher immer mehr auf das Forstamt Burgjoß. Hier gestaltete Hackmann mit seiner Verjüngung von innen heraus zumindestens zeitweilig die Endnutzungsbestände des Orber Reisigs plenterwaldartig. Es entstanden grenzlinienreiche Waldformen, die dem Beerkraut noch Spielraum ließen.

Die Kiefer kann nicht existenzentscheidend für das Auerwild sein, denn Auerhühner gab es im Spessart schon, als diese Baumart hier noch nicht eingebracht war. PUCHERT (1981 b und 1982) weist im Zusammenhang mit seinen forstgeschichtlichen Untersuchungen für den nordwestlichen Spessart auf diesen Umstand hin. Er merkt aber auch an, daß in jener Zeit der Wacholder noch häufig im hiesigen Mittelgebirge vorkam. Früchte und Nadeln dieses Baumes werden nach MÜLLER (1984) vom Auerwild gern geäst. Für das Überleben der Hühner ist jedoch offensichtlich ein größere Flächen deckendes Angebot von Heidel- oder Preiselbeeren im Verbund mit abwechslungsreiche Nahrung bietenden Laubwäldern bedeutsamer als das Vorkommen von Nadelbäumen. Zusätzlich spielt für die Kükenaufzucht wahrscheinlich das Vorhandensein von Nestern der Roten Waldameise eine Rolle.

In der Beschreibung des Königlichen Forstrevieres Burgjoß vom Jahr 1845 wird „der Auerhahnen- und Birkhahnenbestand" als „nicht bedeutend" gekennzeichnet, auch „Haselwild" war damals „nicht in namhafter Zahl anzutreffen". Dagegen muß zur Zeit von Jacobi, der mit der Umwandlung des Orber Reisigs in Fichtenwald begann, das Auerwild im Forstamt Burgjoß recht zahlreich vertreten gewesen sein. Nach mündlicher Überlieferung soll Forstmeister Jacobi, der die Verwaltungsjagd gepachtet hatte, allein über einhundert Hähne während seiner Amtszeit im Jossgrund erlegt haben.

Nach dem Zweiten Weltkrieg lebte die Balzjagd auf den Auerhahn im Forstamt Burgjoß noch einmal auf. 1958 erlegte der 1980 als letzter alter Burgjoßer Beamte gestorbene Revieroberforstwart Müllegans im Forstort „Brehmergrund" des Revieres Villbach einen Hahn. In den Jahren 1959 und 1961 waren drei Gäste auf Hähne erfolgreich. Der letzte Auerhahn wurde in der Balz 1964 geschossen. Für 1958, 1961 und 1962 ist im Hauptmerkbuch Auerwild auch als Fallwild verzeichnet. Nicht alle Jagdgäste waren in der Lage, den angesprungenen Hahn voll mit Schrot oder der kleinen Kugel zu treffen.

Hinsichtlich des Auerwildes schrieb ich 1965 in das Hauptmerkbuch: „Das Auerwild hat gegenüber den Jahren 1954–1956 stark abgenommen." Die maßvolle Jagd auf den Hahn hatte den Rückgang sicherlich nicht verursacht, die Wirtschaftsform war auch nicht schuld, aber wahrscheinlich machte sich bereits die zunehmende Isolierung des Vorkommens bemerkbar. Für die Auffüllung aller Verluste reichte der Nachwuchs nicht aus.

Als Abteilungsleiter wollte Dr. Hackmann seinem „Ziehsohn" in Burgjoß eine Freude bereiten. Er gab dem Forstamt einen Hahn zum Abschuß frei. Aber weder der Forstamtsvorstand noch die Revierleiter wollten einen Auerhahn bejagen. Irgendwie fühlten wir, daß die

Die Skulptur des
hl. Eustachius an der
Giebelfront und das Wappen
von Daniel Brendel von
Homburg, mit dem Mainzer
Rad und dem Baujahr des
Herrenhauses (1573), über
der Eingangstür des
Forstamtes sind Symbole
für die Nutzung und die
Geschichtsträchtigkeit der
Burganlage.
(Fotos: G. Hildebrand,
H. Langer)

Wildwiese im Bereich des Auerwildschongebietes „Hohes Kreuz", Äsungsfläche für Schalenwild und noch vor kurzem Ort der Bodenbalz von Auerhühnern. (Foto: H. Langer)

„Das Ei", der abnorme Achter aus der Brunft 1973, gestreckt auf dem Burghof. (Foto: I. Hopp)

Jagd auf die bedrohten Auerhühner in Hessen unangemessen ist und keine Freude bringen kann. Dazu kamen die Verluste durch das Anfliegen von Gattern (1965 ein Hahn, 1966 ein Hahn und zwei Hennen sowie 1968 eine Henne), die wir erst später durch Verblenden der Zäune mit aufgeschnittenen Derbstangen verhindern konnten.

Um so erfreulicher war es, daß ich für 1968 und 1969 feststellen durfte: „Das Auerwild hat zugenommen" bzw. „Der Auerwildbestand hat sich gehalten". Warme und trockene Kükenaufzuchtsperioden hatten geholfen. Auf etwa 70 Hähne und Hennen schätzten wir damals die Population, die in jenen Jahren die Hälfte des hessischen Gesamtbestandes ausmachte.

Aber es kamen auch Beckmesser, die das Schlagwort von der „Verfichtung" gebrauchten und den Rückgang der Kiefer für die Schwächung der örtlichen Auerhahnpopulation verantwortlich machten. Gewiß, die Fichte hatte zugenommen, und der Anteil der Kiefer war zurückgegangen, aber unbestreitbar ist, daß das modifizierte Burgjoßer Verfahren in der Form eines kombinierten Femel-Saumschlages noch grenzlinienreicher ist, als die Verjüngung von innen heraus nach Hackmann schon war. Außerdem sind die im Unterstand weitgehend entfichteten Riegelbestände und Sturmblöcke mit der wieder erstarkenden Beerkrautschicht biotoppfleglich.

Die Auseinandersetzungen brachten aber auch Gewinn. Durch sie lernte ich Dr. Franz Müller, schlicht „Auer-Müller" genannt, und Willy Bauer, den heutigen Vorsitzenden der Hessischen Gesellschaft für Ornithologie und Naturschutz e.V. (HGON), kennen; der eine verbirgt bescheiden ein großes Spezialwissen, der andere engagiert sich allgemein für den Naturschutz. Beide Männer haben zur Versachlichung der Diskussion über das Auerwild im Spessart beigetragen.

MÜLLER hat zudem mein Wissen über die Rauhfußhühner durch Gespräche bereichert, vor allem aber durch seine Dissertation (1974) vertieft. Erfreut war ich über die fairen und treffenden Aussagen zur Auerwild-Situation im Spessart durch STEIN auf dem Auerwild-Symposium in Garmisch-Partenkirchen (1974). Seine Feststellungen und Deutungen fanden Eingang in die Zusammenschau „Wildökologie" von GOSSOW (1976).

Im Juli 1972 fand auf Einladung des Regierungspräsidenten in Darmstadt im Hessischen Forstamt Burgjoß eine Bereisung mit anschließender Erörterung der Probleme zum Schutz des Auerwildes statt. Anwesend waren Vertreter der vorgesetzten Behörde, der Vogelschutzwarte für Hessen, Rheinland-Pfalz und Saarland, der Landesanstalt für Umwelt in Wiesbaden, der Forsteinrichtungsanstalt, der Avifaunistischen Arbeitsgemeinschaft/Arbeitsgruppe „Rauhfußhühner" (später HGON) und des Landesjagdverbandes Bayern. Auf Vorschlag der Forstverwaltung wurde vereinbart, das Land Hessen um die Einrichtung von Auerwildschongebieten zu ersuchen. Innerhalb dieser Gebiete sollten wildbiologische Gesichtspunkte für die Biotopgestaltung Zielsetzung und Vorgehen der Forstwirtschaft bestimmen. Des weiteren wurden Empfehlungen für die Gestaltung der Balzplätze, die Bejagung von Raubwild, Habicht und Schwarzwild, das Verblenden von Kulturgattern, die Ameisenhege, die Lenkung des Erholungsverkehrs, die Förderung der Heidelbeere, die Begünstigung von Eberesche, Birke, Aspe und Weiden, die Anlage von Kiefern-Kulturen, die Eichelhäher-Verminderung und die Bereitstellung von Haushaltmitteln erarbeitet.

Zusätzliche Haushaltmittel gab es nicht, und mancher Teilnehmer der damaligen Veranstaltung hat sich nie mehr um das örtliche Auerwildproblem gekümmert, aber die Staatsforstverwaltung hat über das Forstamt Burgjoß die eingegangenen Zusagen – soweit sie nicht schon verwirklicht waren – nicht nur erfüllt, sondern sogar nach Fläche und Einzelmaßnahmen übertroffen. Lediglich die Bejagung des Raubwildes, die Kurzhaltung der Habichte und die Verminderung der Eichelhäher erreichten aus personellen oder gesetzlichen Gründen nicht den gewünschten Effekt. Dienstbezirke mit Größen von 800 bis 1200 Hektar lasten die Revierleiter bei einer feinfühligen Wirtschaftsweise und hohen Einschlägen an sich schon voll aus; zusätzliche Aufgaben für Öffentlichkeitsarbeit, Erholungseinrichtungen und Jagdbetrieb kürzen die Freizeit. Wer kann da noch regelmäßig die zeitaufwendige Fallenjagd oder den Ansitz auf Eichelhäher betreiben? Der Einsatz von Jungjägern ist gut, aber hat seine Grenzen, wenn in einer Hochwildjagd zuletzt nicht mehr Jäger als Wild stehen sollen. Jagddruck ist Feinddruck, auch das gilt es zu bedenken.

Das Problem der Habichte ist mit der leidigen Sache der Greife gekoppelt. Ohne Zweifel können spezialisierte Habichte eine labile Auerhuhn-Inselpopulation durch das Schlagen von Hennen und jungen Hähnen weiter schwächen. Örtliche Ausnahmegenehmigungen für den Lebendfang oder den Abschuß einzelner Exemplare dieses Greifvogels nutzen den Auerhühnern aber kaum. Das eben habichtfrei gewordene Revier würde sehr bald von anderen Artgenossen wieder besiedelt. Wie bei den Greifern überhaupt, muß man speziell beim Habicht zu einer landesweit ausgewogenen Regelung kommen.

Heute gibt es im Staatswald des Hessischen Forstamtes Jossgrund sieben Auerwildschongebiete, die insgesamt 622 ha Holzboden und 23 ha Nichtholzboden umfassen. Damit sind jeweils 14 Prozent der Holzboden- und der Gesamtfläche des fiskalischen Waldes forsteinrichtungsgemäß für die Biotoppflege ausgeschieden. Ein Land wie Hessen kann dieses relativ kleine Opfer nicht nur ertragen, es muß es im Interesse des Artenschutzes sogar erbringen. Dabei ist das, was den Auerhühnern dient, auch anderem Wild nützlich. Forstlich sind diese Flächen zumeist wertvolle Stützelemente innerhalb der Fichtenbestockung. Die Nutzung ist zudem nicht eingestellt, und die Augen der Wanderer erfreuen sich an den abwechslungsreichen Waldbildern. Der gebotene Dreiklang des forstlichen Handelns um Bad Orb harmonisiert gerade auf diesen Flächen.

Sie sind ausgezeichnet durch eine Mischung von Licht- und Schattbaumarten mit wechselnden Altersklassen. Der Grenzlinienreichtum offenbart sich auch für den Laien. Unter dem lichten Schirm von Eichen, Kiefern und Lärchen findet sich ebenso wie auf den Saumschlägen der Fichte Beerkraut. Gern äsen die Auerhühner auch Klee auf den Daueräsungsflächen.

Der Nutzen der Aktion für den Fortbestand der Auerhuhnpopulation im Forstamt Jossgrund ist jedoch gering. Der Bestand hat weiter abgenommen. Die Isolation des Vorkommens im Staatswald und im Stadtwald Bad Orb ist zwischenzeitlich weit fortgeschritten. Es gibt so gut wie keinen Austausch mehr. Verluste müssen überwiegend selbst ausgeglichen werden, das aber schaffen die noch vorhandenen Auerhühner nicht. Mehrere aufeinanderfolgende naßkalte Witterungsperioden zur Kükenzeit haben kaum Gesperre hochkommen lassen. Marder, Waschbären und Habichte werden selbst bei nur einzelnen Beuteerfolgen unter diesen Umständen zu potenten Feinden. Das bedeutendste Restvorkommen des Auerwildes in Hessen, das die kritische Gesamtzahl von 40 Stück sicherlich schon unterschritten hat, ist trotz aller Bemühungen „zum Tode verurteilt". Für diese Entwicklung kann man aber nicht das Forstamt verantwortlich machen, sondern die Ursachen der traurigen Bilanz müssen in der grundlegend veränderten weiteren Umwelt gesucht werden.

Der Situation entsprechen die spärlich gewordenen Beobachtungen von Auerhühnern. Im hessischen Nachbarforstamt Bad Soden-Salmünster sah Forstamtmann IMHOF (1984) letztmals 1976 in der Revierförsterei Häuserdick einen Auerhahn. Im Jahr 1982 fand derselbe Beamte an der Grenze des Orber Stadtwaldes im Bereich des Eigenjagdbezirkes Bad Orb I einen verendeten und vermutlich geschlagenen Hahn, den sich der zuständige Jagdpächter Schneider präparieren ließ. Schließlich wurde im Forstamt Bad Soden-Salmünster 1982 noch durch einen Jagdgast am „Merneser Heiligen" eine Auerhuhnhenne gesichtet. Im Frühjahr des gleichen Jahres hatte der bereits erwähnte Jagdausübungsberechtigte Schneider (1984) in der Abteilung 153 B des Orber Revierförsterdienstbezirkes Haselruhe ebenfalls eine Henne beobachten können. Im Grenzbereich des Hessischen Forstamtes Gelnhausen und des Stadtwaldes Bad Orb entdeckte der Ornithologe Thienhaus (1984) im November 1983 einen Hahn und zwei Hennen. Zuvor waren im Monat Juli 1983 in den Abteilungen 15 a, 24 und 198 B des Staatswaldes im Hessischen Forstamt Jossgrund drei einzelne Auerhähne gesehen worden. Auch im angrenzenden Bayerischen Forstamt Mittelsinn kam es nach Forstdirektor Grimm (1984) im Jahr 1983 zu Beobachtungen von Auerhühnern. Ein Hahn wurde im Gemeindewald Aura ausgemacht, und eine Henne bemerkte der Nachbar selbst an einem Waldrand in der Gemarkung Mittelsinn.

Alles in allem ein mageres Resultat, das durch die Notierungen in den Zeitreihen der Wildbeobachtungen für die großflächigen Ansitzjagden im Hessischen Forstamt Jossgrund unterstrichen wird. So wurde seit 1969 auf den Hubertusjagden, die jeweils den gesamten Verwaltungsjagdbezirk erfaßten, in den einzelnen Jagdjahren Auerwild in nachstehender Stückzahl beobachtet:

Jahr	Beobachtetes Auerwild	Jahr	Beobachtetes Auerwild
1969	0	1977	1
1970	5	1978	2
1971	3	1979	2
1972	1	1980	0
1973	3	1981	0
1974	4	1982	0
1975	2	1983	0
1976	3		

Bei aller Abhängigkeit der Zählergebnisse vom Wetter am Jagdtag, von den Biotopveränderungen im Bereich der Ansitzplätze und der Wachheit der einzelnen Jäger ist der Rückgang des Auerwildes im Jossgrund und in den angrenzenden Gebieten offenkundig.

Es ist daher verständlich, daß die Frage der Auswilderung von Auerhühnern für Burgjoß an Bedeutung gewinnt. Wenn schon Ansiedlung, dann vielleicht doch dort, wo sich bisher die großen Waldhühner wohlfühlten und noch einzelne Exemplare leben. Wer allerdings die Stimmen von Experten wie KALCHREUTER (1977) oder SCHERZINGER (1980) dazu vernimmt, vermag im Aussetzen von Auerwild nur einen Hoffnungsschimmer für den Erhalt der Spessart-Population zu sehen.

Bleibt nachzutragen, daß es im Forstamtsbereich auch im 20. Jahrhundert noch Birkwild und Haselhühner gab. Auf den Schußbahnen des Truppenübungsplatzes in Villbach und auf der Hute-Heide der Flörsbacher-Höhe im Birkenacker kullerten noch vor dem Ersten Weltkrieg die kleinen Hähne. Revierförster Zernikow, ein von Holzfrevlern wie Wilderern gleichermaßen ob seiner Bärenpranken gefürchteter Hüne, soll noch vor 1914 einen Birkhahn auf dem Übungsplatz erlegt haben.

Das ist heute alles Geschichte. Der Truppenübungsplatz wurde in den zwanziger und dreißiger Jahren aufgeforstet, die Flörsbacher-Höhe 1936 umgewandelt, und die Schälwaldungen fielen ebenfalls häufig der Axt zum Opfer. Ob der Auerhahn, den ich im Herbst des Jahres 1981 auf der Wildwiese am „Staatssekretär" beobachtete, der letzte Urhahn bleibt, den ich im Jossgrund sah?

Rehe

Das Ärgste, was Land- und Forstwirte den Rehen antaten, ist die aus wirtschaftlichen Gründen betriebene Nivellierung der Biotope in Feld und Wald. Nicht weniger schlimm ist die fortwährende „Vergewaltigung" des Rehwildes durch die Jäger, die es nach Grundsätzen bejagen, die beim Rotwild zu hegerischen Erfolgen führten, aber mit der Biologie des Rehwildes nicht in Einklang stehen. Dazu kommt die permanente Unterschätzung der Wilddichten.

Im Rahmen der Flurneuordnungsverfahren wurden die Feldgemarkungen nicht nur katastermäßig geordnet, sondern auch um zahlreiche Requisiten „bereinigt", die andererseits aber erforderlich sind, wenn das Rehwild gedeihen soll. In den Forsten folgten vielerorts großflächigen lichten Mischwaldungen mit vielen Kräutern und Sträuchern einschichtige und baumartenarme Laub- oder Nadelwälder, die nur im Endnutzungsalter und im Verjüngungsstadium eine dem Äsungsbedarf des Rehwildes entsprechende und ausreichende Begleitflora zulassen.

Die Bejagung der Rehböcke bei einem zu hohen Zielalter nach Güteklassen, in denen Kriterien der Gehörnentwicklung berücksichtigt werden, ist erwiesenermaßen kein geeignetes Instrument für die Ordnung von Rehwildpopulationen. Ebenso stellt die Zurückhaltung bei der Jagd auf Kitze, Schmalrehe und Ricken ein Hindernis für die Regulierung der Bestände dar.

Die relativ kleinen und „schlüpfenden" Rehe sind der Zahl nach noch schwerer zu schätzen als das Rotwild, zumal auch das Rehwild auf die heutige Unruhe in der Natur mit Heimlichwerden reagiert. Gravierend ist die Verkennung der Ausgangssituationen bei den einzelnen Populationen.

So dürfen wir uns nicht wundern, daß alle Hegebemühungen beim Rehwild bisher nichts fruchteten. Zu viele Rehe in beunruhigten und verarmten Biotopen bei oft falscher Bejagung des männlichen Wildes und ungenügender Jagdausübung auf die weiblichen Tiere führten zu zahlenmäßig ständig ansteigenden Strecken bei immer geringer werdender Qualität. Diese Aussage, die wohl für die Mehrzahl aller Jagdbezirke in der Bundesrepublik gilt, wird durch einzelne positive Revierbeispiele nicht abgeschwächt, insbesondere können wenige herausragende Rehkronen den bedrückenden Eindruck einer verfahrenen Situation nicht löschen.

In Hessen kamen im Jagdjahr 1981 knapp 68 000 Rehe zur Strecke. Der Anteil der Böcke umfaßte rund 31 400 Stück. Anläßlich des ersten Hessischen Landesjägertages in Kassel wurden 1983 auf der Landestrophäenschau von dem genannten Jahrgang jedoch nur 19 herausragende Gehörne ausgestellt. Das ist bestimmt nicht repräsentativ für die Güte der Trophäen im Landesdurchschnitt, aber sicherlich ein Indiz dafür, daß die „naschenden" Rehe besonders unter der bereits skizzierten Verarmung der Feldflur und der Waldbiotope leiden.

Lediglich das Spitzengehörn von Kassel, das mit 131,61 IP bewertet wurde, wäre 1954 auf der Internationalen Jagdausstellung in Düsseldorf mit einem ersten Preis ausgezeichnet worden. Drei Trophäen hätten damals einen zweiten Preis und sieben Kronen einen dritten Preis erhalten. Gemessen mit der Elle der Deutschen Jagdausstellung München 1963 wären zwar alle auf der Landestrophäenschau 1983 gezeigten Gehörne in die Medaillen-Ränge gekommen, doch ist dieses Ergebnis der Ausstellung vor dem Hintergrund der zweithöchsten hessischen Jahresstrecke an Rehwild seit dem Jagdjahr 1959 äußerst unbefriedigend. Das gilt auch dann, wenn nicht alle besseren Trophäen ausgestellt worden sein sollten.

Ein Biotopdefizit kann eine art- und zeitgerechte Fütterung in gewissem Umfang ausgleichen. HERZOG ALBRECHT VON BAYERN (1977) erzielte durch eine derartige Fütterung in einem steirischen Gebirgsrevier beachtliche Erfolge. Professor Dr. HOFMANN vom Arbeitskreis Wildbiologie und Jagdwissenschaft an der Justus Liebig-Universität Gießen (AKWJ) (1980a, 1980b und 1981 mit KÖNIG) fordert immer wieder zu einer Herbstmast-Simulation durch Fütterung auf, „wo Biotopverbesserungen, Wildäcker und Äsungsflächen nicht möglich sind" oder nicht ausreichen. Dabei geht er mit HERZOG (1980) davon aus, daß wiederkäuendes Schalenwild auch bei normalen oder geringen Dichten Not leidet, „wenn es im artspezifischen Tages- oder Jahresrhythmus die erforderliche Nährstoffmenge für seinen Aktivitäts-, Ruhe- und Erhaltungsstoffwechsel nicht aufnehmen kann und ihm die Anlage der ebenfalls artspezifischen Energiedepots nicht möglich ist".

Danach soll die Fütterung beim Rehwild nach der Blattzeit, im September, dem Zeitpunkt der Erschöpfung der Feist-Depots, einsetzen. Dieser wildbiologisch begründeten Forderung stehen aber in mehreren Bundesländern gesetzliche Bestimmungen entgegen. In Hessen ist die Wildfütterung mit Ausnahme von Ablenkungsmaßnahmen ohne Jagdausübung nur in Notzeiten gestattet. In der Zeit vom 1. Mai bis 31. Oktober ist sie verboten (§ 30 [2] Hess. Ausfg. zum BJG). Nach der allgemeinen Verwaltungsvorschrift zur Durchführungsverordnung zum Hessischen Ausführungsgesetz zum Bundesjagdgesetz (DER HESSISCHE MINISTER FÜR LANDESENTWICKLUNG, UMWELT, LANDWIRTSCHAFT UND FORSTEN [HMLULF], 1979) gilt als Notzeit „grundsätzlich die Zeit vom 1. November bis zum 30. April. In dieser Zeit hat der Jagdausübungsberechtigte das Wild zu füttern, sofern die natürliche Äsung nicht ausreicht und das Wild Not leidet."

Die juristisch klare hessische Regelung, die dem Rotwild biologisch gerecht wird (Ende der Brunft Mitte Oktober – möglicher Fütterungsbeginn 1. November), nützt dem Rehwild also nichts. Jagdpolitisch wäre es aber unklug, wenn man deshalb generell das Fütterungsverbot bereits am 31. August enden lassen oder gar ganz aufheben wollte. Eine zeitliche Ausdehnung der Fütterung könnte beim Rotwild Folgen bewirken, die die Forstwirtschaft nicht hinnehmen kann. Jeder sachkundige Rotwildjäger weiß, welche verheerenden Schäden im Wald über die Fütterung im Sommer und frühen Herbst durch Konzentrationen von Rotwild entstehen können. Darüber hinaus ist nicht zu verkennen, daß häufig die Fütterung vor der Brunft nur betrieben wurde, um Kahlwild und Hirsche über die Feiste für die hohe Zeit zu binden. Ein Kompromiß wäre allerdings möglich, indem man entweder die Fütterung in den rotwildfreien Gebieten Hessens bereits ab September gestatten oder aber allgemein ab dem 1. Oktober zulassen würde.

Die Lage des Rehwildes im Jossgrund gleicht der Gesamtsituation dieser Wildart in Hessen. Es gibt zu viele Rehe, aber nur wenige gute Exemplare. Dabei sollte es im Forstamt Burgjoß kaum Rehe geben, als ich die Leitung des Amtes übernahm. Doch meine Vorgänger hatten sich geirrt.

In den Jahren von 1941 bis 1949 kamen im Durchschnitt jährlich elf Stück Rehwild einschließlich Fallwild zur Strecke. Dieses Resultat kann durch den Krieg und die Nachkriegszeit beeinflußt sein. Im Zeitraum von 1950 bis 1960 erhöhte sich die jährliche Durchschnittsquote auf 29 Stück, die Spanne der Einzelwerte schwankte dabei zwischen 8 und 53 Stück. Von 1961 bis 1964 wurden bei einem Rahmen von 44 bis 54 Stück durchschnittlich 47 Rehe pro Jahr der Wildbahn entnommen. In der Zeit von 1965 bis 1968 umfaßte die Strecke im Durchschnitt je Jahr 68 Stück, wobei der niedrigste Jahreswert mit 55 Stück ausgewiesen ist und der Höchstwert 79 Stück erreicht. In den Jagdjahren von 1969 bis 1975 liegt die Streubreite zwischen 40 und 133 Stück Rehwild, der Jahresdurchschnitt erreicht 80 Stück. Von 1976 bis 1983 fielen insgesamt 824 Stück Rehwild an, das sind 103 Stück pro Jahr.

Um den Einfluß der Flächenänderungen durch Umorganisation und Grundstücksverkehr auf die Streckenergebnisse zu eliminieren, werden für die aufgeführten Zeitspannen nachstehend die durchschnittlichen Streckenwerte bezogen auf 100 ha Jagdfläche wiedergegeben. Die Werte lauten für die Zeiträume:

1941–1949 = 0,3 Stück
1950–1960 = 0,8 Stück
1961–1964 = 1,3 Stück
1965–1968 = 1,9 Stück
1969–1975 = 1,9 Stück
1976–1983 = 2,2 Stück

Trotz des Anstiegs der Jahresstrecken auf das annähernd Dreifache des Ergebnisses der fünfziger Jahre ist der Rehwildbestand gemessen an der Biotopqualität und im Verbund mit dem Rotwildvorkommen noch zu hoch. Die Maßnahmen der Äsungsverbesserung und Biotopgestaltung, die zweifellos auch dem Rehwild zugute gekommen sind, haben in erster Linie doch dem anspruchsloseren Rotwild geholfen.

Mehrjährige Böcke erreichen im Durchschnitt nur Wildpretgewichte um 14,5 kg. Mit 12 kg sind die Durchschnittsgewichte der Jährlingsböcke zu veranschlagen. Ricken wiegen durchschnittlich 13 kg. Schmalrehe kommen selten auf Gewichte, die 12 kg überschreiten. Kitze wiegen zwischen 6 und 12 kg, ihr Durchschnittsgewicht dürfte bei 9,5 kg liegen. Diese Gewichte bezeugen die schlechte Verfassung des Rehwildes im Jossgrund.

Auch die Entwicklung der Gehörne ist durchweg unbefriedigend. Den Stangen fehlt die Masse. Bei kurzgekappten Schädeln mit Nasenbein erreichen die Gewichte der Gehörne selten 250 g, Trophäen mit Gewichten über 300 g sind Ausnahmeerscheinungen.

Unter den gegebenen Umständen halte ich daher eine weitere Reduzierung des Rehwildbestandes im Jossgrund für erforderlich. Der Abschuß je 100 ha Jagdfläche kann sicherlich ohne „Ausrottungstendenz" auf drei Stück angehoben werden.

Herausragende Gewichtl habe ich bei der Rehwild-Misere noch nicht erbeutet. Doch ein paar brave Gehörne hängen an der Wand. Sicherlich sind aber zwei Trophäen, die aus den Revieren Mernes und Villbach stammen, für den Jossgrund gut.

Kurz vor Aufgang der Jagd hatte mir Dr. Hackmann 1955 einen Bock freigegeben. Ich durfte wählen und begann am 16. Mai mit der Umschau. Im „Lindental", in dem wie im benachbarten Forstort „Ebertsrain" das Laubholz überwiegt, entdeckte ich Plätzstellen. Brusthohe Douglasien und Sitkafichten waren gefegt. Hier mußte ein stärkerer Bock stehen.

Morgens und abends besetzte ich den Hochsitz an der Kulturfläche. Zwei Ricken mit Kitzen, ein Schmalreh und einen Knopfbock sah ich. Der Bock, den ich suchte, zeigte sich nicht. Zweimal sprang in der Frühe ein stärkeres Stück Rehwild ab, ob das der Bock war?

An einem Sonntag im Juni stellte ich den Wecker auf zwei Uhr. Ich verschlief. Mit einer Stunde Verspätung verließ ich das Haus und marschierte in den Ebertsrain. Vorsichtig näherte ich mich dem Sitz. Ich hatte schon die ersten Sprossen erklommen, als neben mir ein tiefes „Böh, böh" erklang. Die Fluchten des Rehes tönten wie Trommelschlag.

Selten habe ich meine Schlafmützigkeit so verflucht wie in jenem Augenblick. Doch was half es, der Tag graute, ich blieb. In den alten Eichen begrüßten sich einige Krähen. Das Vogelkonzert wurde voller. Von der nahen Jossa zogen Nebelschwaden herauf. Ich sah auf die leere Fläche und schlief ein.

Als ich erwachte, fingerte schon die Sonne im Geäst. Schnell überflog ich mit dem Glas den Hang, hier nichts und dort nichts, aber ganz unten ein roter Fleck. Ein einzelnes, stärkeres Stück Rehwild zog hangauf. Es war ein Bock. Das Gehörn ragte weit über die Lauscher. Stark waren die Stangen und gut geperlt, auch die Vereckung geizte mit Reizen nicht. Ein guter Sechser äste auf mich zu.

Der Sicherungsflügel knackte. Der Bock warf auf, beruhigte sich und naschte weiter. Nicht ganz geräuschlos rutschte ich auf der Bank in Schußposition und brachte die Büchse in Anschlag. Wieder sicherte der Bock, wurde mißtrauisch, wendete und trollte zu Tal. Aber ich folgte mit dem Fadenkreuz. Kurz vor dem Altholz zeigte der Sechser das Blatt. Hinaus war die Kugel, und nach flacher Flucht rollierte der Bock, kugelte in das hohe Holz hinein, wo ihn ein dichter Vorhang von Hainbuchen-Zweigen verdeckte.

Auf dem Anschuß lag Lungenschweiß. Je näher ich den alten Eichen kam, desto stärker wurde die Schweißfährte. Als ich ein paar Hainbuchen zurückbog, sah ich den verendeten Bock, den „Geheimrat vom Lindental". Ich hatte einen vier- bis fünfjährigen ungeraden Sechser mit 24 cm Stangenlänge und guter Auslage erlegt. Das Gehörngewicht betrug abgekocht bei kleinem Schädel mit Nasenbein 260 Gramm. Auch das Wildpretgewicht war mit 16,5 Kilogramm für den Jossgrund gut. Der Forstamtsleiter gratulierte dem überglücklichen Referendar herzlich.

Über ein Jahrzehnt später stand wieder ein guter Bock im Lindental. Ihn erlegte 1967 auf den angrenzenden Jossa-Wiesen der Jagdpächter Kurt Balthasar aus Offenbach. Die Trophäe des Gablers, ein kompaktes „Eichengehörn", brachte 530 Gramm auf die Waage, ein Spitzenergebnis für den Bereich unseres Tales.

Auch ich erlegte 1972 einen „Eichenbock". Es galt den Sommersauen, aber auf der Äsungsfläche am Staatssekretär in Villbach standen 35 Stück Rotwild. Da wollte ich nicht stören und zog mich wieder Richtung „Bieberer Höhe" zurück. Dann bummelte ich in den erwachenden Tag hinein, patrouillierte die Orber Grenze entlang, besichtigte die neue Wildwiese in der Abteilung 200 und musterte einige Gatter. Schließlich bestieg ich den Hochsitz an der „Schönen Aussicht" und freute mich über den weiten Blick in das Orbtal.

Bis 6.30 Uhr wollte ich bleiben. Ich sah kein Wild, aber als die Glocken von Bieber zum Aufbruch mahnten, gab ich noch zehn Mi-

nuten zu. Dann verließ ich den Sitz, liebelte „Rumold", den abgelegten DW-Rüden, ab und setzte mich mit ihm auf dem Pürschpfad in
Bewegung.

Just in diesem Moment brachen aus dem Unterholz zwei keu-
chende und sich jagende Rehe hervor. Ricke und Bock? Nein, die
Blattzeit kochte noch nicht. Ein Jährling wurde vom Platzbock ver-
trieben. Der Herr der Blöße trug schwarze, glatte Stangen, kaum lau-
scherhoch, aber äußerst massig.

Ich eilte zum Hochsitz zurück und kletterte schnell wieder hinauf.
Etwas später erschien hechelnd der Knopfbock, sein Verfolger jedoch
blieb aus. Der Jährling zog weiter, die Kugel blieb im Lauf, ich dachte
an den Abend.

Am Tag war Wasserschau an der Jossa. Der Marsch entlang des Baches hatte ermüdet. Dennoch fuhr ich abends wieder nach Villbach
hinaus. Der Bock an der Schönen Aussicht lockte. In aufkommender
Gewitterschwüle erwartete ich ihn auf der Räumde im Stockschlag.
Nach fünfzehn Stunden Jagd, Bürodienst und Wasserschau fielen mir
aber die Augen zu.

Plötzlich zeterten die Drosseln. Ich wurde wach, schaute nach links
und blickte nach rechts, und die geübten Augen entdeckten im Grün
des Niederwaldes einen roten Strich, es war der Bock, was für ein
Bock! Alles eine schwarze Masse über dem nickenden Haupt, urige
Stangen, keine Vereckung, „Bananen". Ich überlegte nicht lange,
nahm die Bockbüchsflinte, stach ein und suchte das Ziel. Auf einer
Lücke fand ich es, und im Knall verschluckte das Beerkraut den Bock.

Der „Bananen-Bock" war sechs bis sieben Jahre alt. Bei einem
Wildpretgewicht von 14 Kilogramm trug er ein Ledergehörn, das mit
kleinem Schädel 350 Gramm wog. So ein Bock war seit 40 Jahren im
Forstamt nicht mehr erlegt worden. Ich bibberte vor Freude, fuhr zu
Rohlands, zeigte die Beute und nahm Kurs Burg.

In Hessen sollen im Zusammenhang mit einer Überprüfung der
seit 1970 eingeführten Bewirtschaftungsrichtlinien für die einzelnen
Schalenwildarten auch die Richtlinien für das Rehwild einer Kontrolle unterzogen werden. Es besteht somit die Gelegenheit, diese Bestimmungen zu ändern und den heutigen Erkenntnissen anzupassen.

Nach meinen Vorstellungen sollte man künftig männliches wie
weibliches Rehwild ausschließlich nach natürlichen Altersklassen
und allgemeinen Konstitutionsmerkmalen bejagen. Dabei wären jeweils drei Klassen zu bilden, deren anzustrebende Streckenanteile
nachstehend aufgezeigt sind:

Männliches Wild		Weibliches Wild	
Natürliche Altersklasse	Anteil an der Strecke in %	Natürliche Altersklasse	Anteil an der Strecke in %
Bockkitze	20	Rehkitze	35
Jährlingsböcke	40	Schmalrehe	25
Ältere Böcke	40	Ricken	40

Soweit würde der Vorschlag noch mit den bisherigen Bewirtschaftungsrichtlinien übereinstimmen. Abweichend von ihnen wird aber empfohlen, in Zukunft kein Zielalter vorzugeben. Außerdem sollte bei den Jährlingen und älteren Böcken die Gehörnentwicklung kein bindendes Kriterium mehr bei der Auswahl zum Abschuß sein. Als Weiser für die Abschußnotwendigkeit eines Rehes bieten sich das geschätzte Alter und seine altersbezogene Konstitution an.

Nachbewilligungen sollten im Interesse der Regulierung der Rehwildbestände sowohl beim weiblichen als auch beim männlichen Wild möglich sein. Für Jährlinge und Bockkitze wird die Austauschmöglichkeit im Rahmen der Abschußplanfestsetzung weiterhin empfohlen. Es sollte auch nicht als ein Verstoß gegen den festgesetzten Abschußplan gewertet werden, wenn beim weiblichen Wild anstelle des freigegebenen Stückes ein abschußnotwendiges Stück einer anderen Altersklasse erlegt würde. Das Geschlechterverhältnis sollte wie bisher auf 1 : 1 abgestimmt werden. Über die bei der Planung zu unterstellende Zuwachsquote wäre abwägend zu entscheiden.

Diese knappen Empfehlungen, die bewußt den Abschuß von zwei- und dreijährigen Böcken mit gut entwickelten Gehörnen zulassen und die Entscheidung darüber den Jägern in die Hand geben, basieren auf der Erkenntnis, daß das Rehwild sich anders als das Rotwild entwickelt und verhält und daher seine Bejagung auch nicht nach Maßstäben der Rotwildjagd ausgerichtet werden darf. Ganz im Sinne von MEUNIER (1982) kann der Jäger damit die Auswahl der Böcke für den Abschuß nach der individuell bedingten Kulmination ihrer Gehörne (Geweihe) bestimmen. Die früh kulminierenden Böcke können somit früh, „die wenigen spät kulminierenden, aber starken spät" geschossen werden. Voraussetzung ist allerdings, daß der Jagende das Wild genau kennt, die Böcke auch unabhängig vom Wechsel der Gehörne über Jahre wiedererkennt.

Außerdem berücksichtigt der nur skizzierte Vorschlag die unbestreitbare Tatsache, daß bei der Hege des Rehwildes bisher alle detaillierten Reglementierungen nicht gefruchtet haben. Vielleicht verlangt und verträgt gerade diese Wildart mehr Eigenverantwortung der Jäger bei der Jagdausübung als andere Schalenwildarten. Für die wildbiologische Untermauerung der Anregung zum Umdenken wird weitgehend auf HOFMANN und KÖNIG (1981) verwiesen. Früher, allerdings in einer anderen Umwelt, schoß man zeitweilig bei den Böcken nur bessere Sechser, und es wuchsen immer wieder Böcke mit starken Kronen nach, damals bejagte man Rehwild sogar mit Posten, und es schadete ihm nichts.

Zutaten

Wie Rosinen, Korinthen, Zitronat, Orangeat, Mandeln und Rum als Zutaten aus einem einfachen Teig einen Königskuchen entstehen lassen, so erhält ein Revier seine volle Farbe erst durch die Vielfalt der Tierwelt, die es beherbergt. Weder das zahlreich vertretene Rotwild bestimmt da den Glanz, noch die Gewißheit, Sauen als Standwild zu haben, auch das Rehwild ist nur ein Teil der Palette. Farbtupfer, die das Leuchten des Ganzen bewirken, sind Hase, Fuchs, Schnepfe, Ente, Marder, Rebhuhn oder andere Geschöpfe. Sie sind die kleinen Freuden am Wegesrand und deshalb oft die größten.

Wer Hasen im Jossgrund jagen will, der darf sie nicht im Staatswald suchen. Mümmelmann ist im Forstamt ein seltener Gast. Vier oder fünf Löffelträger packen wir jährlich an den Läufen. Die höchste Hasenstrecke seit 1965 betrug in einem Jagdjahr 16 Stück.

Aber gerade deshalb finde ich es so reizvoll, abends und morgens im späten Herbst oder frühen Winter auf den Waldhasen zu passen. Man hört das Rascheln des Laubes, sieht den Krummen hoppelnd kommen, hat seinen Balg schon gestreift ... und ihn doch verloren, wegen einer kleinen Unachtsamkeit. Ein alter Rammler läßt sich nicht leicht über die Löffel balbieren.

Oder es ist Sauhatz, und außer Frischlingen und geringen Überläufern sind auch Hasen und Füchse frei. Es kommt keine Sau, aber es erscheint der Hase. Dann packt mich die Passion, und ich riskiere den Kugelschuß mit dem kleinen Glas. Schon manchen Hasen erbeutete ich so, meistens mit Kopfschuß, aber manchmal auch etwas weiter hinten, Küchenhasen für den eigenen Herd.

Doch das schönste Erlebnis mit Mümmelmann bescherte mir Maja. Sie stach im Wettergrund einen Hasen und hetzte ihn spurlaut durch die weite Delle. Zehn, zwanzig Minuten, eine halbe Stunde blieb sie aus, dann hörte ich wieder ihren Laut, und der Hase kam auf dem „Bereisungsweg". Der Kreis wurde geschlossen, aber ich schoß vorbei.

Ein Hauch von Rot im Mosaik des Revieres ist Reineke Voß, heute geschlagen von der Geißel der Tollwut, gestern noch Perle der Winterjagd. Wer kennt ihn nicht, den Strich im Schilf, wer hört nicht das Bellen des Fuchses bei Mond überm Schnee? Einsame Stunden der Zwiesprache, Hasenklage als Himmelsgebet, Überlistung gegen List, Partner einer Nacht, die erst der Blitz des Schusses trennt.

Eine Jagd auf Sauen im Forstamt Peenemünde war angesetzt. Die Mannschaft stapfte durch den Schnee. Forstamtmann Sieges und ich stellten an, Forstoberinspektor Eckel übernahm wie gewohnt mit „Bautz", dem für Saujagden spezialisierten DW-Rüden, das Finden und Sprengen der Rotte.

Sechs Überläufer sollten es sein. Vierzehn Sauen steckten. Es war eine schwere Arbeit für Hund und Führer in der tief verschneiten Dikkung. Aber es klappte. Die schwarzen Gesellen kamen meist einzeln oder zu zweit. Man konnte ansprechen, sortieren und schießen, aber die Schützen schossen schlecht. Nur ein Überläufer wurde gekämmt und zwei Tage vergeblich von „Puma", Eckel und mir nachgesucht. Wenn es mag, mag's, wenn es nicht mag, mag's nicht!

Auch Rotwild kam vor und blieb wie stets bei Saujagden ungeschoren. Ein Hase brachte seinen Balg in Sicherheit. Bei mir aber schoß ein roter Pfeil aus der Dickung, ein Fuchs! Die Büchse flog an die Wange. Im zweieinhalbfachen Glas flüchtete Reineke für sein Leben; Eiche – Eiche und Schuß. Im Schnee ein roter Ball, die Kugel hatte getroffen. Der zusammengekrümmte Fuchs streckte sich, schnellte empor und war wie ein Känguruh springend im anschließenden Tann verschwunden.

Tollwut herrschte, Bautz kam für eine Nachsuche nicht in Frage. So ging ich allein in der Dickung die Schweißspur aus. Bald war ich am Fuchs, er hüpfte davon, beide Vorderläufe baumelten. Ich konnte im Jungwuchs mit der Kugel nicht schießen, mir fehlte eine Flinte. Aber ich war am kranken Fuchs und folgte ihm, bis er in dem nächsten verklüfteten Bau seinem gräßlichen Ende entgegenschliefte.

Jagd ist nicht immer Freude. Jagen heißt auch Zweifel tragen. Reineke Voß, der listige Bursche, wegen der Tollwut verfolgt wie die Pest, hat es gerade heute verdient, mit Anstand bejagt zu werden.

Wie Einstände für Schalenwild sich ändern, alte aufgehen und neue entstehen können, kommt es auch bei den Waldschnepfen zu Wandlungen bei den Biotopen. Sich schließende Kulturen werden von dem

„Vogel mit dem langen Gesicht" verlassen, angehende Verjüngungsflächen als Lebensräume erkoren.

Zu Hackmanns Zeiten strichen und brüteten die Schnepfen in Burgjoß besonders in den Forstorten „Sommerrain" und „Roßkopf". Die Eichen-Kultur entlang der Würzburger-Straße unterhalb des Mittelgrundes ist heute schon ein Stangenholz, und die Fichten-Aufwüchse zwischen Wegscheide und „Burgjoßer Heiligen" haben sich ebenfalls zu geschlossenen Beständen oder Dickungen entwickelt. Ich kam am Roßkopf und Sommerrain jeweils nur noch einmal zu Schuß, aber fehlte die Gaukler des Abends.

Dafür wählte ich mir ab 1966 Lücken in der Buchen-Naturverjüngung am „Hohen Berg", dem 520 Meter hohen Basaltstiel gegenüber vom „Jagdhaus Horst", als Schnepfenstand. Schon im ersten Jahr erlebte ich hier einen lebhaften Strich, es quorrte und puitzte um mich herum, ich schoß auch, aber ich traf keinen einzigen Schnepf.

Unmittelbar am Steinbruch des Hohen Berges brüteten häufig Schnepfen. Maja und Rumold griffen als Begleiter beim Auszeichnen hier jeweils ein Küken. Die Weibchen versuchten dabei, die Hunde durch wiederholtes kurzes Abstreichen und Einfallen vom Nachwuchs abzulenken. Aber es half ihnen nichts, die Küken wurden gegriffen und apportiert. Ich konnte es nicht verhindern.

Erst im Frühjahr 1968 schoß ich im Spessart meine erste Schnepfe. Die Natur spielte am Hohen Berg Wedekinds „Frühlings Erwachen", und den Himmel zwischen Tag und Nacht malte Caspar David Friedrich. Im Hang verteilt standen Forstamtmann Dams, Revierleiter Schade und Anwärter Lipphardt, ich hielt die Position unter der Kuppe.

Der Schnepf strich um den Kegel und kam an der Altholzkante. Nach dem Schuß stürzte er steil zu Boden. Maja suchte und brachte. Dann knallte es im Mittelhang; Schade fehlte, und ich schloß mich an.

In fünfzehn Jahren erlegte ich zwölf Waldschnepfen. Eine knappe Strecke und sicherlich ein Beweis für meinen recht unbeholfenen Umgang mit der Flinte. Aber eine große Strecke strebte ich auch gar nicht an. Ich freute mich auf die Abende, auf die Stunde der Besinnung, auf den Beginn des neuen Jagdjahres.

Wir haben die Schnepfen mit der Bejagung im Frühjahr nicht dezimiert. Die höchste Strecke an Waldschnepfen nach 1945 wurde in der Bundesrepublik Deutschland im Jagdjahr 1969 mit gut 29 000 Stück erzielt. In anderen Ländern erlegt und fängt man über das Jahr ein Vielfaches davon. Die Jagd beim Frühjahrsstrich aber wurde diskriminiert. Seit dem April 1977 können wir Schnepfen nur noch im Herbst bejagen. Dabei weiß man spätestens und fundiert seit KALCHREUTERS Arbeit über die Waldschnepfe (1979), daß sich „die Balzjagd bzw. deren Verbot in keinem Fall nachweisbar auf den Schnepfenbestand ausgewirkt" hat. Will man diese Erkenntnis der Wildbiologie nicht endlich zur Kenntnis nehmen?

Es waren einmal ein Staatssekretär und ein junger Forstamtsleiter, die trafen sich unmittelbar vor der Bundestagswahl 1965 anläßlich eines Betriebsausfluges des Ministeriums für einen Ansitz in Lettgenbrunn. Die Jugend hofft immer, und so führte der Amtsvorstand den hohen Gast zur „Bekehrung" in den Schwarzen Grund. In der Seitenmulde des Tales zeigte sich kein Wild. Das Jahr träumte in der schon herbstlichen Sonne dem Winter entgegen. Jeder von uns hing seinen Gedanken nach. Plötzlich stieß mich der Vorgesetzte an. „Enten!", flüsterte er. Über uns sah und hörte ich nur Krähen. Ich nickte und dachte mir mein Teil.

Ein Jahr später hatte ich mit Forstamtmann John im Jagen 25 B, dort, wo der Bekehrungsversuch an dem Jagdgast aus Wiesbaden scheiterte, zu tun. Dabei inspizierten wir auch die große Suhle, und siehe, auf dem Tümpel ruderte ein Stockentenerpel. Sollte der Gast aus dem Vorjahr doch recht gehabt haben?

Der Staatssekretär, Dr. Dr. h. c. Tröscher, wurde 1966 unser Fachminister. Als gelernter Landwirt und im landwirtschaftlichen Verbandswesen erfahren, verstand er wirklich etwas vom „Fach". Der Rat dieses heute einundachtzigjährigen Experten ist noch immer – und nicht nur in Hessen – gefragt.

Mit dem Jossgrund blieb Minister Tröscher auch nach seinem Ausscheiden aus dem Amt im Jahr 1970 über Jagd und Fischwaid verbunden. Er hat manches für das Tal bewirkt und ließ in der Gebietsreform auch den fränkischen Namen des Landstriches nicht verfälschen. Mit ihm bei einem Schoppen Wein zu plaudern, ist ein besonderer Genuß, Geschehenes wird wieder lebendig.

Im Jossgrund gibt es also auch Enten. Die pfeilschnellen Vögel brüten und streichen aber nicht nur im Tal, sie sind vereinzelt auch Waldbewohner. Allgemein nichts Neues, doch für uns Waldjäger eine Belebung der Szene.

Der Fallenfang der Marder ist im Forstamt Jossgrund besonders notwendig, es gilt, das Auerwild zu schützen. Freude bereitet das Ausneuen der eleganten Räuber. Marder auf den Strecken von Drück- oder Treibjagden sind aber selten.

„Arko von der Eifel" – Zb-Nr. 1670, mein Hannoverscher Schweißhund, der schon viel leistet und noch mehr verspricht. (Foto: G. Hildebrand)

Teilansicht der Wildfütterung im „Oberen Mittelgrund" mit Heustadeln und stationärem Silo (rechts, fast verdeckt). (Foto: H. Langer)

Die „Mulde" des „Grabens" im „Birkenacker", Stockschlag-Riegel schotten den Fichten-Nachwuchs und bieten wie die Kleewiese im Grund Äsung auch bei Tag. (Foto: H. Langer)

Im Dezember 1975 jagten die Beamten des Forstamtes noch einmal im Dienstbezirk Mernes, der im Zuge der Gebietsreform zum 1. Januar 1976 aufgelöst wurde. Mit fünfzehn Schützen und vier Treibern, verstärkt durch zwei Mitarbeiter aus dem Büro, nahmen wir Abschied von der hundertjährigen Ära Burgjoß und dem achtzehnjährigen Wirken Blumes in den Waldungen zwischen Spirkelbach und Jossa.

Da nur die Mannschaft des Amtes jagte, ließ ich ausnahmsweise das Drücken zu und verzichtete auf den sonst schon obligatorisch gewordenen Ansitz. Es fielen sieben Schüsse, davon waren drei „Fahrkarten" und vier „Billetts". Zur Strecke kamen ein einjähriger II c-Spießer, ein Schmaltier, ein Hirschkalb und ein Baummarder.

Der Marder sprang am „Reichersberg" von Wipfel zu Wipfel, als Forstoberinspektor Schade ihn mit sauberem Kugelschuß und ohne große Balgzerstörung von einem Kiefernast herunterholte. In der Gastwirtschaft „Zum Hirschen" in Pfaffenhausen wurde aus dem Balg des Edelmarders ein nasser Biberpelz.

Aus der Zeit des Truppenübungsplatzes Lettgenbrunn-Villbach verfügte das Forstamt Burgjoß über größere Ländereien in der Feldgemarkung Pfaffenhausen, die bis zur Flurbereinigung (1966) an Landwirte verpachtet waren, im Rahmen des Verfahrens aber größtenteils an ortsansässige Bauern abgegeben wurden. Auf diesen, den Waldungen vorgelagerten Feldern gab es einzelne Ketten von Rebhühnern, die die Beamten alljährlich einmal behutsam bejagten. Heute hat sich der Rebhuhnbesatz im Jossgrund außerordentlich verringert. Der Wandel der örtlichen Landwirtschaft von der Vielfalt der Bestellung der Felder zur großflächigen Grünlandwirtschaft mit Maisanbau für die gesteigerte Viehzucht sowie die Rodung zahlreicher Hecken und Gehölze in den Flurbereinigungsverfahren haben das Äsungsspektrum und die Deckungsmöglichkeiten für die Rebhühner eingeengt, sie sind selten geworden.

Das alles bedrückte uns aber noch nicht, als Revierleiter Blume im Oktober 1968 auf dem Forstamt erschien und mir vier Hühner übergab, die er morgens im Beerkraut zwischen den alten Kiefern des Reichersberges aus zwei Ketten herausgeschossen hatte. Rebhühner mitten im Wald sind fürwahr eine Seltenheit, aber eine gern gesehene Zutat in einem Hochwildrevier.

Immer wieder

Sechzehnter Juni

Wir widmen uns persönlichen Gedenktagen, feiern religiöse Feste und begehen Tage nationalen Erinnerns. Alle diese Tage sind Fixpunkte eines Jahres, sie gliedern seine Zeit, und auf sie lebt man Jahr für Jahr zu. Mit den in der Natur nicht fest begrenzten Jahreszeiten verhält es sich ähnlich. Wir freuen uns auf das Frühjahr, und der Sommer wird erwartet. Beim Übergang zum Herbst fröstelt der eine schon aus Furcht vor dem Winter, während der andere die Farbenpracht der verhaltenen Sonnentage als Fest des Jahres begreift. Die kalten Monate, früher einmal die Zeit der Ruhe, des Ausspannens und der Besinnung, werden von vielen aktiv über Schnee und Eis genutzt und herbeigesehnt. Und wir Jäger begrüßten noch vor kurzem im Frühjahrsstrich der Schnepfen den Aufgang der Jagd, fiebern der Blattzeit entgegen, warten auf die Brunft und denken an die Saujagd im Schnee. Es ist die Sehnsucht, die uns treibt und immer wieder auf die Leuchtfeuer des Lebens zusteuern läßt.

Für mich gibt es am Wanderstab des Jagdjahres noch ein paar andere Einkerbungen, Tage der Hoffnung. Ich warte auf den sechzehnten Juni, blicke in Richtung August, denke an den Altjahrsabend und freue mich auf das Hirschsilvester.

In der Zeit vom 1. Februar bis zum 15. Juni ruht in den Revieren der Schwarzwildhegegemeinschaft im Rotwildgebiet Spessart die Jagd auf Sauen. Auch Schwarzwild soll eine gewisse Zeit des Jahres vom Jagddruck befreit sein. Nur kranke Sauen werden in dieser Zeit bejagt, vereinzelt gibt es auch Ausnahmeregelungen für Feldreviere, um dort größere Schäden auf Äckern und Wiesen zu vermeiden. Ungern stimme ich als Hegeringleiter Durchbrechungen der Jagdruhe im Wald zu, denn man kann im allgemeinen auch hier den erforderlichen Abschuß von Frischlingen und Überläufern in der Spanne ab Mitte Juni bis Ende Januar vollziehen. Das Resultat ist oft nur eine Frage der Organisation und des Wollens.

Gewiß, der Ansitz oder die Pürsch auf Sommersauen ist nicht

jedermanns Geschmack. Die Sauhatz im Winter ist reizvoller, aber trotz der Möglichkeit, die Sauen nach ihrer Stärke anzusprechen, risikoreicher für die Population. Wie oft geschieht es, daß auf schmalen Gestellen und kleinen Lücken, aber auch im hohen Holz, bei Hundegeläut und Treiberruf die Sicherung des Verstandes aushakt und die Leidenschaft den Finger krümmt. Da liegen dann führende Bachen, angehende Keiler und starke Überläufer auf der Strecke, Stücke, die im Interesse der Schwarzwildhege unbedingt hätten am Leben bleiben sollen. Häufig werden flüchtige Sauen auch krankgeschossen, schwierige Nachsuchen sind dann oft die Folge.

Auf dem Ansitz geht alles ruhiger zu. Auch der nicht geübte Hochwildjäger hat meistens ausreichend Zeit für das Ansprechen und kann dem ausgewählten Stück eine saubere Kugel antragen. Dazu kommt, daß beim Schwarzwild mit seiner hohen Vermehrungsquote der angestrebte Abschuß unbedingt erfüllt werden muß, wenn der Bestand nicht überborden soll. Wer bei der gebotenen Jagdruhe im Frühjahr für die Abschußerfüllung allein auf den Winter setzt, gefährdet leichtsinnig das Erreichen des gesteckten Zieles. Nicht in jedem Winter folgen genügend Neue aufeinander, um das Schwarzwild ausreichend bejagen zu können, und nicht jeder schneereiche Winter erlaubt ein waidgerechtes Jagen auf Sauen. Hohe oder gar verharschte Schneedecken erfordern Zurückhaltung bei der Jagdausübung. Zweckmäßig bejagt man daher Sauen sowohl im Sommer als auch im Winter; der Jagddruck auf diese Wildart läßt sich dabei durch Intervalle wohl dosieren. Nicht jede Neue muß unbedingt für eine Treibjagd auf Sauen genutzt werden, und zur Rotwildbrunft sollte im Wald für Schwarzwild das Signal „Hahn in Ruh'!" gelten.

Im Forstamt Jossgrund werden Sauen auch auf Äsungsflächen bejagt. Der Einwand, daß Daueräsungsflächen mit hohem Kleeanteil und Wildäcker Lockwirkung für das Schwarzwild besäßen und daher Kirrungen gleichzusetzen wären, sticht nicht. Sicherlich locken Äsungsflächen Sauen an, diese werden im Wald aber auch von Kulturflächen mit Weidenröschen und von Laubholzbeständen mit Mast angezogen, so wie im Feld Mais, Hafer, Weizen und Kartoffel verführende Leckerbissen sind.

Während in den Revieren Kirrungen nur vereinzelt angelegt werden und vor allem der Erleichterung der Jagdausübung dienen, steht im Vordergrund der Anlage künstlicher Äsungsflächen die Optimierung des Äsungsangebotes nach Qualität und Quantität. Gibt es genügend derartige Äsungsplätze, sinkt der etwaige Jagddruck hier auf die Größe des Störfaktors Jagd bei bevorzugten natürlichen Äsungsflächen herab. Kirrungen unterscheiden sich also von Daueräsungsflächen und Wildäckern.

Am 16. Juni 1973 saß ich morgens an der „Kleinen Wildwiese". Zwei stärkere Sauen standen im Klee. Ich schoß aber nicht, denn ich wußte um drei Bachen mit neun Frischlingen, die im „Villbacher Dick" ihren Einstand hatten. Die Zurückhaltung war richtig, ein wenig später versammelte sich die Großfamilie und zog von der Wiese über die nächste Schneise zu Holz.

Abends besetzte ich mit Sohn Torsten den Staatssekretär. Sechzehn Stück Rotwild, darunter sieben Hirsche und ein Kalb, ästen vor uns auf der Kleewiese. Ein einzelner Hirsch trat selbstbewußt hinzu. Dann machte es hinter uns „wuff"; Sauen waren angewechselt und auf unsere Fährten gestoßen. In der Dämmerung entdeckte ich sechs Überläufer auf der Höhenlinie. Das schwächste Stück erhielt die Kugel. Im Knall war der Spuk verflogen. Die Sauen rauschten durch die Heidelbeere, das Rotwild flüchtete über die Fläche. Der Überläufer lag nicht.

Als Torsten und ich abbaumten, erschien Forstamtmann Rohland. Er hatte auf der Wildwiese im Distrikt 200 einen Knopfbock erlegt und einen Überläufer krankgeschossen. Die Nachsuchen für den nächsten Morgen waren perfekt. Um vier Uhr rasselte der Wecker, eine halbe Stunde später trafen wir uns an der Bieberer Höhe.

Zerro untersuchte den Anschuß meines Überläufers, verwies dunklen Schweiß und forderte Riemen. Der Rüde arbeitete durch die Eichen der Abteilung 203 A in Richtung Suhle, überquerte die Höhenlinie und nahm Kurs Hirscheck. In der dortigen Dickung sah es aus wie in einem Schweinestall. Überall hatten die Sauen nach Adlerfarnwurzeln gebrochen, Trichter reihte sich an Trichter. Saulosung lag überall, und frische Rotwildfährten verstärkten die Verleitungen. Nach 600 Meter sicherer Riemenarbeit begann der junge Rüde zu faseln, er fand den Abgang nicht.

So löste Maja Zerro ab. Auch die erfahrene Hündin hatte es schwer, denn der kranke Überläufer schweißte nur noch sporadisch. Einzelne Spritzer verwies die alte Dame an Grashalmen und Geäst. Aber dann hatte sie den Knoten gelöst und führte mich zur längst verendeten, nicht führenden Überläuferbache von 31 kg. Sie war mit einem Schuß in der Zwerchfellregion noch 800 m gegangen.

Rohlands Überläufer kam durch Zerro nach einer Totsuche von 400 Metern zur Strecke. Die Bache, die ebenfalls nicht führte und nur

27 kg wog, hatte die Kugel spitz von vorn erhalten. Blätter und Keulen waren nicht zerstört. Wir freuten uns zum doppelten Erfolg und fuhren zum Landwirt Lochner in Lettgenbrunn. Ein kräftiges „Bauern-Frühstück" ermunterte uns.

Aber es klappt nicht immer am sechzehnten Juni mit Sauen. Es gibt viele Möglichkeiten, und man muß sich entscheiden. Sitzt man an der Großen Wildwiese, zieht die am Hirscheck bestätigte Rotte vielleicht zum Staatssekretär, wartet man im Birkenacker, haben die Sauen im Stelzengarten „Familientag". Dazu kommt, daß es auch einem erfahrenen Jäger nicht immer gelingt, alle Chancen zu verwerten.

Erst 1978 stieß ich am 16. Juni wieder mit Sauen zusammen. Noch im Dunkeln hatte ich den Staatssekretär erklommen. Auf dem Klee vor mir war „Schweinebetrieb", es grunzte und quiekte in einem fort. Als der Morgen graute, zählte ich 22 Stück Schwarzwild auf der Fläche. Ein Rudel Rotwild zog sich vergrämt zurück.

Endlich war das Büchsenlicht da. Ich wählte einen geringen Überläufer, fehlte ihn aber. Im Nu waren die Sauen verschwunden. Mißmutig verließ ich den Ort des Geschehens. Doch die Schwarzkittel hatten den Schuß nicht übelgenommen. An der Linie der Abteilungen 202 und 203 sah ich die starke Rotte erneut, sie stand schon wieder im Fraß. Aber ich kam nicht zu Schuß.

Dafür überraschte ich auf der Äsungsfläche 204a einen einzelnen Überläufer. Just als ich den Hochsitz am Rand der Wildwiese pürschend erreicht hatte, trollte die Sau über die freie Fläche. Das äsende Rehwild warf auf und flüchtete, der Überläufer hinterher. Als er siegesbewußt verhoffte, bannte ihn die Kugel auf den Fleck. 23 kg wog das Bächelchen und hatte drei Frischlinge inne; ein Schweine-Tag, ein Tag mit Schwein!

Kein Glück hatte ich drei Jahre später. Dabei gab es im Frühjahr 1981 besonders viele Sauen im Revier, und wir mußten das Schwarzwild bejagen, um die Sorgen der Landwirte zu dämpfen. Zu viert saßen wir daher am Traditionstag im Birkenacker und in Villbach auf Sauen an.

Der erste Schuß fiel bei Forstamtmann Sieges. Auf der Wildwiese am Lohrhaupter-Feld erlegte er eine 12 bis 13 Monate alte Überläuferbache mit einem Wildpretgewicht von 27 kg. Dann war Revierleiter Rohland an der Reihe, der in der Abteilung 200 einen geringen Überläuferkeiler (20 kg) zur Strecke brachte. Nur Forstamtsinspektor Haas ging leer aus, denn auch mir kamen Sauen.

Auf die Wildwiese am Staatssekretär zog eine stückzahlstarke

Rotte; Bachen, Überläufer und Frischlinge weideten im Klee. Später kamen noch drei Überläufer hinzu. Danach beschoß ich aus der Großfamilie ein schwächeres Stück, aber ich sah kein Zeichnen, und es lag keine Sau. Ich hatte gefehlt.

Bei der Anschußkontrolle standen plötzlich die drei Überläufer neben mir. Schnell wurde Puma abgelegt, und auf 40 bis 50 Meter Entfernung kam ich stehend freihändig auf einen der Kujels zu Schuß; Kugelschlag, Flucht aus dem Stand, Volte, aber keine zusammenbrechende Sau. Am nächsten Morgen verwies Zerro auf der Fluchtfährte etwas Schweiß, aber trotz aller Mühen kam der Überläufer nicht zur Strecke. Was blieb, war ein ungutes Gefühl.

Anfang August

In den Feldgemarkungen des Jossatales beginnt die Jagd auf Rotwild bereits im Juli. Schmalspießer und Schmaltiere dürfen in Hessen ab Beginn dieses Monats bejagt werden. Die Ausnutzung des frühen Jagdaufganges in den Feldrevieren ist verständlich, sie hilft, Wildschäden am reifenden Korn zu vermeiden und erleichtert die Erfüllung des festgesetzten Abschusses.

Dagegen setzt die Jagdausübung auf Rotwild im Hessischen Forstamt Jossgrund erst am 1. August ein. Ausgenommen von dieser örtlichen, aber auch sonst in der Spessart-Inspektion weitgehend geübten Regelung ist nur kümmerndes Wild der Jährlingsklasse. Das Rotwild kann in der zersiedelten Landschaft und in den belebten Waldungen kaum noch am Tag den artspezifischen Rhythmus der Äsungsaufnahme einhalten. Es ist in die Dickungen verbannt und geht hier vor allem durch Schälen der Bäume zu Schaden.

Ein zusätzlicher und gewichtiger Störfaktor ist der Jagddruck. Je früher die Jagd auf Rotwild einsetzt und je länger sie anhält, desto mehr steht das Wild in den Einständen. Das gleiche gilt für Perioden mit Drückjagden, die durchweg Treibjagden sind. Der Jagddruck wächst, wenn diese Jagden große Flächen erfassen und vor allem am Ende der Jagdzeit sich häufen.

Ich habe im Spessart noch keine ostdeutsche Drückjagd mit zwei oder drei jagdlich begabten „Treibern" als „Anrührer" und wenigen ausgesuchten Schützen erlebt. Gewöhnlich kommt ein Dutzend und mehr Waldarbeiter, verstärkt durch „Ehrentreiber", zum Einsatz.

Mitgeführte Hunde werden meistens geschnallt, wenn Sauen stecken oder vermutet werden. Was herauskommt, ist eine Hatz, und die Zusammensetzung der Strecken und die hohe Quote der Nachsuchen sind oft ein beredtes Zeugnis für diese Art der Jagdausübung. Wer monatelang sich bemüht, richtliniengemäß zu jagen, der sollte den Hegeerfolg nicht in zwei Wintermonaten in Frage stellen.

Nun kann man allerdings schlechte Streckenergebnisse nicht gemeinhin den Forstämtern anlasten. Sie haben auf den Gesellschaftsjagden durchweg zahlreiche Gäste zu beteiligen, und nicht jeder Jagdgast ist ein Hochwildjäger. Die Unterscheidung von Schmaltier und Alttier, von einem führenden und einem nichtführenden Tier und die Altersbestimmung der geringeren Hirsche kann auf Treibjagden selbst für geübte Jäger schwierig sein, für unkundige Gäste ist das Ansprechen oftmals ein „Buch mit sieben Siegeln". Da aber „nicht geschossen" auch „gefehlt" ist, nimmt man das vornweg preschende Leittier aufs Korn und erklärt es später auf der Strecke zur Verwunderung der Nachbarschützen als „Solostück".

Diese Erfahrungen bewogen mich bereits im Jagdjahr 1969, von den bis dahin auch in Burgjoß üblichen großen Treibjagden und den sogenannten „Stökerjagden" Abstand zu nehmen. Sie wurden durch Ansitzjagden ersetzt. Ansitzjagden ermöglichen die Einladung zahlreicher Gäste und bieten auch weniger erfahrenen Hochwildjägern reelle Chancen, erfolgreich und dem Hegeziel entsprechend auf Rot- und Schwarzwild zu Schuß zu kommen. Das gilt besonders dann, wenn das Wild nicht angerührt wird. Die Streckenzusammensetzung nach den Jagden ist meistens hervorragend. Die Quote schwieriger Nachsuchen bleibt gering. Der Aufwand gegenüber Treibjagden ist minimal.

Aber auch die Ansitzjagd auf großer Fläche bewirkt einen nicht zu unterschätzenden Jagddruck, zumal wenn sie des öfteren in einem Jagdjahr wiederholt wird und außerdem noch zahlreiche Jagdgäste per Ansitz auf der Einzeljagd geführt werden. In Hinblick auf die Hege wird daher im Forstamt Jossgrund versucht, mit einer Jagdausübung in Intervallen möglichst frühzeitig den Jagddruck von der Wildbahn zu nehmen und ihn nur periodenweise voll wirksam werden zu lassen. Das Verfahren ist folgendes:

1. Die Rotwildjagd beginnt allgemein am 1. August. Bis zum 31. August werden Hirsche, insbesondere III b-Hirsche und geringe II b-Hirsche, schwache Schmaltiere und nicht führende Alttiere bejagt. Kälber und führende Tiere sowie gute Schmaltiere sind nicht frei-

gegeben. Angestrebt wird in diesem Monat eine Rotwildstrecke von mindestens 25 Stück. Bejagt wird auch Schwarz- und Rehwild im Rahmen der gesetzlichen Bestimmungen und örtlichen Anweisungen. Der August ist eine Zeit mit hohem Jagddruck.

2. Ab 1. September bis zum Ende der Brunft (etwa 10. Oktober) werden nur Hirsche bejagt. Die Jagdausübung auf Kahlwild ruht. Desgleichen sind in dieser Zeitspanne keine Sauen zum Abschuß freigegeben. Die Jagd auf Rehwild ist auf die Randzonen der Verwaltungsjagd beschränkt. Der Jagddruck ist allgemein gemindert.

3. Von Mitte Oktober bis Ende Dezember werden alle Schalenwildarten unter hoher Gästebeteiligung scharf bejagt. Beim Rotwild steht die Jagd auf das Kahlwild im Mittelpunkt der jagdlichen Bemühungen. Es überwiegt die Einzeljagd, lediglich die Hubertusjagd wird als flächendeckende Ansitzjagd gestaltet. Weitere Ansitzjagden als Gesellschaftsjagden sind selten, sie erfassen nur kleinere Flächen. Der Jagddruck ist stark.

4. Im Januar sinkt der Jagddruck rapide. Der Abschuß ist Ende Dezember bereits weitgehend erfüllt. Gezielte Saujagden auf Rotten von geringen Stücken mit einem Hund als Finder und seinem Führer als schußberechtigtem „Treiber" verursachen keine großen und nachhaltigen Störungen.

Auffallend ist die durchweg nach Zahl und Hegegesichtspunkten alljährlich gute und frühe Abschußerfüllung bei allen Schalenwildarten im Forstamt. Das kann nicht nur eine Frage der Wilddichte, der Biotopgestaltung und der „Weichenfunktion" sein, eine gewisse Rolle muß auch die Art und Terminierung der Jagdausübung spielen. Sicherlich ist diese Intervall-Jagd dem „Reigen der Drückjagden" in den Monaten Dezember und Januar überlegen.

Daher also das Warten auf den August, der so wichtig für die Rotwildjagd in unserem Gebiet ist. Meistens begleitet mich am ersten Tag dieses Monats ein Mitglied des Büros oder ein Angehöriger der Familie zur Jagdausübung.

Am 1. August 1977 war der Angestellte Müller II, der „Holzhandelsdezernent" des Amtes, ein jagdlich recht interessierter junger Mann, mein „Adjutant". Noch in der Nacht fuhren wir durch den „Minenwerfergrund" nach „Klein Karelien" im Birkenacker. Dort blieb das Auto zurück. Vorsichtig pürschten wir in den Graben hinein und besetzten den Hochsitz „Kalte Eiche unten". Der Begleiter, offensichtlich etwas angeschlagen von einem Dorffest, blieb zunächst gelassen, erst als er bei zunehmender Helligkeit die Höhe des Sitzes gewahrte, wurde er unruhig und mußte schließlich zum Wagen zurückgehen.

Trotz dieser Störung sah ich noch Wild. Der hoffnungsvolle Sechzehnender vom „Mao-Sitz" wechselte mit zwei geringen Hirschen vorüber. Ein Bock trieb eine Ricke, und zwei weitere Stück Rehwild belebten später die Szene. Die Morgensonne strahlte schon, als ich den Hochsitz schließlich verließ.

Im Flaschenhals des Grabens blickte ich noch einmal zurück. Weit hinten, am Eichenschälwald des unteren Muldenhanges, entdeckte ich Rotwild. Auf dem Pürschsteig hastete ich wieder zum hohen Sitz, enterte empor und sah zwei Schmalspießer am Rande des Stockschlags. Einer von ihnen war schwer laufkrank, mühsam zog er sich mit den intakten Vorderläufen vorwärts, der linke Hinterlauf stand steif, die Keule war eingefallen. So wagte ich mit der Bockbüchsflinte (7 × 65 R – 16/70) den extrem weiten Schuß, eingeklemmt trug ich auf gut 300 Meter Entfernung mit Überhalten dem Kranken die Kugel an. Der Hirsch ruckte zusammen und verschwand mit gekrümmtem Rücken im Fichten-Aufwuchs.

Müller der Zweite war wach, er hatte erholt im Wagen den Schuß gehört und fühlte sich einsatzfähig. Nach einer Weile machten wir uns zur Nachsuche fertig. Mit Zerro am langen Riemen marschierten wir zum Anschuß. Dort lag dunkler Schweiß. Der Rüde führte uns auf der Schweißfährte in die angehende Dickung. Ich wähnte den Hirsch verendet und war erstaunt, als er plötzlich aus dem Wundbett hoch wurde und schwerfällig flüchtete. Der geschnallte Zerro hetzte den Spießer lauthals durch den Graben. Im Gegenhang ertönte dann herrlich der Standlaut. Wir schlossen auf, und der Fangschuß beendete das Drama. Der Jährling hatte einen alten, verheilten Oberschenkelhalsbruch. Der Einschuß meiner Kugel saß kurz hinter dem linken Blatt, der Ausschuß weidewund rechts.

Gemessen an den Resultaten des sechzehnten Juni weist sich der erste August in meinem Schußbuch als recht erfolgreicher Jagdtag aus. Das Rotwild ist in diesem Monat noch vertraut, erst im Oktober und November, bei angewachsenem Jagddruck, wird es heimlicher und vorsichtig.

Altjahrsabend

Der Heilige Abend gehört der Familie. Auch die Tage des Weihnachtsfestes werden auf der Burg verbracht. Allenfalls wird als Notdienst eine Nachsuche durchgeführt oder ein bewaffneter Spaziergang zum Beflügeln der Weihnachtsgans eingelegt. Auch das Füttern des Wildes ist eine Tätigkeit für die Feiertage. Aber am Altjahrsabend zieht es mich immer hinaus. Selbst dann, wenn wir zum Verscheuchen der bösen Geister den Jahreswechsel aushäusig begehen, versuche ich, vorher allein im Wald zu sein.

Der Rechenstift des Gewissens zeigt auf der Skala des scheidenden Jahres Soll und Haben, es wird Bilanz gezogen. Lichtblicke und Schatten huschen über den Bildschirm der Erinnerung. Zwiegespräche mit Fortgegangenen werden geführt. Dankbarkeit kommt auf, denn mit zunehmendem Alter wird einem bewußter, daß selbst das Alltägliche nicht selbstverständlich ist. Jeder Tag ist ein Geschenk.

Oft habe ich an diesen Abenden Wild beobachtet, selten jedoch jagdlich gehandelt. 1967 erlegte ich im winterlichen „Argonner Wald" ein schwaches Wildkalb. Am 31. Dezember 1970 suchten Rumold und ich, unterstützt von Vater und Sohn Kreusler, im Forstamt Marjoß am „Bellingser-Kreuz" ein Verkehrsopfer nach.

Schnitthaar von einem Stück Rehwild war auf der Steinauer-Straße entdeckt worden. Im Schnee schleifte ein Lauf, und es lagen einige Schweißtropfen. Es wurde eine hakenreiche Riemenarbeit, aber dann hatte der Rüde alle Knoten entfädelt und den Anschluß an das vor uns herziehende Stück gefunden. Der Hund wurde geschnallt. Der Spurlaut ging in Hetzlaut über. Das Geläut verlor sich in den von Schnee verhangenen Beständen der „Breiten Leithe". Ich folgte der Fluchtfährte des Rehes mit der beistehenden Spur des Rüden. Als ich den Ball wieder hörte, stand er an einem Fleck. Rumold hatte das Rehkitz zu Stande gehetzt, niedergezogen und abgetan, jetzt rief er den Herrn.

Zum Jahresende hatte sich 1977 das Rotwild im Birkenacker massiert. Ein starkes Rudel mit schwachem Wild stand im Bereich der „Großen und Kleinen Hungerbach". Mit Stellvertreter Blume und Freund Wiek ging es am Altjahrsabend hinaus. Dieses Mal sollte geschossen werden.

Schon um 15.30 Uhr knallte es bei Dr. Wiek am „Sattler-Sitz". Fünfundzwanzig Minuten später schoß Blume an der „Solitärfichte".

Ich selbst bildete den Beschluß mit einem Schuß von der „Thome-Leiter" in der Kleinen Hungerbach.

Bei mir lag ein schwaches Rehkitz (fünf Kilogramm aufgebrochen!). Nachbar Blume hatte ein geringes Wildkalb erlegt. Nur der Herr Viechdoktor blickte beim Befragen etwas traurig drein. Sein beschossenes Kalb lag nicht. Schnitthaar am Anschuß und Schweiß in der Fluchtfährte hatten ihn trotz Verbotes zu einer Nachsuche auf eigene Faust veranlaßt. Dabei drückte er das bejagte Rudel unbewußt Blume zu, der als „Profi" mit Pfiff und schnellem Schuß ein Kalb auf schmaler Schneise bannte. Außer dem hohen Blattschuß mit zerrissener Wirbelsäule wies das Stück aber noch eine zweite frische Schußverletzung auf. Eine Kugel war über dem Gelenk des rechten Blattes in den Wildkörper eingedrungen. Der Ausschuß saß am Trägeransatz.

Der Zusammenhang dämmerte, aber erst Zerro brachte am Neujahrsmorgen die Gewißheit. Vom Anschuß Wiek führte der Hund, immer wieder im Lärchen-Fichten-Stangenholz Schweiß verweisend, zum Anschuß Blume. Dort endete die Wundfährte. Blumes Wildkalb war zugleich das Kalb, das Wiek krankgeschossen hatte. Er mußte das frühe Wecken am Jahresanfang büßen, es gab ein Sektfrühstück.

Auch 1978 saß ich am 31. Dezember nachmittags im Revier und erlebte den Einzug des Winters. Seit zwei Tagen war in Norddeutschland der Verkehr wegen Schnee und Eis zusammengebrochen, aber im Spessart regnete es. Am Vormittag des letzten Tages zeigte das Thermometer noch $+8\,°C$, als ich nach dem Essen in den Birkenacker fuhr, war die Temperatur schon auf $-6\,°C$ gefallen.

Es schneite leicht, als ich den Hochsitz an der Hirschbank besetzte. Aus der Stille rissen mich Geräusche im Gegenhang. Durch den Stockschlag zog ein starkes Rudel Rotwild, überquerte die „Krickersloch-Waldstraße" und begann vor mir im Eichen-Baumholz zu äsen. Völlig vertraut spielten die Kälber, schlugen sich Tiere, wechselten die Stücke im kleinen Geviert hin und her. Es war eine willkommene Verhaltensstudie.

Dabei entdeckte ich ein sehr schwaches Alttier, das ständig abseits stand und ohne Kalb blieb. Als das Rudel nicht den Wechsel zur Fütterung im Scheibengrund annahm, sondern auf mich zuzog, entschloß ich mich zum Schuß. Das Tier lag sofort, der vielköpfige Großverband wirbelte durcheinander, beruhigte sich aber schnell und verließ gemächlich in Kiellinie den Ort des Geschehens.

Das erbärmliche dreijährige Stück ohne Grandeln, das noch nicht einmal 50 kg auf die Waage brachte, hatte noch Milch im Gesäuge. Trotz aller Sorgfalt war mir ein Fehler beim Ansprechen unterlaufen. Das trübte die Freude an dem gewichtsmäßig ausgesprochen guten Abschuß.

Als ich das Tier versorgte, schneite es schon heftig, und bei der Bringung mit dem „Panzer", einem für Wildtransporte hergerichteten VW-Käfer, leuchtete der Birkenacker weiß. 1978 verabschiedete sich mit Schnee und −12 °C.

Hirschsilvester

Seit 1965 kenne ich zwei aufeinanderfolgende Silvesterfeiern, die eine ist dem Jahreswechsel gewidmet, die andere beschließt die Jagd auf Rot-, Schwarz- und Rehwild. Das „Hirschsilvester" ist sozusagen die Schlußleuchte eines Jagdjahres, denn bis Ende April geschieht kaum etwas, wenn man im Interesse der Hege auch dem Schwarzwild eine Jagdruhe gönnt.

Das erste Hirschsilvester feierte ich am 31. Januar 1965 im Odenwald. Die Ehepaare Dondorf, Engelter, Hecker und Hopp trafen sich damals beim „Buckelwirt" in Unter-Sensbach. Wir freuten uns über das Erlegen von einem Tier und einem Kalb, die Strecke eines Ansitzes, und widmeten uns dann bei gutem Essen und etwas Alkohol der Wiederbelebung meines angedeuteten Achters vom vorangegangenen 16. Januar. Es wurde eine recht muntere Feier, eine Zeichnung des Hirsches und die Signaturen in meinem Schußbuch bezeugen es. Aber über allem lag auch die Ahnung von der kommenden räumlichen Trennung, der Brückenschlag zum Spessart hatte begonnen.

Brauch wurde die Feier des Hirschsilvesters dann am neuen Wirkungsort. Zwischen Nachbar Thomé, dem Leiter des damaligen Forstamtes Bieber (heute Biebergemünd), und mir hatte sich trotz des Altersunterschiedes bald eine persönliche Bindung ergeben, die sich auch im gemeinsamen Wirken für den Rotwildring und beim Jagen zeigte. Landsmann und Freund Dr. Wiek, der Tierarzt unserer Hunde, wohnte bis 1975 in Bieber und zog danach nach Bad Orb. Auch er ist mit der Familie Thomé befreundet und war als Gast in den Forstämtern Bieber und Burgjoß. Er jagt noch heute in den Nachfolgeämtern Biebergemünd und Jossgrund.

Zu dritt beschlossen wir im Jagdjahr 1968 am oder um den 31. Januar jeweils mit einem gemeinsamen Ansitz und Essen das Hirschsilvester zu feiern. Dabei sollte die Jagdausübung in den beiden Verwaltungsjagden wechseln und das Abendbrot stets von einer anderen Familie übernommen werden.

Am 31. Januar 1969 begann der Reigen, und er hält noch heute an. Nach der Pensionierung von Forstoberrat Thomé folgte ihm 1978 Forstoberrat Binnewies als Amtsvorstand in Biebergemünd. Frühere Kontakte mit ihm erleichterten die Fortsetzung der guten Nachbarschaft, und wie selbstverständlich beteiligte sich die Familie des neuen Forstamtsleiters an der Gestaltung des Hirschsilvesters.

Aber zurück zu 1969, der Eröffnung der Serie. An jenem Tag beutelte Sturm den Spessart und trieb Regen und Schnee in die Täler. Dazu schwang Thor zur Unzeit den Hammer, es blitzte und donnerte im Winter. Aber Vater Thomé hatte alles bedacht, seine beiden Gäste saßen geschützt vor Wind und Nässe unter überdachten Hochsitzen in Mulden.

Ich hockte im Schatten des Burgberges gegenüber vom „Obermüller". Der Nachbar hatte für die Kulturfläche ein Rudel von sieben Stück Kahlwild angekündigt. Als es zwischen zwei Schauern einmal aufklarte, trat das Rotwild programmgemäß aus dem nahen Stangenholz. Ein übergangenes Tier von 47 Kilogramm wurde eine leichte Beute.

Auf der „Kuppen-Hütte" trafen sich dann die Jäger mit ihren Frauen zum Essen. Der Gastgeber verblies die Strecke, über die Berge erklangen im Sturmgebraus die Signale „Hirsch tot!", „Jagd vorbei!" und „Halali!".

Dann wurde geschmaust und getrunken. Es gab Wild-Ragoût fin und erlesene Weine. Und bei Kerzenschein erzählte Thomé in unnachahmlicher Art Geschichten aus seinem reichen Jägerleben. Es war ein gelungener Auftakt des Reigens „Hirschsilvester".

Das Ragoût fin kann ich übrigens jedem Gast der Familie Thomé empfehlen. Trotz meiner gelegentlich spitzen Zunge hat mir die Dame des Hauses oft die Freude des Genusses dieser Speise bereitet. Auf mancher Nachsuche in Bieber belebte allein die Vorstellung von den fein gehackten und lecker zubereiteten Fleischstückchen die Kräfte. Man hatte mich auf der Kuppen-Hütte genossen gemacht.

Unvergessen ist auch das Hirschsilvester des Jagdjahres 1974. Am 29. Januar 1975 wollten Thomé, Wiek und Hopp wie gewöhnlich mit einem Ansitz die Jagdsaison beenden, aber in Lettgenbrunn und Villbach waren Sauen fest. So beschlossen wir, mit den Beamten und Gästen des Amtes an der Saujagd teilzunehmen. Als aber die Rotte im Scheibenwald nicht steckte, zogen meine Silvestergäste einen Ansitz im Revier Mernes vor, während das Gros der Mannschaft zum „Versuch" nach Villbach entlassen wurde.

Die Fahrt durch den Ebertsrain wurde eine Tour mit Hindernissen. Der Kummer gewohnte Käfer landete schließlich wegen Glatteis im Graben. Wir hatten Mühe, das Fahrzeug flott zu bekommen. Aber endlich erreichten wir doch die ausgelosten Sitze, und Nachbar Thomé erlegte im Reichersberg ein Hirschkalb.

Bei unserer Rückkehr nach Burgjoß war der Innenhof des Amtes hell erleuchtet, zahlreiche Fahrzeuge standen umher, und einige leicht unsicher wirkende Gestalten trugen Wild in die Kammer. Schließlich hingen säuberlich sortiert zwei mehrjährige Bachen, vier Überläuferkeiler und eine Überläuferbache neben dem Kalb an den Haken. Der „Versuch von Villbach" war gelungen. Das Trio feierte Hirschsilvester, und die Mannschaft besetzte das Gasthaus „Zum Hirschen" in Pfaffenhausen.

Die gute alte Lone, Frau Hagemann, die Eigentümerin des „Forstamtslokals", war just einen Monat tot und brauchte es nicht zu erleben, daß „Willi" auf den Tapeten der „guten Stube" den Jagdablauf skizzierte. Es war eine Art moderner Höhlenmalerei, zu der aber die Geschwister Hagemann bei aller Aufgeschlossenheit gegenüber der abstrakten Kunst keinen Zugang fanden. So wurden die Tapeten mit den Zeichnungen entfernt, und dem Jossgrund ging eines der bedeutendsten Kunstwerke des Orber Malers Haas verloren.

Noch einer wird sich dieser Silvesterfeier stets erinnern, es ist der Haumeister Ludwig Schneider, der als Jungjäger beim „Versuch" statt eines Keilers eine vierjährige Bache von 76 kg erlegte. Seitdem trägt er den Namen „Mugge-Lupp", und alle starken Sauen flüchten, wenn sie ihn winden. Es hat sich in Schweinekreisen herumgesprochen, daß Lupp = Ludwig besonders auf dicke Stücke erpicht ist.

Aber Spaß beiseite! Es gab damals noch keine Schwarzwildhegegemeinschaft im Rotwildgebiet Spessart, und dennoch erkannten wir klar, daß das Ergebnis der Villbacher Saujagd der Zahl nach zwar gut, aber für die Hege schlecht war. Zwei starke Bachen und fünf stramme Überläufer waren ein empfindlicher Aderlaß für eine geschundene Schwarzwildpopulation.

Seit dem 31. Januar 1969 habe ich nur noch einmal am Hirschsilvestertag jagdlichen Erfolg gehabt. 1977 erlegte ich am letzten Tag des

Januars im Birkenacker ein sechsjähriges, nicht führendes Alttier. Aber wie am Altjahrsabend drängt es mich auch beim Hirschsilvester nicht, Strecke zu machen. Steht dort die Besinnung im Vordergrund, so bestimmt hier die Vorfreude auf das gesellige Beisammensein den Wert des „immer wiederkehrenden Ereignisses".

Hegegemeinschaften

Rotwildring Rotwildgebiet Spessart

Das Rotwildgebiet Spessart füllt den Raum zwischen dem Tal der Kinzig und der bayerischen Landesgrenze, es wird im Nordosten von der Südrhön begrenzt und fällt im Westen mit dem Altenhaßlauer Gerichtswald zur Ebene ab. Damit umfaßt das Rotwildgebiet den gesamten hessischen Spessart, der Bestandteil des nordwestlichen Bereiches dieses noch dicht bewaldeten Mittelgebirges ist. Glashütten, Bergwerke und Salinen wandelten jedoch das ursprüngliche Waldbild. Die meist auf Buntsandsteinböden stockenden, ausgebeuteten Laubwälder wurden im 19. und 20. Jahrhundert auf großen Flächen durch Nadelwald abgelöst. Die bereits skizzierte Entwicklung der Waldungen um Bad Orb ist dafür beispielhaft. Die Forsten unterscheiden sich mithin wesentlich von den Bestockungen des Hochspessarts. Eichen-Buchen-Mischbestände, die an die Waldbilder der Bayerischen Forstämter Rohrbrunn und Rothenbuch erinnern, findet man auf nennenswerten Flächen nur im Bereich der Hessischen Forstämter Bad Soden-Salmünster und Sinntal.

Die Tabelle 4 zeigt die Größe und Struktur des Rotwildgebietes Spessart. Danach verfügt die Reviergruppe Staatswald mit nur 16

Tabelle 4
Größe und Struktur des Rotwildgebietes Spessart – Stichtag 1. 4. 1983

Reviergruppe	Anzahl der Jagd- bezirke	Größe des je- weils kleinsten und größten Jagdbezirkes ha	Wald- fläche ha	Landwirtschaftliche Nutzfläche einschl. Brach- und Unland sowie Wasserflächen ha	Befrie- dete Bezirke ha	Gesamt- fläche ha
Staatliche Verwaltungsjagden	6	630–5478	19531	948	–	20479
Verpachtete staatliche Eigenjagdbezirke	10	184– 464	2574	361	–	2935
Staatswald	16	184–5478	22105	1309	–	23414
Gelnhausen	28	202–1076	6005	8096	1309	15410
Schlüchtern	22	101– 900	2358	6475	441	9274
Insgesamt	66	101–5478	30468	15880	1750	48098

Fichtenwirtschaft im Forstort „Winterleite". Der Femelsaumschlag bietet dem Wild Deckung und Äsung zugleich.
(Foto: H. Langer)

An den Südhängen des „Langen Grundes" weichen die aufgerissenen Fichtenbestände der Traubeneiche und Buche zwischen den Gattern Wildpassagen zum Wiesental der Jossa.
(Foto: H. Langer)

Nahe Frankfurt und benachbart der Kurstadt Bad Orb steht im Ferienzielgebiet Jossgrund die Erholungsfunktion des Waldes im Vordergrund. Die Interessen der Waldbesucher sind mit den Erfordernissen der Hege des Wildes abzustimmen. Der Picknickplatz „Buchenkuppe" am Waldrand bei Pfaffenhausen ist eine Lösung, hier werden keine Einstände beunruhigt.
(Foto: H. Langer)

Die Geweihe vom „Silohirsch", „Karl Napp" und des Hirsches vom „Staatssekretär" hängen auf der Diele, einst Hauptschmuck alter IIb-Hirsche.
(Foto: G. Hildebrand)

Jagdbezirken fast über die Hälfte der Fläche des Rotwildgebietes (49%). Gewichtiger ist es aber, daß die Reviergruppe Staatswald mit einer Waldfläche von 22 105 ha rund Dreiviertel aller Einstandsgebiete besitzt, zumal die Waldungen der Reviergruppen Gelnhausen und Schlüchtern aufgelockerter als die Staatsforsten sind und damit dem Rotwild weniger Einstandsmöglichkeiten bieten. Die Reviergruppen Gelnhausen und Schlüchtern umfassen die gemeinschaftlichen Jagdbezirke und die kommunalen und privaten Eigenjagdbezirke der gleichnamigen Altkreise, die in den Main-Kinzig-Kreis aufgegangen sind.

Die durchschnittlichen Reviergrößen erreichen rechnerisch in den einzelnen Reviergruppen und insgesamt folgende Werte: Staatswald 1463 ha, Gelnhausen 550 ha, Schlüchtern 422 ha und Rotwildgebiet 729 ha.

Die Ursprünge des Rotwildringes Rotwildgebiet Spessart (RRS) reichen in die Zeit zwischen den beiden Weltkriegen zurück. Dipl. Ing. Hans Adt, der 1980 hochbetagt als geachteter Orber Bürger starb und viele Jahre als Pächter und Gast in den Revieren des Spessarts jagte, übergab mir das von ihm von 1928 bis 1935 geführte Kassenbuch des Rotwild-Jagdverbandes-Spessart e. V., in dem auch die Mitglieder der Vereinigung aufgeführt sind.

Danach deckte der Wirkungsbereich des Verbandes bereits damals das heutige Rotwildgebiet Spessart weitgehend ab. Nach den Aufzeichnungen ist anzunehmen, daß außer den Preußischen Forstämtern Bieber, Burgjoß, Cassel, Flörsbach, Marjoß, Salmünster und Steinau auch die Orber Reviere und der Altenhaßlauer Gerichtswald sowie die Jagdbezirke Burgjoß und Bellings durch Mitgliedschaft der Amtsvorstände oder der Revierinhaber in dem Zusammenschluß vertreten waren. Für andere private Mitglieder kann auf Grund fehlender Hinweise keine Zuordnung zu einem bestimmten Jagdbezirk erfolgen. Die Vereinigung wurde 1935 aufgelöst.

Der Rotwildring Rotwildgebiet Spessart wurde am 17. April 1953 von den Unteren Jagdbehörden der Landkreise Gelnhausen und Schlüchtern im Zusammenwirken mit der Staatsforstverwaltung gebildet. Oberforstmeister Kroll, Amtsvorstand des Forstamtes Kassel (Cassel, auch Besen-Kassel genannt und heute Forstamt Gelnhausen), wurde der erste Leiter des Ringes. Er übte diese Tätigkeit bis kurz nach seiner Pensionierung im Jahr 1957 aus.

Bis 1957 arbeitete der Rotwildring ohne Satzung. Es gab nur eine als Aktennotiz vermerkte Absprache zwischen den zuständigen Unteren Jagdbehörden und der Forstabteilung des Regierungspräsidenten in Wiesbaden über Ziele und Wirken des Ringes.

Über die Aufgaben und die Bestellung des Rotwildringleiters heißt es in der Notiz vom 17. April 1953 wörtlich: „Die Aufgaben des Leiters des Rotwildgebietes bestehen zunächst darin, den tatsächlichen Bestand festzustellen und die eingehenden Meldungen aufeinander abzustimmen. Er schlägt dann der unteren Jagdbehörde in den Nicht-staatswaldungen den festzusetzenden Abschuß vor, während im Staatswald die bisherige Regelung bleibt ... Da der Rotwildringleiter als Berater der unteren Jagdbehörde fungieren soll, ist es erstrebenswert, daß er durch einen erfahrenen Fachmann (Forstbeamten) gestellt wird, der auch die Kreis-Jagdberater bei der Festsetzung des Rotwildabschusses beraten kann."

Das war alles in allem ein begrüßenswerter Anfang, aber nicht mehr. Die Staatsforstverwaltung hielt ihre recht unabhängige Stellung, der Zusammenschluß aller Reviere im Rotwildring war locker, die Position des Leiters des Rotwildringes nicht präzisiert und wenig wirkungsvoll. Dazu kam der Mangel örtlicher Abschußrichtlinien.

Erst am 6. März 1958 wurde für den Rotwildring Rotwildgebiet Spessart in Bad Orb die Gründungsversammlung nachgeholt. Gleichzeitig wurde auf dieser Zusammenkunft der Jagdausübungsberechtigten eine Satzung beschlossen und Oberforstmeister Stirl, Leiter des Hessischen Forstamtes Salmünster, zum Rotwildringleiter gewählt.

Diese Satzung enthält schon Grundelemente der heutigen Lösung, insbesondere ermächtigte sie den Ring zur Anregung und Durchführung von Hegemaßnahmen, zur Kontaktaufnahme mit den bayerischen Nachbarn und zur Abhaltung von Trophäenschauen. Darüber hinaus fungierte der Rotwildring nun auch satzungsgemäß als Beratungsorgan der Unteren Jagdbehörden der Landkreise Gelnhausen und Schlüchtern und der Forstbehörden. Der Rotwildring wurde angehalten, Vorschläge für die Abschußfestsetzungen zu unterbreiten. Die Vertretung des Rotwildringes oblag dem Rotwildringleiter oder seinem Stellvertreter; beide waren jeweils für vier Jahre zu wählen.

Als Nachteil muß aus heutiger Sicht die Beschränkung der Mitgliedschaft auf die Inhaber der Jagdbezirke gewertet werden, angesprochen und zur Mitverantwortung aufgerufen wurden dadurch nur die Jagdpächter, Eigenjagdbesitzer und staatlichen Forstamtsleiter, dem Corps der Jäger blieb die Tür zum gemeinsamen Handeln verschlossen. Die Mitgliedschaft der Kreisjagdberater und des Jagddezernenten der Regierungsforstabteilung Wiesbaden änderte an dieser Tatsache nichts.

Jedes Mitglied besaß bei Abstimmungen eine Stimme. Lediglich bei Forstamts- und Jagdbezirken mit mehr als 500 ha Fläche entfiel auf alle weiteren vollen 500 ha eine zusätzliche Stimme. Das war ein grobes, die Gewichte der einzelnen Jagdbezirke nivellierendes Raster und stärkte die Stellung der Staatsforstverwaltung. Besonders nachteilig aber war das Fehlen eines Hinweises auf die Gestaltung der Jagdausübung mittels örtlicher Abschußrichtlinien. Es wurde nach den allgemeinen Richtlinien des Landes gejagt.

Als ich 1965 in den Spessart zurückkehrte, waren seit der Gründung des Rotwildringes zwölf Jahre vergangen. Angeregt durch die miterlebte Aufbauarbeit im Odenwald und die Erfolge der Hege im Harz begann ich, die Situation der örtlichen Rotwildpopulation kritisch zu beurteilen. Es gab gemessen am Biotopzustand zu viel Rotwild. Das weibliche Wild überwog. Das Geschlechterverhältnis, das im Aktenvermerk vom 17. April 1953 mit „etwa 1 : 4 oder 1 : 5" angegeben wurde, war weit von einem Ausgleich entfernt. Die Relation der Altersklassen war gestört, beim weiblichen Wild drohte eine Überalterung, beim männlichen Wild gab es kaum noch alte Hirsche. Überhaupt war der Ausverkauf der Hirsche offensichtlich. Immer jüngere „Männchen" wurden als „alte" Hirsche erlegt. Die unausgereiften Geweihe der Trophäenschauen dokumentierten den Raubbau.

Während man im Harz und Odenwald konsequent die Richtlinie Vorreyers mit all ihren unangenehmen Bescheidungen am Anfang befolgt hatte, war die Zeit im Spessart ohne wirkungsvolle Einflußnahme auf die Jägerschaft und die zuständigen Behörden vergangen. Der Rotwildring war von 1953 bis 1968 mehr eine Verteilerstelle für Abschüsse als ein Instrument für die Hege des Rotwildes und die damit verbundene Jagdpolitik.

Vorreyers Gedankengut, damals schon erprobt, wurde nicht akzeptiert. Statt dessen beantragten und erhielten einzelne Forstämter erneut hohe Quoten an sogenannten IIb-Hirschen für den Abschuß und zehnteten damit die bereits angeschlagene Mittelklasse weiter. Aber die Werbung mit den Beispielen Harz und Odenwald für den Weg Vorreyers zeigte auch Wirkung. Private Pächter und staatliche Jagdleiter bekannten sich immer zahlreicher zu einem Wechsel in der Art der Hege und Bejagung des Rotwildes zwischen Kinzig und Landesgrenze. Vor allem aber bekundeten zahlreiche Forstbeamte ihren Willen zum Wandel.

Am 31. März 1968 wurde ich auf der Hauptversammlung des Ringes in Bad Orb zum Rotwildringleiter gewählt. Die Zeit der Auseinandersetzungen, die bis zuletzt angedauert hatten, war damit bis auf
einzelne Nachhutgefechte vorüber. Es galt nicht im Gegensatz zu ver-
harren, sondern gemeinsam der Sache zu dienen. Das Konzept für die
Arbeit war aber nun ein anderes, das „Schiff RRS" wurde auf „Kurs
Vorreyer" gebracht.

Das Programm des neuen Vorstandes wurde Zug um Zug verwirklicht. Bereits im April 1969 lag die neue Satzung vor, sie wurde
1979 nochmals geändert und ergänzt. Der Rotwildring Rotwildgebiet Spessart, der Zusammenschluß der Rotwildjäger im Hessischen
Spessart, ist danach kein eingetragener Verein, seine Eintragung in
das Vereinsregister kann aber satzungsgemäß beantragt werden. Der
RRS ist auch kein Konkurrenzverein zu den örtlichen Jagdvereinen,
sondern lediglich eine spezielle Interessenvertretung, die als korpora-
tives Mitglied des Kreisjagdvereines Gelnhausen e. V. und des Kreisjagdvereines Schlüchtern e. V. eng mit dem Landesjagdverband Hessen e. V. verbunden ist.

Der Satzungsteil über den Zweck des Rotwildringes wird geprägt
vom Schutzgedanken für das Rotwild. Das Anliegen ist vor allem
„die Herstellung und Erhaltung eines gesunden sowie nach Geschlechtern und Altersklassen richtig gegliederten und für die Land-
und Forstwirtschaft tragbaren Rotwildbestandes". Diesem Ziel sollen auch Maßnahmen zur Biotopgestaltung und Äsungsverbesserung
im Interesse der Landeskultur und der Landespflege dienen. Der RRS
hat ferner die Aufgabe, „durch Einflußnahme auf die Erstellung von
Abschußrichtlinien und auf die Abschußplanfestsetzungen" eine den
örtlichen Verhältnissen angemessene Bestandesregulierung zu ver-
wirklichen. Wissenschaftliche Untersuchungen, die im Zusammenhang mit der Rotwildhege stehen, sollen gefördert werden. Die Unterstützung der zuständigen Behörden bei der Durchführung der gesetzlich vorgeschriebenen Trophäenschauen ist vorgesehen. Öffentlichkeitsarbeit ist als Mittel der Jagdpolitik zu betreiben.

„Der Rotwildring Rotwildgebiet Spessart kann als Hegegemein-
schaft innerhalb seines Gebietes auch auf die Hege des Schwarzwildes
Einfluß nehmen." Außerdem soll der RRS „innerhalb seines Zustän-
digkeitsbereiches auf die Einhaltung der Grundsätze der deutschen
Waidgerechtigkeit und der Bestimmungen der Satzung dringen. ...
Die Pflege gutnachbarlicher Beziehungen ist ein weiteres Ziel des
Rotwildringes."

Die Mitgliedschaft ist freiwillig. Die Satzung eilte damit der Regelung des Bundesjagdgesetzes (BJG) in § 10 a (1) seiner ab 1. April 1977 gültigen Fassung und den korrespondierenden Bestimmungen des Landesrechtes voraus. Allerdings wurde in Hessen bereits damals die Bildung von Rotwildringen für die amtlich abgegrenzten Rotwildgebiete oder -bezirke durch die Jagdbehörden gefördert.

Der RRS unterscheidet zwischen ordentlichen und außerordentlichen Mitgliedern. Ordentliche Mitglieder können insbesondere Jagdpächter, Eigenjagdbesitzer und Forstamtsleiter werden. Auch den Kreisjagdberatern sowie dem Dezernenten der Oberen Jagdbehörde und dem Jagddezernenten der Bezirksdirektion für Forsten und Naturschutz in Darmstadt steht die ordentliche Mitgliedschaft offen.

Den Status eines außerordentlichen Mitgliedes können Revierjäger, bestätigte Jagdaufseher, Inhaber von Jagderlaubnisscheinen und Forstbeamte, die ihren Dienstsitz oder Dienstbezirk im Rotwildgebiet haben und keine ordentlichen Mitglieder sind, erwerben. Pächter von Staatsjagden sind Inhabern von Jagderlaubnisscheinen gleichgestellt. Außerdem gibt es noch fördernde Mitglieder und Ehrenmitglieder.

Der Mitgliederstand des RRS umfaßt derzeit 59 ordentliche und 99 außerordentliche Mitglieder sowie ein förderndes Mitglied und ein Ehrenmitglied. Die Gesamtzahl aller Mitglieder beträgt 160. Durch die ordentlichen Mitglieder sind von den 66 Jagdbezirken des Rotwildgebietes 61 im Rotwildring vertreten. Diese Mitgliedsreviere vereinen 46 736 ha auf sich, das sind 97 % der Gesamtfläche des Rotwildgebietes.

Die Höhe des Mitgliederstandes ist für den Vorstand des RRS ein Zeichen dafür, ob er die Interessen der Hochwildjäger im Rotwildgebiet jagdpolitisch und jagdlich richtig vertritt. Die örtlichen Abschußrichtlinien sind allgemein verbindlich und müssen sowohl von den Mitgliedern des Zusammenschlusses als auch von den ungebundenen Jägern beachtet werden.

„Das Stimmrecht der ordentlichen Mitglieder bemißt sich nach der Flächengröße ihres Revieres; je angefangene 100 ha Flächengröße eine Stimme. ... Sind mehrere ordentliche Mitglieder Inhaber ein und desselben Reviers, so entfällt auf das einzelne dieser ordentlichen Mitglieder, sofern sie bei der Abstimmung nicht einer Meinung sind, nur der der Zahl dieser Revierinhaber entsprechende Bruchteil der Gesamtflächenstimmen des einzelnen Reviers. ... Jedes ordentliche Mitglied ohne Revier, außerordentliche Mitglied und Ehrenmitglied besitzt eine Stimme. Fördernde Mitglieder haben kein Stimmrecht." Diese Ordnung des Stimmrechtes erscheint mir gerechter und jagdpolitisch effektiver als die vorangegangene Lösung, da sie alle Mitglieder des Vereins am Entscheidungsprozeß seiner Anliegen unter Wahrung der Interessen der Revierinhaber und des Landes Hessen beteiligt.

Bis auf die Ehrenmitglieder sind alle Mitglieder beitragspflichtig. Die Jahresbeiträge der ordentlichen und außerordentlichen Mitglieder sind jedoch mit 18,– und 6,– DM so niedrig, daß ihr Aufkommen kaum zur Abdeckung der Geschäftskosten reicht. Die jagdpolitischen Aktivitäten des Zusammenschlusses können daher nur aus seinem Vermögen, das aus Spenden der Mitglieder hervorging und ergänzt wird, finanziell gefördert werden.

Wer der Frage des Vorhandenseins und des Genauigkeitsgrades der Genossenschaftskataster für die gemeinschaftlichen Jagdbezirke im Lande nachgehen würde, müßte feststellen, daß der gesetzlichen Aufstellungs- und Fortschreibungsverpflichtung von vielen Jagdgenossenschaften nicht oder nur unvollkommen nachgekommen wird. Jagdrechtliche Verfahren offenbaren diesen Mangel immer wieder, dabei sind genaue Flächenerhebungen vor allem auch im Interesse der Hege und Bejagung des Wildes unerläßlich. Planungen und Entscheidungen basieren oftmals auf Flächenangaben.

Der Rotwildring Rotwildgebiet Spessart hat daher sofort nach 1968 mit der Überprüfung und Berichtigung der Jagdkataster der einzelnen Reviere seines Bezirkes begonnen. Diese Arbeiten nähern sich unter Federführung der zuständigen Unteren Jagdbehörde dem Abschluß. Die Fortschreibung der Daten des Katasters erfolgt jährlich.

Entscheidendes Instrument für die Ordnung einer Rotwildpopulation sind aber auf die örtlichen Verhältnisse abgestimmte Richtlinien zur Hege und Bejagung des Rotwildes. Der RRS konzipierte aus diesem Grund bereits im Frühjahr 1968 „Richtlinien für den Abschuß von Rotwild im Rotwildgebiet Spessart", die durch die Obere Jagdbehörde beim Regierungspräsidenten in Darmstadt (RP) nach langwierigen Verhandlungen und nach Einschaltung der Obersten Jagdbehörde und der Forstabteilung beim RP anerkannt und mit Zustimmung der als Rotwildbehörde fungierenden Unteren Jagdbehörde des Landrates des Landkreises Gelnhausen ab Jagdjahr 1968 probeweise eingeführt wurden. Diese ersten Spessart-Richtlinien galten zwei Jagdjahre und wurden 1971 durch eine neue Ausgabe ohne Probezeit abgelöst. Die Fortschritte in der Regulierung des Rotwildbestandes bedingten 1974 und 1978 erneut Änderungen und Neufassungen der Abschußrichtlinien, die jeweils als besondere Ausgaben vom Rotwildring veröffentlicht wurden. Ergänzungen im Jahr 1980 beschlossen diesen Entwicklungsprozeß.

Maßgebend für die Abfassung der örtlichen Abschußrichtlinien waren dabei die jeweils in Hessen gültigen Rahmenvorschriften, die in den Jahren 1960, 1965 und 1970 mit entsprechenden Erlassen in Kraft gesetzt oder ergänzt wurden. Eine Neugestaltung der für das Rotwildgebiet Spessart eingeführten Leitlinien erfordern die „Richtlinien für die Hege und Bejagung des Rotwildes in Hessen" vom 12. März 1982 (HMLULF 1982a). Die vorzunehmenden Änderungen sind jedoch nicht gravierend, weil der Inhalt der Spessart-Richtlinien großenteils mit der Substanz der neuen Rahmenrichtlinien des Landes übereinstimmt. Auch die bevorstehende Neuauflage bleibt daher vom Gedankengut Vorreyers geprägt, so wie alle bisherigen Ausgaben der örtlichen Abschußrichtlinien nach den Maximen dieses erfahrenen Rotwildkenners ausgerichtet waren. Am Anfang unserer Bemühungen stand dabei die immer wieder vorgetragene Überzeugung, daß die durch Vorreyer in den strukturell so unterschiedlichen Rotwildgebieten Harz und Odenwald bewirkten Erfolge auch im Spessart erzielbar sein müßten, wenn die Jäger sie nur wollten.

Angestrebt wurde zum Schutz der Land- und Forstwirtschaft, aber auch zur Anpassung der Wilddichte an die Tragfähigkeit des Biotopes, die Reduzierung des Gesamtbestandes.

War man bei der Absprache vom 17. April 1953 noch von einer zulässigen Wilddichte von 0,8 Stück Rotwild je 100 ha bejagbarer Fläche ausgegangen, die einer Wilddichte von etwa 1,2 Stück Rotwild je 100 ha Waldfläche entspricht, so wurde dieser Richtwert 1968 auf 1,5 Stück je 100 ha Waldfläche angehoben. In den späteren Abschußrichtlinien genehmigte die Obere Jagdbehörde die Erhöhung der Marke auf 2,0 Stück. Heute wissen wir, daß der Biotop sogar einen höheren Bestand tragen kann. Es ist daher beabsichtigt, die Aufstockungsmöglichkeiten für die zulässige Wilddichte nach den neuen hessischen Rotwildrichtlinien vom 12. März 1982 auszunutzen. Im nächsten Jahrzehnt soll der Richtwert für die genannte Wilddichte somit 2,5 Stück betragen und danach unter Umständen nochmals auf maximal 3,0 Stück erhöht werden.

Hätte man die 1953 vorgegebene Wilddichte realisiert, wäre die Sozialstruktur des Rotwildbestandes sicherlich angeschlagen worden, und eine Jagdausübung auf Rotwild hätte es für viele Spessart-Jäger nicht mehr gegeben. Deshalb beachtete die Jägerei diese Anordnung nicht, aber verfiel durch Unterschätzung der Populationsgröße in das andere Extrem, sie ließ den Bestand übermäßig stark anwachsen.

Bei der 1968 daher vordringlichen Verringerung des Gesamtbestandes sollte vor allem der Überhang an weiblichem Wild als Zuwachsbasis abgebaut und dadurch zugleich das Geschlechterverhältnis zugunsten des männlichen Wildes verbessert werden. Für die Regulierung der in Unordnung geratenen Relation der Altersklassen wurde ein unterschiedliches Vorgehen beim weiblichen und männlichen Wild geplant.

Beim weiblichen Wild sollten besonders Wildkälber, schwache Schmaltiere und alte oder gar überalterte Alttiere der Wildbahn entnommen werden. Für das männliche Wild wurden starke Eingriffe bei den Hirschkälbern und in der Jugendklasse der Hirsche vorgesehen, insbesondere sollten in dieser Altersklasse schlecht entwickelte Jährlinge bejagt werden. Angestrebt wurde eine weitgehende Schonung der Mittelklasse und eine vorsichtige Abschöpfung der über zehnjährigen Hirsche. Mit anderen Worten, die Jagd auf II c-Hirsche, die weitgehend der Jugendklasse zugeordnet werden können, wurde geöffnet. Dafür wurde die Sperrung aller II a-Hirsche und die Einengung der Bejagung der früher so sehr beanspruchten II b-Hirsche durchgesetzt. Die Jagdausübung auf Hirsche der Klasse I erfuhr durch die Gleichsetzung des Mindesalters bei den Hirschen der Güteklassen I a und I b auf zehn Jahre und die Festsetzung ihres Mindestgeweihgewichtes auf 3 500 Gramm eine nicht unwesentliche Erschwerung.

Diese Leitgedanken bestimmen mit ihren Grundzügen auch noch die auslaufende Richtlinien-Ausgabe 1980 und werden in veränderter Form ebenfalls die heranstehende Neuauflage prägen.

Gehörten 1968 bei den Jährlingen nur Hirsche mit Spießen bis zu 15 cm Höhe zu den II c-Hirschen, so fielen 1980 schon Schmalspießer mit Stangen bis zu 25 cm unter diese Kategorie. Ähnlich verhält es sich bei den Abschußkriterien für zweijährige Hirsche. 1968 konnten nur „alle Spießer, Augsprossengabler und ungerade Sechser sowie geringe, schwachstangige, gerade Sechser mit verhältnismäßig kurzen Enden" als II c-Hirsche geschossen werden. 1980 wurde diese Möglichkeit praktisch auf alle Sechser ausgedehnt, denn nur noch „gerade Sechser mit besonders starken und langen Stangen und guter Endenbildung" sollen geschont werden. Aber selbst der Abschuß dieser wenigen besseren zweijährigen Sechser wird toleriert. Zu den II c-Hirschen vom dritten Kopf rechneten von 1980 bis zum Erlaß der neuen Landesrichtlinien darüber hinausgehend auch die ungeraden Achter. Heute werden diese Hirsche alle in die Güteklasse III b eingestuft.

Die restriktive Haltung bei den II b-Hirschen wurde dagegen kaum gelockert. Dafür hatten die Jäger die Möglichkeit, vierjährige und ältere Hirsche bis zum ungeraden Achter und zum Mindestgeweihgewicht der Hirsche der Güteklasse I als II c-Hirsche zu bejagen. Diese glatte „Durchspielregelung" lassen die neuen Rahmenvorschriften leider nicht mehr zu, doch kann man bei Anwendung der Abschußrichtlinie A Abhilfe durch Nachbewilligungen von geringen II b-Hirschen, die nach der früheren Regelung in die Güteklasse II c gefallen wären, schaffen. Entscheidend ist, daß Hirsche mit für ihr Alter zu geringen Geweihen im Interesse der Hege allzeit im Rahmen der Freigaben der Wildbahn entnommen werden können. Verhängnisvoll wäre es, wenn bei Hirschen der Güteklasse II b nur auf Trophäenträger mit starken, an der Grenze zur Güteklasse I liegenden Geweihen gejagt würde.

Für alle jagdlichen Planungen und Maßnahmen hat die Wildbestandsermittlung zum 31. März eines jeden Jahres besondere Bedeutung. Das „Auszählen" der Fährten bei Neuschnee führt zu höchst zweifelhaften Ergebnissen. Transparenter sind schon ganzjährige Beobachtungen durch die Revierinhaber oder deren Beauftragten. In strengen Wintern können auch Wildzählungen an Fütterungen Anhaltswerte liefern. Entscheidend für verwertbare Einblicke in die Populationen sind aber mathematisch-statistische Rückrechnungen über Abschußzeitreihen. Voraussetzung für die Brauchbarkeit dieser Rechnungen ist, daß die Zeitreihen den ausgeschiedenen Bestand einschließlich des gefundenen Fallwildes jährlich nach Geschlecht und Alter erfassen. Die Schäden in Wald und Feld können zusätzliche Hinweise geben.

Der Rotwildring Rotwildgebiet Spessart legte 1968 daher mehrere Zeitreihen an. Sie können vielleicht zu einem späteren Zeitpunkt in einer besonderen Arbeit insgesamt veröffentlicht und ausgewertet werden. Nachstehend sollen nur einzelne Übersichten eine Interpretation erfahren, um den Erfolg der Hege und Bejagung des Rotwildes im hessischen Spessart seit der Neuorientierung sichtbar zu machen.

Die Tabelle 5 ist ein Dokument dafür, daß man Wildbestände in der freien Wildbahn nicht durch „Zählungen" oder Beobachtungen mit einem ausreichenden Genauigkeitsgrad erfassen kann. Trotz ständig steigender Abschüsse seit dem Jagdjahr 1968, die 1979 mit der Ent-

Tabelle 5

Bestand, Zuwachs und Abschuß an Rotwild im Rotwildgebiet Spessart in den Jagdjahren 1968–1983

Jagdjahr	Bestand am 31.3. eines jeden Jahres							Summe R	Zuwachs		Sa. K	Sommerstand R	Abschuß							Summe R
	H	HK	MW	A	S	WK	WW		HK	WK			H	HK	MW	A	S	WK	WW	
1968	–	–	–	–	–	–	–	–	–	–	–	–	130	(79)	209	104	80	(79)	263	472
1969	262	91	353	298	140	98	536	889	175	175	350	1239	101	(80)	181	99	79	(81)	259	440
1970	274	91	365	309	134	101	544	909	177	177	354	1263	106	(83)	189	124	86	(83)	293	482
1971	292	82	374	277	122	85	484	858	160	160	320	1178	112	86	198	122	80	88	290	488
1972	336	81	417	270	106	83	459	876	150	150	300	1176	104	83	187	111	78	85	274	461
1973	350	89	439	280	111	92	483	922	156	156	312	1234	111	98	209	120	84	102	306	515
1974	391	66	457	247	89	74	410	867	134	134	268	1135	152	75	227	116	87	87	290	517
1975	362	69	431	257	85	73	415	846	137	137	274	1120	145	92	237	125	91	113	329	566
1976	406	80	486	265	101	89	455	941	146	146	292	1233	165	79	244	132	95	99	326	570
1977	373	90	463	249	96	83	428	891	138	138	276	1167	183	89	272	131	97	127	355	627
1978	408	77	485	254	101	84	439	924	142	142	284	1208	198	113	311	139	109	134	382	693
1979	377	93	470	287	109	96	492	962	158	159	317	1279	221	108	329	166	79	126	371	700
1980	336	86	422	245	100	90	435	857	138	138	276	1133	186	89	275	127	93	102	322	597
1981	339	84	423	254	99	85	438	861	141	141	282	1143	172	111	283	108	76	111	295	578
1982	333	76	409	286	93	83	462	871	161	161	322	1193	136	72	208	87	54	72	213	421
1983	298	79	377	227	85	82	394	771	132	133	265	1036	138	109	247	103	52	107	262	509
1984	322	84	406	254	93	87	434	840	148	147	295	1135								

Legende:

1. Für 1968–1981 wurde der Zuwachs einheitlich mit 80 % der am 1. April jeweils vorhandenen Alttiere angesetzt (Richtlinien vom 28. April 1970).
2. Ab 1982 wurde der Zuwachs einheitlich mit 85 % der am 1. April jeweils vorhandenen Alttiere berechnet (Richtlinien vom 12. 3. 1982).
3. Bei den Abschußergebnissen sind die geklammerten Angaben durch Splittung gewonnen (HK + WK).
4. Die Abschußzahlen enthalten auch das gefundene Fallwild.
5. Abkürzungen: H = Hirsche, HK = Hirschkälber, MW = Männliches Wild; A = Alttiere, S = Schmaltiere, WK = Wildkälber, WW = Weibliches Wild; R = Rotwild, K = Kälber.

nahme von 700 Stück Rotwild kulminierten, blieb der von den Jagdausübungsberechtigten gemeldete Wildstand im Frühjahr annähernd
gleich. Dementsprechend veränderten sich auch die Sommerwerte
nur geringfügig.

Dennoch hat der Rotwildbestand im Rotwildgebiet Spessart durch
die Jagdausübung in den letzten sechzehn Jahren beachtlich abgenommen, denn die Ausgangswerte wurden 1968 erheblich unterschätzt.
Nach den bereits zitierten Arbeiten von KÖNIG kann davon ausgegangen werden, daß der Wildbestand im Sommer des Jagdjahres 1969
nicht 1239 Stück umfaßte, sondern bei 2400 bis 2600 Stück lag. Für
den Anfang der Zeitreihe muß demgemäß eine Wilddichte von 8,0
Stück je 100 ha Waldfläche unterstellt werden.

Die Werte des gemeldeten Frühjahrsstandes und die daraus herge-
leiteten Sommerwerte dürften sich aber immer mehr den tatsächlichen Verhältnissen nähern. Allerdings wird der Sommerstand 1984
noch höher sein als der ausgewiesene. Dafür sprechen nicht nur die
Beobachtungen in einzelnen Revieren, sondern auch einfache Plausi-
bilitätsberechnungen, indem man den Zuwachs eines Jahres mit dem
im gleichen Jahr erfolgten Kälberabschuß und dem Abschuß an Jährlingen im folgenden Jagdjahr vergleicht. So setzten 1979 im Frühjahr
396 Alttiere (287 A + 109 S) rechnerisch 317 Kälber. Von diesen wurden im Geburtsjahr 234 der Wildbahn entnommen. Im Jagdjahr 1980
folgten nochmals 86 Schmalspießer und 93 Schmaltiere, also 179 Jährlinge insgesamt. Demnach hätte der Zuwachs 1979 mindestens mit
413 Kälbern ausgewiesen werden müssen; oder anders ausgedrückt,
im Frühjahr 1979 gab es im Rotwildgebiet Spessart nicht knapp 400
setzfähige Tiere, sondern mindestens 500. Gleichgerichtete, aber ab-
geschwächte Resultate ergaben sich auf Grund derartiger Kontroll-
rechnungen auch für die Jahre 1980 und 1981. Für das Jagdjahr 1982
wurde wegen der Erhöhung des Zuwachsprozentes keine Ver-
gleichsrechnung durchgeführt.

Angenommen wird für den Sommer 1984 noch ein Wildstand von
etwa 1500 Stück, dieser Zahl entspricht eine Wilddichte von knapp
5,0 Stück Rotwild je 100 ha Waldfläche. Trotz der in dieser Frage ge-
lockerten neuen Rahmenrichtlinien muß daher die Reduzierung noch
fortgesetzt werden.

Der starke Rückgang des Abschusses im Jagdjahr 1982, den manche Jäger voreilig als Menetekel für den Fortbestand des Rotwildes im
Spessart werteten, hat seine Ursache in der außergewöhnlichen Eichelmast dieses Jahres. Infolge der damit verbundenen Änderung der

Äsungsverhältnisse stellte sich das Wild teilweise um und verweilte durchweg lange in den Einständen. Die Bejagung des Rotwildes war dadurch erheblich erschwert; eine Feststellung, die übrigens auch für andere Rotwildgebiete des Landes zutrifft.

Deutlich zeigt die Tabelle das Bemühen, über einen verstärkten Abschuß von weiblichem Wild die Zuwachsbasis einzuengen und das Geschlechterverhältnis zu verbessern. Die aus der Übersicht erkennbare Tendenz der Abnahme des weiblichen Wildes und des Anwachsens der männlichen Teilpopulation entspricht auch den Verhältnissen in den Jagdbezirken. Das Geschlechterverhältnis ist heute annähernd ausgeglichen.

Die Arbeit von REULECKE (1982) „zum Phänomen des Überhanges an weiblichem Wild in der Strecke des Schalenwildes, insbesondere des Rotwildes" läßt die Frage aufkommen, ob es richtig war, für die Tabelle 5 die Anteile der Geschlechter an den Kälberstrecken der Jagdjahre 1968 bis 1970 durch Splittung zu gewinnen.

Es spricht vieles dafür, daß in diesen drei Jahren der auch von REULECKE angesprochene „Verdrängungseffekt der Hirschkälber" bei den Spessartjägern noch nicht überwunden war, denn nach den Abschußmeldungen wurden in dieser Periode nur 186 Hirschkälber gegenüber 299 Wildkälbern als erlegtes oder gefundenes Wild erfaßt. Der Rahmen des Geschlechterverhältnisses (GV) bewegt sich bei den Kälbern danach von 1 : 1,4 bis 1 : 1,7 und liegt im Mittel bei 1 : 1,6. Das erscheint der Rotwildringleitung wirklichkeitsfremd, sie beläßt es daher in diesen Fällen bei der anfangs vorgenommenen Splittung.

In den nachfolgenden Jagdjahren zeigte aber die Erziehung zur Angabe des tatsächlichen Geschlechts bei den gestreckten Kälbern offensichtlich Wirkung. Die Strecke der Kälber umfaßt für den Zeitraum von 1971 bis 1983 einschließlich Fallwild 1204 Hirschkälber und 1353 Wildkälber. Das GV schwankt bezogen auf die einzelnen Jagdjahre des dreizehnjährigen Untersuchungszeitraumes zwischen 1 : 0,98 und 1 : 1,42. Der Mittelwert beträgt 1 : 1,12. Mit dem Resultat liegen wir im Trend des entsprechenden Teilergebnisses der Arbeit von REULECKE.

In diesem Zusammenhang habe ich meinem Freund Georg Wilke, der den Rotwildring Vogelsberg leitet und Sachkundiger des ob seiner starken Hirsche renommierten Rotwildgebietes Hoher Vogelsberg ist, Abbitte zu tun. Noch Anfang 1982 widersprach ich auf einer Sitzung des LJV-Schalenwildausschusses seiner Meinung, daß für die Planung das Geschlechterverhältnis des Zuwachses nicht im Verhält-

Tabelle 6
Aufgliederung des in den Jagdjahren 1968–1982 im Rotwildgebiet Spessart zur Strecke gekommenen männlichen Rotwildes nach Altersklassen (Ergebnis der Trophäenschauen)

Jagd-jahr	Hirsch-kälber		Hirsche vom 1.–3. Kopf		Hirsche vom 4.–6. Kopf		Hirsche vom 7.–9. Kopf		Hirsche vom 10. Kopf und älter		Summe männl. Wild		Hirsche vom 1. Kopf		Hirsche vom 1. Kopf und Hirsch-kälber	
	Stück	%	Stück	%	Stück	%	Stück	%	Stück	%	Stück	%	Stück	%	Stück	%
1968	79	39	90	44	24	12	7	3	4	2	204	100	48	23	127	62
1969	80	45	62	35	22	13	10	6	2	1	176	100	32	18	112	63
1970	83	44	78	42	15	8	6	3	6	3	188	100	36	19	119	63
1971	86	45	76	39	14	7	9	5	7	4	192	100	36	19	122	64
1972	83	45	71	38	18	10	8	4	6	3	186	100	33	18	116	63
1973	98	48	71	35	24	12	6	3	5	2	204	100	38	19	136	67
1974	75	33	93	42	26	12	14	6	16	7	224	100	63	28	138	61
1975	92	39	94	40	20	9	13	6	15	6	234	100	66	28	158	67
1976	79	33	112	47	17	7	16	7	15	6	239	100	72	30	151	63
1977	89	33	121	45	23	8	18	7	18	7	269	100	91	34	180	67
1978	113	37	134	44	20	6	8	3	30	10	305	100	91	30	204	67
1979	108	33	147	45	25	8	20	6	27	8	327	100	91	28	199	61
1980	89	33	142	52	11	4	8	3	22	8	272	100	86	31	175	64
1981	111	39	130	46	10	4	2	1	28	10	281	100	72	42	183	65
1982	72	35	90	43	10	5	8	4	27	13	207	100	54	26	126	61
Sa. u. Ø/%	1337	38	1511	43	279	8	153	4	228	7	3508	100	909	26	2246	64

nis 1 : 1 aufzuteilen ist, sondern für das weibliche Geschlecht ein höherer Anteil angesetzt werden müßte. Seine eigenen Untersuchungen, die Veröffentlichung REULECKES, das entsprechende Ergebnis des RRS und gleichgerichtete Erfahrungen anderenorts zwingen wahrscheinlich zu einem Umdenken in dieser Frage.

Die Tabelle 6 ist ein Beleg für den Erfolg des Rezeptes von Vorreyer, sie zeigt den Weg zu alten Hirschen. Fehlen zehnjährige und ältere Hirsche in den Revieren, muß man die Hirsche der Mittelklasse (4. bis 9. Kopf) schonen und die männliche Teilpopulation nur bei den Hirschkälbern und in der Jugendklasse schröpfen. Ist die Störung des Altersklassenverhältnisses beim männlichen Wild zudem noch mit einem generellen Mangel an Hirschen gepaart, muß deren Abschuß durch entsprechende Bestimmungen in den Abschußrichtlinien zeitweilig beschränkt werden.

Im Rotwildgebiet Spessart wurden daher in den fünf Jagdjahren von 1969 bis 1973 im Durchschnitt jährlich nur 107 Hirsche gestreckt. Der Anstieg der Hirschstrecke begann 1974. Er fiel mit der allgemeinen Abschußerhöhung und der Änderung der Abschußrichtlinien zusammen. Die Richtlinienänderung brachte vor allem eine Erweiterung der Güteklasse II c mit sich und lenkte damit den Abschuß besonders in die Jugendklasse.

Bereits nach sechs Jahren wurde 1974 für die Klasse der zehnjährigen und älteren Hirsche mit 16 Geweihten ein Streckenanteil von 7 % an der Gesamtstrecke des männlichen Wildes erreicht. Bezieht man – wie im Odenwald und Spessart bisher üblich – die Hirschkälber in die Gesamtstrecke nicht ein, so ergibt sich ein Anteil von 11 %. Bei bis zum Jagdjahr 1979 steigenden Jahresstrecken konnte der Prozentsatz von sieben ab 1977 nicht nur gehalten, sondern sogar noch verbessert werden.

Die Faustregel, daß etwa zwei Drittel des Abschusses auf die Kälber und Jährlinge entfallen müssen, wurde beim männlichen und weiblichen Wild unterschiedlich erfüllt. Beim männlichen Wild ergibt sich für die Zeitreihe bei einer Streuung von 61 bis 67 % ein Durchschnittssatz von 64 %. Die entsprechende Spanne des weiblichen Wildes liegt bei 55 bis 64 % und erreicht nur einen Durchschnitt von 60 %. Auf die Gefahr der Überalterung der weiblichen Teilpopulation und auf die breite Zuwachsbasis sei in diesem Zusammenhang nochmals hingewiesen.

Nach der Abschußrichtlinie A der neuen Richtlinien für die Hege und Bejagung des Rotwildes in Hessen sollen beim männlichen und weiblichen Wild folgende Streckenanteile bei den einzelnen Altersklassen erreicht werden:

Männliches Wild			Weibliches Wild		
Hirschkälber	35 %	= 75 %	Wildkälber	35 %	= 55 %
Junge Hirsche	40 %		Schmaltiere	20 %	
Mittelalte Hirsche	10 %		Alttiere	45 %	
Alte Hirsche	15 %				

Diese Forderung wurde im Rotwildgebiet Spessart in den vergangenen fünfzehn Jahren bei den Hirschkälbern und jungen Hirschen sowie bei den Schmaltieren und Wildkälbern bereits erfüllt. Bei den mittelalten Hirschen lag der Abschuß lediglich in den Jagdjahren 1970, 1978, 1980 und 1982 knapp über oder unter 10 %, nur 1981 blieb der Anteil mit 5 % wesentlich unter dem Satz der Richtlinien. Das Halten dieses Prozentsatzes ist im Hinblick auf die erstrebte Aufstockung der Altersklasse geboten. Beim weiblichen Wild sollte der Anteil der Alttiere leicht ansteigen.

Allerdings ist nicht zu verkennen, daß in Hessen die Oberste Jagdbehörde mit 15 % für die Klasse der alten Hirsche (ab 10. Kopf und älter) eine hohe Zielvorgabe gegeben hat, ein Anteil von 13 % wäre realistischer gewesen und würde einer Zielsetzung von 20 % alter Hirsche in der Gesamtstrecke des männlichen Wildes ohne Hirschkälber entsprechen.

Zu beachten ist, daß die Anzahl der Hirsche in der Tabelle 5 in den einzelnen Jagdjahren jeweils geringfügig von den entsprechenden Angaben der Tabelle 6 abweicht. Das ist darauf zurückzuführen, daß in der Tabelle 5 alle als erlegt oder als Fallwild gemeldeten Hirsche erfaßt sind, während die Tabelle 6 nur die Hirsche wiedergibt, deren Geweihe und Unterkiefer (ab 2. Kopf) auf den Trophäenschauen beurteilt wurden. Dieser Hinweis gilt auch für die folgende Tabelle 7. Die Abweichungen sind jedoch gering, sie schwanken in den einzelnen Jahren zwischen einem und sechs Geweihen, die mittlere Differenz liegt bei vier. Ein Beweis dafür, daß im Rotwildgebiet Spessart fast alle erbeuteten Geweihe auf den Trophäenschauen ausgestellt werden und das bei einer nicht unerheblichen Quote von Hirschen,

Tabelle 7
Aufgliederung der in den Jagdjahren 1968–1982 im Rotwildgebiet Spessart zur Strecke gekommenen Hirsche nach Güteklassen (Ergebnis der Trophäenschauen) einschließlich Hirschkälber

Jagd-jahr	Hirsch-kälber		IIc-Hirsche		IIb-Hirsche		IIa-Hirsche		Ia- u. Ib-Hirsche		Summe Hirsche		Summe MR		Fehlab-schüsse Hirsche	
	Stück	%	Stück	%	Stück	%	Stück	%	Stück	%	Stück	%	Stück	%	Stück	%
1968	79	39	74	36	13	6	35	17	3	2	125	61	204	100	35	28
1969	80	45	52	30	9	5	27	15	8	5	96	55	176	100	32	33
1970	83	44	72	38	11	6	18	10	4	2	105	56	188	100	18	17
1971	86	45	65	34	13	7	20	10	8	4	106	55	192	100	24	23
1972	83	45	56	30	12	6	26	14	9	5	103	55	186	100	30	29
1973	98	48	74	36	9	5	16	8	7	3	106	52	204	100	19	18
1974	75	33	89	40	21	9	21	10	18	8	149	67	224	100	29	19
1975	92	39	84	36	20	9	20	8	18	8	142	61	234	100	27	19
1976	79	33	106	44	18	8	19	8	17	7	160	67	239	100	28	18
1977	89	33	115	43	21	8	20	7	24	9	180	67	269	100	28	16
1978	113	37	144	47	15	5	8	3	25	8	192	63	305	100	11	6
1979	108	33	160	49	19	6	9	3	31	9	219	67	327	100	20	9
1980	89	33	138	51	9	3	12	4	24	9	183	67	272	100	16	9
1981	111	39	125	45	8	3	14	5	23	8	170	60	281	100	15	8
1982	72	35	88	42	13	6	12	6	22	11	135	65	207	100	16	12
Sa. u. Ø/%	1337	38	1442	41	211	6	277	8	241	7	2171	62	3508	100	348	16

Legende:
1. Für das Jagdjahr 1982 erfolgte aus Vergleichsgründen die Einordnung der Hirsche nach den bis 1982 gültigen Güteklassenbestimmungen.
2. MR = Männliches Rotwild

die alljährlich durch Jagdgäste der US-Streitkräfte zur Strecke kommen.

Die Tabelle 7 stimmt auf Grund der Definitionen der Güteklassen und der daraus resultierenden Zuordnungen weitgehend mit der Übersicht 6 überein. Das Gros der II c-Hirsche fiel demgemäß – wie erstrebt – hauptsächlich in der Jugendklasse an. Abweichungen gegenüber dem Anteil der Hirsche vom ersten bis dritten Kopf nach unten weisen auf Fehlabschüsse von jungen Hirschen hin (II a-Hirsche), Verschiebungen nach oben ergeben sich aus dem Abschuß von älteren II c-Hirschen, sogenannten „Moglern".

Da einerseits die Güteklasse I im Rotwildgebiet Spessart ausschließlich vom Geweihgewicht bestimmt wird und andererseits für die Altersklasseneinteilung die Güteklasse eines Hirsches keine Rolle spielt, kann der Prozentsatz der Hirsche der Güteklassen I a und I b kaum mit dem Streckenanteil der Hirsche vom zehnten Kopf und älter übereinstimmen. Die Güteklasse I enthält auch zu jung geschossene Hirsche mit starken Geweihen, und die Altersklasse der alten Hirsche umfaßt außer zehnjährigen und älteren starken Hirschen ebenfalls Hirsche der Güteklassen II b und II c ab dem zehnten Kopf.

Bemerkenswert ist die hohe Fehlerquote bei den Hirschen in den ersten fünf Jagdjahren nach dem Kurswechsel. Im Jahr 1969 entsprach ein Drittel aller zur Strecke gekommenen Hirsche nicht den Richtlinien. Dieser Tatbestand hängt sicherlich eng mit dem Aneignungsprozeß der Abschußrichtlinien durch die Jäger zusammen, das Umsetzen des Gedankengutes von Vorreyer für die Jagdausübung brauchte Zeit. Dazu kam die besonders am Anfang scharf angelegte Elle der Altersbestimmung, der Grundsatz, „im Zweifelsfall für den Betroffenen", wurde nicht angewandt.

Auch im Mittelfeld der Zeitreihe sind die Fehler mit knapp 20 % noch hoch. In dieser Zeit tauchten im Spessart vermehrt Hirsche mit stärkeren Geweihen auf. Da alte und starke Hirsche jedoch noch selten waren, fehlte vielen Jägern der Vergleichsmaßstab. Manches bessere Geweih wurde fälschlich als Altersmerkmal gewertet, der erlegte Hirsch aber war nur mittelalt. Nicht alle „falschen Hirsche" sind indessen den Jägern anzulasten, denn außer den Fehlabschüssen enthält die Fehlerquote auch Fallwildhirsche.

Nach dem geringen Anteil der Fehlabschüsse in den Jagdjahren von 1977 bis 1981 ist das Anziehen der Fehlerquote im Jahr 1982 auf 12 % bedauerlich, sie ist 1983 noch gewachsen. Die sich im steigenden Fehlerprozent auch widerspiegelnden häufigeren Verluste an zukunftsträchtigen mittelalten Hirschen muß der Rotwildring durch eine vorübergehende weitere Einengung der Freigabe von IIb-Hirschen auszugleichen versuchen. Bei starken Eingriffen in der Jugendklasse darf der Mittelblock als Grundstock der Altersklasse nicht zu sehr geschmälert werden. Vor diesem Hintergrund ist die Freude über die Erwartung, daß der Anteil an Hirschen vom zehnten Kopf und älter beim männlichen Wild auch für das Jagdjahr 1983 trotz einer hohen Strecke an Hirschkälbern knapp 10 % erreichen wird, nicht ungetrübt. Die Befürchtung wächst, daß durch eine zunehmende Laxheit bei der Bejagung mittelalter und jüngerer Hirsche die Nachhaltigkeit der derzeitigen Erntemöglichkeiten in der Altersklasse gefährdet wird. Es gilt den Anfängen zu wehren!

Bei den Tabellen 6 und 7 besitzen die Durchschnittssätze der Summenzeilen nur wenig Aussagekraft, wichtig ist die Verdeutlichung des jährlichen Fortschrittes der Hege. Beide Tabellen zeigen, daß der Kompaß stimmt und das „Schiff RRS" trotz einiger nicht verständlicher Fehlabschüsse Kurs hält.

Beeindruckend ist das Zahlenmaterial der Tabelle 8, aber wer die Tabellen 6 und 7 studiert hat, kann nicht überrascht sein. Wenn die Geweihstärke vornehmlich eine Funktion des Alters der Hirsche ist, muß mit der Zunahme des Anteiles älterer und alter Hirsche auch die Stärke der Geweihe zunehmen. Dementsprechend kann sich die aufgezeigte positive Entwicklung weiter fortsetzen, denn die Quote der alten Hirsche ist noch ausbaufähig.

Gute Geweihe erreichen hier 175 bis 184 internationale Punkte, starke liegen im Rahmen von 185 bis 194 IP. Alle Trophäen, die eine höhere Punktzahl erzielen, sind für den örtlichen Biotop kapital.

Das Geweih des Spitzenhirsches des Jagdjahres 1980 wurde auf der ersten Landestrophäenschau des LJV-Hessen am 23. April 1982 in Bad Nauheim mit 202,80 IP (Spessart-Punktzahl 202,38 IP) bewertet und lag damit nur knapp hinter der Spitzentrophäe dieser Veranstaltung, die 203,57 IP erreichte und aus dem Rotwildgebiet Hoher Vogelsberg stammt. Auf der Landestrophäenschau des Jagdjahres 1981 in Kassel konnte das Rotwildgebiet Spessart 1983 mit drei starken Geweihen den ersten, dritten und fünften Platz der Rangordnung bei zwölf ausgestellten Trophäen belegen. Die Bewertung dieser Geweihe erbrachte 201,19, 188,28 und 184,80 internationale Punkte.

Nun erstreckt sich die Hege des Rotwildes gerade in heutiger Zeit nicht nur auf die Regulierung der Bestände. Gewichtig für das Wohlbefinden des Wildes ist die Gestaltung seiner Lebensräume und die

Tabelle 8

Anzahl der Hirsche mit Geweihen ab 160 IP, die in den Jagdjahren 1968–1982 im Rotwildgebiet Spessart zur Strecke kamen

| Jagd-jahr | Hirsche mit Geweihen von – bis IP | | | | | Summe Hirsche | Davon richt-liniengemäße Hirsche | Spitzengeweih des Jagdjahres Älter, Geweih, IP und Erlegungsort |
	160–169 Stück	170–179 Stück	180–189 Stück	190–199 Stück	ab 200 Stück	Stück	Stück	
1968	1	–	–	–	–	1	1	10 J., Ungerader Zwölfer, 165,55 IP, FA Marjoß[1]
1969	–	–	–	–	–	–	–	——
1970	–	1	–	–	–	1	1	10 J., Kronenzwölfer, 172,75 IP, FA Burgjoß[2]
1971	2	2	–	–	–	4	3	13 J., Eissprossenzwölfer, 174,99 IP, FA Marjoß
1972	8	–	1	–	–	9	4	13 J., Unger. Achtzehnender, 182,69 IP, FA Marjoß
1973	3	1	–	–	–	4	3	13 J., Vierzehnender, 175,79 IP, FA Marjoß
1974	8	4	2	1	–	15	11	12 J., Unger. Sechzehnender, 190,88 IP, FA Marjoß
1975	8	3	–	–	–	11	7	10 J., Eissprossenzwölfer, 176,28 IP, FA Marjoß
1976	7	4	2	–	–	13	7	10 J., Sechzehnender, 183,18 IP, EJB Bad Orb I
1977	7	6	4	–	–	17	11	13 J., Unger. Vierzehnender, 186,14 IP, FA Sinntal
1978	8	12	–	1	–	21	19	10 J., Unger. Sechzehnender, 190,79 IP, FA Jossgrund
1979	14	5	4	–	–	23	16	11 J., Unger. Sechzehnender, 189,56 IP, FA Sinntal
1980	6	6	6	3	1	22	20	10 J., Unger. Sechzehnender, 202,38 IP, Bad Nauheim 202,80 IP, GJB Seidenroth
1981	11	6	3	–	1	21	20	12 J., Unger. Sechzehnender, 202,09 IP, Kassel 201,19 IP, FA Sinntal
1982	13	6	2	1	–	22	18	10 J., Unger. Achtzehnender, 193,48 IP, FA Sinntal
Sa.:	96	56	24	6	2	184	141=77%	

Legende:
[1] Forstamt Marjoß, heute Forstamt Sinntal.
[2] Forstamt Burgjoß, heute Forstamt Jossgrund.
IP = Internationale Punkte, FA = Forstamt (jeweils Verwaltungsjagdbezirk), J = Jahre, EJB = Eigenjagdbezirk, GJB = Gemeinschaftlicher Jagdbezirk.

Biotoppflege. Zur Verbesserung der Äsungsverhältnisse wurden im Rotwildgebiet Spessart seit 1968 folgende zusätzliche Äsungsanlagen geschaffen und unterhalten: 132,15 ha Daueräsungsflächen, 11,75 ha Wildäcker und 1,35 ha Verbißgehölze, also 145,25 ha insgesamt.

Auf Grund der Besitzverhältnisse liegt der überwiegende Anteil der Anlagen im Staatswald. Das Land Hessen hat damit einen beachtlichen Beitrag zur Äsungsverbesserung im Rotwildgebiet Spessart geleistet. Die Staatsforstverwaltung betont jedoch, daß dieses Engagement keine „Freifahrkarte" für eine Rotwildvermehrung darstellt, sondern der Hege des dereinst verbleibenden Rotwildbestandes zugute kommen soll.

Der Waldanteil aller zusätzlichen Äsungsflächen beträgt im hessischen Spessart mit 145 Hektar zur Zeit 0,47 Prozent. Dieses Ergebnis liegt von der Zielvorstellung mancher Wildbiologen (1,00 %) noch weit entfernt, nähert sich aber der Zielvorgabe des RRS von 0,50 Prozent der Waldfläche = rund 150 Hektar.

Häufig wird außer acht gelassen, daß die Neuanlage einer Daueräsungfläche je nach den Verhältnissen des Standortes zwischen 8000 und 12000 DM je Hektar kostet. Die jährliche Unterhaltung kann auf durchschnittlich 850 DM je Hektar veranschlagt werden. Forderungen auf eine Erhöhung des Äsungsflächenanteiles im Wald sind mithin zugleich mit beträchtlichen finanziellen Ansprüchen verbunden und müssen daher im Rahmen des Möglichen bleiben. Um so bedeutsamer ist die Biotoppflege mit waldbaulichen Mitteln, die im Bereich der gesamten Spessart-Inspektion eingesetzt hat und bereits am Beispiel des Hessischen Forstamtes Jossgrund skizziert wurde.

Der Rotwildring Rotwildgebiet Spessart hat sich auch der Nachsuchenorganisation angenommen und ihr einen besonderen Abschnitt in den Abschußrichtlinien gewidmet. Dabei wurde von der Einrichtung einer Schweißhundstation abgesehen, zum Einsatz kommen vielmehr mehrere besonders befähigte Nachsuchengespanne. Diese Lösung hat nach HOPP (1973) „den Vorteil, daß stets etliche Führer und Hunde für die anfallenden Nachsuchen zur Verfügung stehen. Dadurch können auch mehrere Arbeiten an einem Tag aufgenommen werden. Außerdem ist das Nachwuchsproblem hier besser gelöst. Führer und Hunde ergänzen sich durch unterschiedliche Alters- und Ausbildungsgrade". Zur Zeit werden im hessischen Spessart fünf Hundeführer mit vier Hannoverschen Schweißhunden und einem Deutsch-Drahthaar-Rüden eingesetzt. Die erreichten Erfolge sind beachtlich.

Das Jagen auf Rotwild in einem Rotwildgebiet ist somit nur das letzte Glied in einer Kette zahlreicher Maßnahmen. Die Zeit des ungebundenen Jagens ist längst dahin, aber manches Ursprüngliche kann bewahrt werden, wenn wir uns in Verantwortung bescheiden.

Das Erreichte ist nun nicht das Werk einzelner. Entscheidend war der Wille vieler Jäger, die Verhältnisse im Spessart zu wandeln, die Mitarbeit des Vorstandes, die finanziellen Leistungen der Mitglieder, die vertrauensvolle Unterstützung durch die Staatsforstverwaltung und vor allem die meist einsichtige Befolgung der Abschußrichtlinien bei der Jagdausübung. Einen Mann aber möchte ich herausheben, es ist Oberamtsrat Blume, der unermüdlich in der Anfangsphase für diese Sache der Jagd tätig war und mir auch heute noch hilft. Wir haben manche Nacht, ab und an ermuntert durch Wein, gemeinsam für den RRS gearbeitet; und wir ließen uns nicht beirren von denjenigen, deren Mitarbeit sich in Beckmesserei erschöpfte. Auch wir haben erfahren, daß man es nicht jedem recht machen kann, und erkannt, daß es darauf ankommt, Gerechtigkeit zu üben. Wie viel Leidenschaft schäumt manchmal auf, wenn ein Jagdausübungsberechtigter glaubt, bei der Abschußvergabe nicht angemessen berücksichtigt zu sein.

Abgestützt wurden die Erfolge auf dem Weg zum Ziel durch die gute Nachbarschaft mit den bayerischen Rotwildringen Rhön-West und Spessart-Nord. Sie werden von Oberforstmeister Wild und Forstdirektor Dr. Nüßlein geleitet. Die Jagdausübung ist gleichgerichtet, und das ist effektiv, denn das Rotwild kennt keine Landesgrenzen.

Harz, Odenwald und Spessart haben bewiesen, daß man in nach Größe, Standorten, Besitzverhältnissen, Bestockungen, Revierstrukturen und Organisationsformen unterschiedlich aufgebauten Rotwildgebieten und Rotwildringen mit den Empfehlungen von Vorreyer das Rotwild zeitgemäß hegen und erfolgreich bejagen kann. Nicht das Rotwild ist schuld daran, wenn sein Bestand insgesamt und vor allem bei den Hirschen nicht befriedigt, vielmehr tragen die Jäger noch immer den Großteil der Verantwortung für die Entwicklung in den einzelnen Populationen.

Schwarzwildhege im Rotwildgebiet Spessart

1979 veröffentlichte ich in „Wild und Hund" unter dem Titel „Schweinereien" Feststellungen, Beispiele und Vorschläge zur Bejagung des Schwarzwildes. An der Situation dieses urigen Wildes hat sich seitdem wenig geändert. Zwar gibt es in der Bundesrepublik Deutschland schon allenthalben nach den niedersächsischen Modellen ausgerichtete Schwarzwildhegegemeinschaften, doch zeichnet sich ein durchschlagender Erfolg nicht ab. Der „Schweinereien" durch „Schweinehunde" sind noch zu viele!

Der Aufsatz hat also leider nicht an Aktualität verloren und dürfte auch inhaltlich noch weitgehend Bestand haben, deshalb sollen seine Feststellungen auszugsweise wörtlich wiedergegeben werden:

„Dort, wo es in der Bundesrepublik noch Schwarzwild gibt, setzen sich die Rotten fast durchweg aus Frischlingen und Überläufern zusammen. Dreijährige Stücke werden in Ermangelung älteren Wildes schon als starke Sauen bezeichnet und sind dementsprechend begehrt. Ganz selten erreicht eine Bache das fünfte oder sechste Lebensjahr, und es ist eine Seltenheit, wenn sich ein Keiler zu einem hauenden Schwein oder gar Hauptschwein entwickeln kann. Die Erlegung eines solchen ist eine Sensation.

Diese Entwicklung liegt nun aber nicht etwa im Schwarzwild selbst begründet, man kann sie auch nicht den in vielen Lebensräumen veränderten Umweltverhältnissen anlasten, denn die Wildschweine können, wie ihr Vorkommen in der Rhein-Main-Ebene zeigt, sehr wohl noch ein Auskommen in dichtbesiedelten Gebieten finden. Der Grund für die traurige Bilanz ist vielmehr in der falschen Bejagung dieser Wildart durch die Jäger zu suchen.

Diese Aussage wird durch die wenigen positiven Beispiele in Westdeutschland (Lüneburger Modell) oder durch die Ergebnisse der Schwarzwildbejagung in osteuropäischen Revieren unterstrichen. Überall dort, wo man wie in Biotopen mit Großraubwild stark in die Klassen der Frischlinge und Überläufer eingreift, dafür ältere Stücke aber ausreifen läßt, hat man die Schwarzwildpopulationen nicht nur der Zahl nach im Griff, sondern auch mit alten Stücken beider Geschlechter angereichert. Alte und erfahrene sowie im Gebäude und Wildpret starke Bachen sind aber die Voraussetzung für einen zeitgemäß gefrischten, kräftigen Nachwuchs, und starke Keiler kann man nur heranhegen, wenn man die am besten entwickelten Überläuferkeiler eines Jahrganges mit der Bejagung verschont und bis vierjährige Keiler nicht bejagt.

Über die Schaltstelle für die Entwicklung einer Schwarzwildpopulation verfügt also eindeutig die Jägerschaft. Die Pflege der Biotope ist für diese relativ anspruchslose Wildart demgegenüber nicht so ausschlaggebend wie bei anderen Arten. Natürlich wird aber auch das Schwarzwild an allen Maßnahmen der Biotopgestaltung und -pflege partizipieren. Da die Jäger über die Jagdausübung auf die Zusammensetzung der Wildbestände Einfluß nehmen, ist in der Art der Bejagung der Schlüssel zur derzeitigen Misere, aber auch für die Besserung des Zustandes zu suchen. Dabei spitzt sich die Fragestellung jedoch nicht auf den Gegensatz Einzel- oder Gesellschaftsjagd bzw. Ansitzjagd und Pürsch einerseits oder Treibjagd andererseits zu, sondern verlagert sich eindeutig auf das Feld der Jagdethik.

Frischlinge und schwache Überläufer kann man sowohl auf dem Ansitz und auf der Pürsch als auch bei einer Treibjagd erfolgreich bejagen. Wenn man aber wieder Ordnung in die durcheinandergebrachten Strukturen der Schwarzwildpopulationen tragen will, muß die Bereitschaft der Jäger für eine Jagdausübung im skizzierten Sinn wachsen.

Auch das Schwarzwild reagiert auf die ‚Hege mit der Büchse'. Von ‚Hege' kann man aber nicht sprechen, wenn jedem mit der Zieloptik erfaßbaren Borstentier ohne Rücksicht auf Alter, körperliche Entwicklung und Geschlecht die Kugel angetragen wird. Der Erfolg der Schwarzwildhege wird also in erster Linie und weitgehend von der Disziplin der Jäger bestimmt.

Gemessen an dem Zustand der Populationen, wird das Schwarzwild heute in den meisten Bereichen der Bundesrepublik disziplinlos bejagt.

Das häufig vorgetragene Argument, daß das Schwarzwild weiterhin nach dem ‚heutigen Rezept' bejagt werden müßte, um schwere Schäden an landwirtschaftlichen Kulturen zu vermeiden, ist falsch. Sicherlich ist die Wildschadenhöhe abhängig von der Stückzahl des Bestandes; fest steht aber auch, daß die Zusammensetzung einer Schwarzwildpopulation für ihre Größe von Bedeutung ist. Biologisch richtig gegliederte Bestände werden allgemein der Stückzahl nach geringer sein als solche mit zerschlagenen Strukturen.

Über den Abschuß beeinflußt die Jägerei also nicht nur die Stückzahl an sich, sondern auch die Qualität eines Bestandes, indem sie das Verhältnis der Geschlechter und Altersklassen zueinander reguliert. Diese Aufgabe hat die übliche ‚Jagd ohne Regel' beim Schwarzwild jedoch nicht gelöst, denn ihr Ziel ist nicht der wildbiologisch ausgerichtete Hegeeingriff, sondern die Verwirklichung des dominierenden Beutetriebes.

Die Nachricht ‚Sauen!' ist ein magisches Morsezeichen. Es kann die Jägerei ganzer Landstriche auf die Läufe bringen, läßt Jäger Nächte durchwachen und weckt im Jagdfieber ganz offensichtlich atavistische Gelüste. ‚Die Sau muß her, koste es, was es wolle!' Und so verwandeln einzelne Jäger listenreich mit Hilfe ‚künstlicher Monde' die Nacht zum Tag, wird gefüttert, gekirrt und vor allem geschossen.

Vergessen ist das Liebeslied vom ritterlichen Wild, wenn sich ein schwarzer Klumpen in das Absehen schiebt. Zähne am Anschuß, gekürzte Läufe am Stück, Steckschüsse im Gescheide und Kugeln auf den Keulen sind dunkle Farbtupfer der Palette, die sich im Gedächtnis von Schweißhundführern mit zahlreichen Nachsuchen auf Schwarzwild einprägen. Für die Mehrzahl der Jäger sind Sauen trotz aller gegenteiligen Beteuerungen ‚vogelfrei', sie werden so bejagt." (Ende des Zitates).

Besonders übel ist die Bejagung des Schwarzwildes an Kirrungen. Unter der „Fahne des Wahlabschusses" kommt hier oft eine erbärmliche Jagdeinstellung zum Zuge. Ich habe eine regelrechte „Abschußrampe" kennengelernt, in die der Pkw des „Waidmannes" eingefahren wurde, damit das „Mondlicht" zielgerecht den Kirrplatz erhellte, und ich kann von einem Stahlhochsitz mit Heizung für Schlafraum und Ansitzkabine berichten, auf dem ein Glöcklein den „Jäger" alarmierte, wenn die Sauen auf der Schußschneise die Gesteinsbrocken über den Maiskörnern beiseite schoben. Gewiß, das sind Ausnahmeerscheinungen, aber auch die „normalen Kirrungen" haben dem Schwarzwild nichts genutzt, sie haben vielmehr die Zerschlagung seiner Bestände beschleunigt. Seit der Wiedererlangung der Jagdhoheit wird Schwarzwild in vielen Revieren gekirrt und über dem ausgestreuten Fraß bejagt, doch die Erhaltung und Ordnung der Populationen haben davon nicht profitiert. Das Gegenteil ist der Fall, denn an diesen „Hinrichtungsstätten" wird durchweg geschossen, was kommt. Auch aus diesem Grund begrüße ich die hessische Regelung, die das Ausbringen von Lockfutter der Wildfütterung gleichstellt und die Fütterung zeitlich auf die Notzeit begrenzt, denn an Fütterungen darf Schalenwild in Notzeiten in einem Umkreis von 200 Metern nicht bejagt werden.

Hauptanliegen des RRS war zunächst die Regulierung des Rotwildbestandes im Spessart bei gleichzeitiger Verbesserung der Äsungs- und Biotopverhältnisse. Bei dieser umfangreichen und vielschichtigen Aufgabe konnte der Rotwildring sich zunächst der örtlichen Schwarzwildpopulation nicht widmen. Je besser es aber gelang, die Hege und Bejagung des Rotwildes zu ordnen, desto mehr rückten auch die Sauen in den Blickpunkt. Den letzten Anstoß für den Beginn der Schwarzwildhege im Spessart erhielt ich durch den bekannten Jäger und Jagdwissenschaftler Dr. Stahl, den ich im Februar 1979 anläßlich eines Vortrages vor Mitgliedern des Hochwildringes Süsing in dem von ihm geleiteten staatlichen Forstamt Ebstorf in Niedersachsen besuchte. Stahl sprach auf der gleichen Veranstaltung als Ringleiter auch über Probleme der Hege des Schwarzwildes und machte mich im Gespräch danach näher mit dem von Kreisjägermeister Teuwsen entwickelten sogenannten „Lüneburger Modell" bekannt.

Unterstützt von mehreren Forstamtsleitern der Spessart-Inspektion und privaten Revierinhabern der Nachbarschaft begann daraufhin im Vorstand des RRS die Ausarbeitung und Beratung der „Grundsätze zur Bejagung des Schwarzwildes im Rotwildgebiet Spessart", die erstmals 1979 herausgegeben und angewandt wurden. Heute gilt die überarbeitete Fassung dieser Leitlinien aus dem Jahr 1983. Sie bildet inhaltlich auch den Kern der im gleichen Jahr herausgegebenen „Empfehlungen des LJV Hessen e. V. für die Bejagung des Schwarzwildes".

Nach den Grundsätzen soll das Zielalter sowohl bei den Keilern als auch bei den Bachen bei vier bis sechs Jahren liegen. In einem normal gegliederten Bestand sollte der Abschuß deshalb in Übereinstimmung mit KÖNIG (1980) 75 Prozent Frischlinge, 15 Prozent Überläufer und 10 Prozent grobe Sauen umfassen. In ungeordneten Populationen muß in der Regulierungsphase der Streckenanteil an Frischlingen und Überläufern aber höher sein als in der Zielsetzung.

Zur Verwirklichung dieser Vorgabe wird empfohlen, in der Zeit der Neuordnung des Bestandes nur Frischlinge und geringe Überläufer mit einem Gewicht bis zu 35 Kilogramm der Wildbahn zu entnehmen. Überläufer und ältere Stücke mit einem Wildpretgewicht von über 40 Kilogramm sind bis zum 31. Juli eines jeden Jahres nicht zu bejagen. Stücke mit einem Wildpretgewicht von über 50 Kilogramm sind von der Bejagung auszunehmen. Auf Bachen und Keiler mit einem Wildpretgewicht über 50 Kilogramm kann nach Vollendung des fünften Lebensjahres oder bei Erreichung eines Wildpretgewichtes von 100 Kilogramm die Jagd ausgeübt werden. Führende alte Bachen sind jedoch erst gegen Ende der Jagdzeit zu erlegen.

Dabei muß die Festsetzung der Gewichtsgrenzen für geringe Stücke nach, beziehungsweise in Jahren mit unter- oder überdurchschnittlichen Fraßverhältnissen erforderlichenfalls flexibel gehandhabt werden. Im Jagdjahr 1983, das vielerorts auf Grund der Eichelmast des vorangegangenen Jahres beim Schwarzwild zu einer außerordentlichen Vermehrung führte und bei zahlreichen Sauen zudem das Wildpretgewicht sprunghaft ansteigen ließ, konnten im Spessart nichtführende Stücke von Anfang an bis zu 50 kg Gewicht bejagt werden. Im Interesse der Landwirtschaft wurde selbst der Abschuß von Überläufern mit Wildpretgewichten zwischen 50 und 60 kg nicht moniert. Denkbar ist, daß man dagegen in Dürrejahren ohne Mast sich streng an die Gewichtsbegrenzungen hält oder die Grenzen sogar zum Schutz der Population herabsetzt. Gerade beim Schwarzwild darf eine Richtlinie niemals Selbstzweck sein, Gesichtspunkte der Hege müssen immer wieder mit jagdpolitischen Überlegungen in Einklang gebracht werden. In landwirtschaftlich kargen Regionen erhält die Waagschale der Jagdpolitik dabei mehr Gewicht als in Gegenden mit durchweg gutsituierten landwirtschaftlichen Betrieben.

Im Geschlechterverhältnis soll das männliche Wild leicht überwiegen.

Die Bejagung des Schwarzwildes, also auch die Jagd auf Frischlinge und Überläufer, erfolgt ausschließlich in der Zeit vom 16. Juni bis zum 31. Januar. Lediglich Wildschäden in den Feldgemarkungen können in den betroffenen Revieren Ausnahmegenehmigungen bewirken. Erlegtes Schwarzwild ist vorzuzeigen. Dieses Vorzeigen erfolgt für den Staatswald auf den Forstämtern, für die Jagdbezirke der Reviergruppen Gelnhausen und Schlüchtern bei Beauftragten in „Amtshilfe" durch die Rehwildringe.

Statt des Vorzeigens im ganzen Stück kann der körperliche Nachweis der erlegten Sau auch durch Vorlegen ihres abgekochten Unterkiefers erbracht werden; dies hat innerhalb einer Woche nach dem Erlegen zu erfolgen. Bestimmt wird beim Vorzeigen das Geschlecht, das Gewicht und das Alter des erlegten Stückes. Die Bestimmung des Alters erfolgt durch die Beurteilung des Gebisses.

Die Wilddichte des Bestandes sollte niemals so anwachsen, daß die Wildschäden in den Feldgemarkungen die ordnungsgemäße landwirtschaftliche Nutzung beeinträchtigen. Es gilt die Landwirte und die Bauernverbände davon zu überzeugen, daß das Schwarzwild weniger Schäden auf den Feldern und Wiesen verursacht, wenn seine Populationen geordnet sind. In Beständen mit zerschlagenen Sozialstrukturen überwiegen Rotten mit vielen gleichrangigen geringen Stücken, die auf landwirtschaftlichen Nutzflächen erheblich zu Schaden gehen können. Unvernünftig wäre es, auf berechtigte Forderungen von Bauern nicht einzugehen. Schwarzwildhege kann man nicht gegen die Landwirte betreiben, sondern nur mit ihnen erfolgreich gestalten. Die Hege des Schwarzwildes erfordert bereits im Vorfeld ein feinfühliges jagdpolitisches Handeln.

Die Mitgliedschaft in der Schwarzwildhegegemeinschaft als Bestandteil des Rotwildringes ist freiwillig, aber nicht mit der Mitgliedschaft im RRS gekoppelt. Ein Mitglied des Rotwildringes braucht nicht Mitglied der Hegegemeinschaft für das Schwarzwild zu sein, und umgekehrt gibt es Mitglieder der Schwarzwildhegegemeinschaft, die nicht im RRS gebunden sind. Demgemäß divergieren die Zahlen der Mitgliedsreviere und die von ihnen vertretenen Flächen in beiden Zusammenschlüssen. Die Mitgliedschaft beginnt mit dem Abschluß einer Vereinbarung, die die Anerkennung der Grundsätze voraussetzt. Die Beitrittserklärung kann jeweils zum Ende eines Jagdjahres beim Vorstand des RRS widerrufen werden. Sie wird ungültig mit dem Erlöschen des Jagdpachtvertrages. Im Gegensatz zu den Abschußrichtlinien für das Rotwild sind die Abschußempfehlungen für das Schwarwild nicht allgemein verbindlich. Deshalb kommt es hier darauf an, daß möglichst alle Jagdleiter und Revierinhaber Mitglieder der Schwarzwildhegegemeinschaft sind.

Von den 66 Revieren des Rotwildgebietes Spessart sind derzeit 58 Jagdbezirke durch die Forstamtsleiter oder Jagdausübungsberechtigten in der Schwarzwildhegegemeinschaft vertreten, sie vereinen 44 699 Hektar (= 93 %) auf sich. Es ist zu hoffen, daß die abseits stehenden Jagdpächter von acht Revieren mit 3399 Hektar im Interesse der Sache noch den Weg in die Hegegemeinschaft finden. Ich halte es im übrigen für unwaidmännisch, wenn einzelne Revierinhaber durch eine Jagdausübung ohne Beschränkungen im Sinne der Grundsätze die Bemühungen der Jagdnachbarn um die Ordnung der örtlichen Schwarzwildpopulation stören.

Schwarzwild besitzt einen weiten Aktionsradius. Nach GRAF KUJAWSKI (OKG, 1984) nannte der polnische Wildbiologe PIELOWSKI auf dem zweiten Schwarzwild-Symposium des AKWJ Gießen für Keiler Wanderbewegungen bis zu 300 Kilometern und mehr. Bachen und Frischlinge wanderten in Polen zwischen 50 und 100 Kilometer weit. Dagegen gab der Jagdwissenschaftler BRIEDERMANN aus der DDR für Keiler nur einen Aktionsradius von zehn Kilometern an. Der Verhaltensforscher MEYNHARDT (1983) aus Burg hat für einen Überläuferkeiler eine Wanderung „von ungefähr 150 bis 200 Kilometern" nachgewiesen. Für das weibliche Wild und damit auch für die von ihm geprägten Familienverbände unterstellt er jedoch eine beachtliche Reviertreue. Kein weibliches Stück der untersuchten Population „wurde in den vergangenen zehn Jahren weiter als fünf Kilometer vom Markierungsort entfernt erlegt bzw. zurückgemeldet". Selbst wenn wir in der dicht besiedelten Bundesrepublik Deutschland wohl mit geringeren Wanderbewegungen des Schwarzwildes rechnen können als in der Weite östlicher Landschaften, unterstreichen die zitierten Berichte die Notwendigkeit einer großräumigen Schwarzwildhege. Je größer das Gebiet wird, in dem man Schwarzwild auf zusammenhängenden Flächen nach wildbiologischen Gesichtspunkten bejagt, desto rascher und sicherer wird sich der erstrebte Erfolg einstellen. Örtlich kommt daher für die Schwarzwildhege dem gleichgerichteten Vorgehen im Nachbarland Bayern besondere Bedeutung zu.

Die ersten Ergebnisse der Schwarzwildhege im hessischen Spessart wurden in den Jagdjahren 1979 und 1980 gewonnen. Ich berichtete hierüber in „Wild und Hund" (1980 und 1981). Für das Jahr 1981 veröffentlichten BLUME und ich gemeinsam den Report (1982). Die angelegten Zeitreihen müssen noch wachsen, um an Aussagekraft zu gewinnen. Eine weitere Veröffentlichung über die Bilanz der Jagdjahre 1982 bis 1984 soll daher erst 1985 folgen, aus diesem Grund wird hier auf eine detaillierte Wiedergabe der bisherigen Resultate verzichtet, aufgezeigt werden nur einzelne Ergebnisse und Tendenzen.

In den Jagdjahren 1979 bis 1983 wurden im Rotwildgebiet Spessart 200, 159, 242, 153 und 458 Stück Schwarzwild zur Strecke gebracht. Das sind 1212 Sauen insgesamt. Der niedrigsten Jahresstrecke entspricht ein Streckenwert von 0,33 Stück je 100 Hektar bejagbarer Fläche, der höchsten ein solcher von 0,99. Im Durchschnitt wurden jährlich 242 Sauen oder 0,52 Stück je 100 Hektar erlegt. Nach HECK/ RASCHKE (1980) fällt das örtliche Schwarzwildvorkommen gemessen an seinen Strecken mithin in das Feld zwischen die Bonitierungsstufen „gering" und „gut". Zutreffend dürfte es mit dem Durchschnittswert als „mittel" gekennzeichnet werden.

Die Population ist angewachsen. Der Anstieg begann 1981 und setzte sich 1982 fort, wenn auch ein milder Winter zu einem Absinken der Jahresstrecke führte. Die Eichelmast des gleichen Jahres begünstigte die weitere Vermehrung des Schwarzwildes im Jagdjahr 1983. Dazu kommt, daß die Ausdehnung des Maisanbaues im Spessart den Sauen zusätzliche Fraßmöglichkeiten schafft, denn der Mais wird ebenso gern aufgenommen wie die Eicheln und Bucheckern. Sicherlich haben aber auch die Hegebemühungen Einfluß auf die Größenordnung der Population genommen, denn die Jagdausübung auf Schwarzwild ist seit der Einführung der Bejagungsrichtlinien sorgfältiger als früher und der durch sie unter anderem bezweckte Schutz der stärkeren Bachen führt zu einer höheren Reproduktion. Gerade deshalb ist es wichtig, daß bei der Jagd die Grundsätze des Zusammenschlusses befolgt werden, um durch eine weitgehende Abschöpfung des Zuwachses bei gleichzeitiger Schonung ranghoher Stücke zu einem begrenzten und räumlich gut verteilten Bestand zu gelangen. PIELOWSKI hat nach dem zitierten Bericht des Grafen KUJAWSKI also recht, wenn er in Gießen die bekannte und auch im Spessart wieder bestätigte Beobachtung unterstrich, nach der der Einfluß der Jagd auf die Schwarzwildbestände weit geringer ist, als bisher angenommen wurde, und hervorhob, daß vor allem die natürlichen und wirtschaftlichen Gegebenheiten zum Anstieg der Populationen beitragen. Es wäre verhängnisvoll, daraus den Schluß zu ziehen, daß deshalb hegerische Bemühungen im Sinne des Lüneburger Modells und nach den Grundsätzen des Spessarts zwecklos wären, das Gegenteil ist der Fall.

Von 1212 Stück Schwarzwild kamen 1143 (= 94 %) in Revieren von Mitgliedern der Gemeinschaft zur Strecke. 1118 Sauen erlegten Jäger, 25 Stück fielen als Fallwild an. Gut ein Drittel des Fallwildes konnte verwertet werden.

Der körperliche Nachweis wurde für 1113 Sauen erbracht, das sind 97 Prozent der Strecke der Hegegemeinschaft. Die Vorzeigung erfolgte überwiegend in der Schwarte. Die Jäger haben den wildbiologischen Zweck der Beurteilungen erkannt. Es gibt keine Diffamierung auf Grund von Fehlabschüssen.

Unter den 1113 Sauen, für die der körperliche Nachweis erbracht wurde, befinden sich nur zwölf Stück (= 1,08 %), die das Zielalter erreichten. Es handelt sich um sieben vierjährige Stücke (Keiler = 97, 99, 102,5 und 115 kg; Bachen = 55, 61 und 110 kg). Als fünfjährig eingestuft wurden ein Keiler (63,5 kg) und drei Bachen (41, 52 und 60,5 kg), sie waren alle stark untergewichtig. Ein sieben- bis achtjähriger Keiler, der am 23. August 1983 im gemeinschaftlichen Jagdbezirk Lohrhaupten I erlegt wurde, brachte 98 Kilogramm auf die Waage. Dieses magere Ergebnis überrascht nicht, im örtlichen Bestand sind ausgereifte grobe Sauen noch Mangelware.

Die vorstehende Aufzählung zeigt, daß das geschätzte Wildpretgewicht und damit bedingt die Körpergröße keine zuverlässigen Maßstäbe für die Altersansprache sind. Diese Merkmale besitzen nur den Funktionswert von Hilfsmitteln. Wir wissen, daß es in der Wildbahn sowohl untergewichtige ältere Sauen als auch schwere jüngere Stücke gibt. Besonders in Jagdjahren mit extremen Fraßverhältnissen werden die Gewichte bei den Frischlingen und Überläufern von den Werten normaler Jahre abweichen. So gab es als Folge der Mast des Vorjahres 1983 im Spessart bereits im Herbst und frühen Winter Frischlinge mit 40 und Überläufer mit Gewichten zwischen 80 und 90 kg. Aber im allgemeinen wird es wohl so sein, daß starke Sauen älter sind als schwache. Fehlabschüsse, die im Divergieren von Gewicht (über 100 kg) und Zielalter (unter vier Jahre) beruhen, müssen in Kauf genommen werden. Auch ist es eine offene Frage, welches andere Merkmal als die Stärke man den „Feldjägern" für das Ansprechen des Schwarzwildes in der Nacht empfehlen soll.

Der Abschuß von Frischlingen genügt mit 50, 55, 57, 49 und 65 Prozent (im Durchschnitt = 58 %) an der jeweiligen Gesamtstrecke der Jagdjahre von 1979 bis 1983 in Hinblick auf den Populationszustand nicht. Es müssen relativ noch mehr Frischlinge geschossen werden als 1983, ihr Anteil muß mindestens auf 75 Prozent steigen. Erwähnt sei noch, daß bei den Frischlingen alljährlich mehr Keiler als Bachen erlegt wurden. Das Geschlechterverhältnis der Strecke beträgt für 641 Frischlinge 1 : 0,92. HECK und RASCHKE nennen in ihrem bereits erwähnten Buch für ein Kollektiv von 108 Frischlingen die dem vorstehenden Ergebnis nahekommende Relation von 1 : 0,83.

Dafür ist der Abschuß von Überläufern, deren Anteil mit 402 Stück an der Gesamtstrecke im Durchschnitt der fünf Jagdjahre bei 36 % lag (29 bis 43 %), zu drosseln. Es sollten vor allem die stärkeren Überläuferkeiler geschont werden. Sauen mit Wildpretgewichten zwischen 50 bis 100 Kilogramm dürfen normalerweise nicht bejagt werden, wenn die Populationsverhältnisse sich bessern sollen. Die Staatsforstverwaltung sollte vorerst sogar an ihrer zusätzlichen Richtschnur, keine Stücke über 40 Kilogramm freizugeben, festhalten. Auch bei den Überläufern überwiegt in der Strecke das männliche Geschlecht, es fielen 222 Keiler und 180 Bachen. Dem entspricht ein Geschlechterverhältnis von 1 : 0,8. Dieses Resultat kann durch die Jagdausübung beeinflußt sein, aus der Furcht, führende Bachen zu schießen, wird der Abschuß auf Stücke mit „Pinsel" gelenkt.

Geringe Überläufer sind jedoch der Wildbahn zu entnehmen, auf sie sollte im Interesse der Bestandsregulierung und zur Wildschadensverhütung in Gebieten mit kleinen und schwachen landwirtschaftlichen Betrieben auch in den staatlichen Jagdbezirken schon im Sommer die Jagd ausgeübt werden. Ebenfalls sollten „ältere Zwerge", wenn sie als solche anzusprechen sind und es sich bei ihnen um nichtführende Stücke handelt, der Kugel verfallen. Insoweit stimme ich mit KÖNIG (1984) überein, daß es für Überläufer und mittelalte Sauen keine „Vollschonung" geben kann. Für den Winter empfiehlt sich die scharfe Bejagung der Frischlinge. Rotten mit starken Überläufern sollte man dann nicht mehr in die Treibjagden einbeziehen, Fehlabschüsse werden dadurch vermieden.

Die Ausnahmeregelung, Schwarzwild zur Vermeidung gravierender Wildschäden in den Feldgemarkungen auch im Frühjahr zu bejagen, wurde von den Jagdausübungsberechtigten der Jagdbezirke mit hohem Feldanteil bisher kaum in Anspruch genommen. 1979, 1980, 1981 und 1982 kamen in dieser Jahreszeit außerhalb des Waldes lediglich sieben, zehn und zweimal fünf Frischlinge und geringe Überläufer zur Strecke. Für 1983 liegt die Auswertung noch nicht vor. Man sollte dieses „Ventil" für die Feldreviere aber nicht entfernen, denn es ist ein jagdpolitisch wirksames Instrument. In den Waldungen dagegen sollte das Schwarzwild stets vom 1. Februar bis zum 15. Juni vom Jagddruck befreit sein, denn auch die Sauen benötigen zu ihrem Wohlbefinden einmal im Jahr Ruhe vor den Jägern. Im übrigen verliert eine Ausnahmeregelung ihren Sinn, wenn sie von einzelnen Revierinhabern durch ständige Beanspruchung örtlich zur Regel umfunktioniert wird. Ein derartiges Vorgehen gefährdet darüber hinaus den Zusammenhalt und die Disziplin in einer Gemeinschaft.

Die Wirkung der Hegebemühungen um das Schwarzwild wird von manchen Jägern gering eingeschätzt, weil der Anteil alter und starker Keiler an der Gesamtstrecke selbst in vorbildlich bejagten Gebieten selten zwei Prozent erreicht oder überschreitet. Dabei wird oft übersehen, daß der angestrebte Streckenanteil von zehn Prozent grober, dem Zielalter entsprechender Sauen Keiler *und* Bachen umfaßt und bei dem erwünschten leichten Überhang an männlichem Wild der Zielanteil für alte Keiler allein höchstens sechs Prozent betragen kann. Daß diese Marke nicht erreicht wird, ist bedauerlich, aber die Differenz zwischen der Idealvorstellung und den Streckenergebnissen wird sich erst dann verkleinern, wenn genügend Überläuferkeiler in die Klasse der groben Sauen aufrücken und zu hauenden Schweinen und Hauptschweinen heranreifen können. Für die Aufstockung des Keilerreservoirs kommt daher dem nach Geschlechtern unterscheidenden Wahlabschuß in der Jährlingsklasse entscheidende Bedeutung zu. Die Schwierigkeit liegt aber darin, daß bei der in zahlreichen Revieren notwendigen Nachtjagd und bei den gleichfalls erforderlichen winterlichen Saujagden das Geschlecht der anwechselnden Überläufer kaum ansprechbar ist. Unter diesen Umständen ist ein Anteil von nur zwei Prozent alter Keiler an der Gesamtstrecke zwar noch kein befriedigendes, aber zumindest doch ein bemerkenswertes Resultat, denn in den meisten Schwarzwildvorkommen der Bundesrepublik Deutschland ist selbst dieses bescheidene Ergebnis derzeit nicht erreichbar. Das gilt auch noch für den hessischen Spessart, in dem im Jagdjahr 1983 nur drei Keiler gestreckt werden konnten, die das Mindestzielalter von vier Jahren erreicht oder überschritten hatten. Ihr Anteil beträgt 0,7 Prozent aller vorgezeigten Stücke.

In der Hege des Schwarzwildes werden wir Geduld aufbringen müssen, denn seine Bejagung ist eine ausgesprochene Erziehungsfrage. Aber verdient haben es die schwarzen Gesellen, daß wir sie mit Anstand und nach wildbiologischen Gesichtspunkten bejagen. Es wird sich zeigen, ob die Jägerschaft in der Lage ist, diese Aufgabe zu erfüllen. Die Erfolge beim Rotwild lassen uns (noch) hoffen.

Rehwildring Jossgrund

Während die Abgrenzung der Rot-, Dam- und Muffelwildgebiete in Hessen den Oberen Jagdbehörden in Zusammenarbeit mit den Unteren Jagdbehörden obliegt, hat die Untere Jagdbehörde das Kreisgebiet in Rehwildringe einzuteilen und für jeden einen Sachkundigen zu bestellen.

Im Rotwildgebiet Spessart gibt es sechs Rehwildringe. Die Ringe Bad Orb, Biebergemünd, Flörsbachtal, Jossgrund und Linsengericht umfassen Reviere des Altkreises Gelnhausen, während der Rehwildring Spessart für Jagdbezirke des Altkreises Schlüchtern zuständig ist. Die Zusammenarbeit des RRS mit den Rehwildringen ist eng, zumal die Sachkundigen der Ringe und besondere Beauftragte derselben in „Amtshilfe" beim Vorzeigen des Schwarzwildes als Gutachter tätig werden. Die Rehwildringe geben die erfaßten Daten am Ende eines Jagdjahres an die Schwarzwildhegegemeinschaft weiter.

Der Rehwildring Jossgrund wird von sechs gemeinschaftlichen Jagdbezirken im Tal der Jossa, dem Gemeindewald Jossgrund, dem verpachteten staatlichen Eigenjagdbezirk Pfaffenhausen und den Verwaltungsjagdbezirken der Forstämter Bad Soden-Salmünster und Jossgrund gebildet. Insgesamt umfassen diese zehn Reviere 11779 Hektar, wovon 8567 Hektar Wald, 2939 Hektar landwirtschaftliche Nutzflächen und 273 Hektar befriedete Bezirke sind.

Dem Sachkundigen obliegt die Planung für die Hege und Bejagung des Rehwildes im Ring. Alle Maßnahmen werden alljährlich auf einer Versammlung der Jagdausübungsberechtigten und der Jagdleiter vom Sachkundigen bekanntgegeben und gemeinsam erörtert. Insbesondere wird der Abschuß im letzten Jagdjahr und die Festsetzung des neuen Abschußsolls für den Ring und die einzelnen Reviere diskutiert.

Bei der Dominanz des Staatswaldes im Rehwildring Jossgrund ist es wichtig, daß die beiden Forstämter sich bei der Abschußverteilung zugunsten der privaten Mitglieder des Zusammenschlusses zurückhalten. Das Pochen auf den „letzten Bock" wäre jagdpolitisch völlig verfehlt, bedeutsamer ist es, daß im Interesse des Waldes und der Hege der Abschuß insgesamt hoch genug angesetzt wird. Es gibt mehr Rehe, als wir annehmen.

An der schlechten Verfassung der örtlichen Rehwildpopulation hat der Rehwildring Jossgrund bisher nichts ändern können. Das liegt nun aber nicht an seinen Mitgliedern oder gar an der Leitung, die bei Oberamtsrat Blume in besten Händen ist, sondern an den „Richtlinien für die Bewirtschaftung des Rehwildes in Hessen" vom 28. April 1970. Vor dem Hintergrund neuer Erkenntnisse über das Rehwild und seine Hege sind die Landesrichtlinien änderungsbedürftig. Es ist zu hoffen, daß die Oberste Jagdbehörde gemeinsam mit dem LJV-Hessen bald das leidige Problem zu lösen versucht. Die Rehe, die roten Farbtupfer unserer Wiesen und Felder, sollten künftig jedenfalls mit etwas mehr Sachverstand als bisher gehegt und bejagt werden.

Rotwildring, Schwarzwildhegegemeinschaft und Rehwildringe sind die Zusammenschlüsse der Jäger vor Ort, mit denen die Forstamtsleiter im Spessart als Jagdleiter der staatlichen Reviere ständig und intensiv zusammenarbeiten. Der Stil der Verhandlungen und die Art des Jagens prägen das für die Hege des Wildes so bedeutsame Nachbarschaftsverhältnis.

Hunde

Maja und Rumold

Als ich im Frühjahr 1973 in Hartenholm bei Bad Segeberg das Manuskript des „Magischen Gespanns" abschloß, begleitete mich schon Zerro auf den täglichen Spaziergängen im Segeberger Forst. Maja war als alte Dame im Spessart geblieben, und Rumold lag bereits auf dem „Hundekopf" im Ebertsrain, den der Volksmund auch „Äppelsrain" nennt.

Maja, die Wachteline aus dem bekannten Zwinger „von der Hermetze" des Rüdemannes Heinrich Hecker, hatte mich im Odenwald zum Hundeführer gemacht und im Spessart als Schweißhundführer eingeführt. Von 1961 bis 1974 arbeitete sie mit mir am langen Riemen, verbanden sich in dreizehn Jahren Hund und Führer immer mehr zu einem Gespann, wurde die ruhige, aber dennoch recht feinnasige Hündin für manchen „Jäger in Not" zu einer begehrten Helferin bei schwierigen Nachsuchen. Noch heute erzählen Jäger im Hinteren Odenwald, im Spessart und anderswo von ihren Arbeiten.

Als Majas Kräfte durch Operationen und Alter nachließen, kam 1968 der Großneffe der Hündin, Rumold von der Hermetze, auf die Burg. Hündin und Rüde verwuchsen zu einer Einheit. Vorweg Maja als Fährtenhund und hinterdrein Rumold als Packer, das war das Bild jener Tage, in denen Hündin und Rüde mit ihren Führern ein äußerst erfolgreiches Doppelgespann wurden. Auf 148 Nachsuchen kamen beide Hunde gemeinsam zum Einsatz, und Maja wäre nie so erfolgreich geworden, wenn ihr Rumold mit seiner Schnelligkeit, Ausdauer und Wildschärfe nicht zur Seite gestanden hätte. Dabei wurde des Neffens erfolgversprechende „Solistenlaufbahn" zunächst geopfert, er diente der Hündin, und als die Stunde der Ablösung kam, ereilte den Rüden beim „Hasenstechen" im Vogelsberg sein Geschick. Die Schrote eines übereilten Schusses warfen ihn aus der Bahn.

Maja und Rumold waren außerordentlich eng verbunden. In den letzten gemeinsamen Jahren begrüßten sich beide Hunde nach jeder

Trennung erfreut, sie öffneten die Fänge und schoben sie ineinander. Zerro blieb dieser Anschluß verwehrt. Maja biß den jungen Rüden ab, aber akzeptierte ihn schließlich als Hausgenossen.

Als das Jagdjahr 1972 endete, hatte die Hündin 268 Nachsuchen absolviert und bei 77 Kontrollsuchen auf 191 Wundfährten 122 Stück Wild zur Strecke gebracht. Danach wurde sie bis zum Tod nur noch elfmal als Schweißhund eingesetzt, sie arbeitete als Aushilfe. Bei sechs Kontrollen und fünf Schweißarbeiten gelang ihr auch im hohen Alter viermal der Erfolg des Findens. Aus diesem Kleeblatt der letzten erfolgreichen Arbeiten will ich über eine Nachsuche, die die feine Nase, den ausgeprägten Fährtenwillen, den Erfahrungsschatz und die Zuverlässigkeit der Begleiterin zeigt, berichten.

Revierleiter Rohland hatte an einem Juliabend des Jahres 1973 am Staatssekretär längere Zeit Sauen beobachtet, doch war er erst spät auf einen geringen Überläufer zu Schuß gekommen. Der Kujel hatte weder gezeichnet noch geklagt, sondern war mit zwei Rottenkameraden Kurs Hirscheck entschwunden. Bei der einbrechenden Dunkelheit erbrachte die Anschußkontrolle nichts.

Am nächsten Morgen trafen sich Rohland und ich bei Lochner in Villbach. Dann ging es mit den Hunden Maja und Zerro zur Bieberer Höhe und zum Staatssekretär. Auf der Wildwiese entdeckten wir keine Pürschzeichen, schließlich aber fanden wir den Kugelriß. Bleistiftförmig hatte das Geschoß den Boden unter dem Klee gefurcht. Vorbeigeschossen? Rohland gefehlt? Meine Skepsis gewann die Oberhand, Maja kam zur Kontrolle an den langen Riemen.

Unter den ersten Eichen am Rand der Äsungsfläche stocherte sie bedächtig im Heidelbeerkraut. Die Hündin verwies etwas, doch ich konnte nichts entdecken. Da forderte die alte Dame Riemen und marschierte zügig mit tiefer Nase über die Linie der Abteilungen 195 und 203. Wir näherten uns der großen Hirscheck-Dickung, aber nirgends lag Schweiß. Auch am Dickungsrand fand sich kein roter Tropfen, doch vorbeigeschossen?

Wieder verlangte Maja den Riemen und zog mich geradezu in das angehende Fichten-Stangenholz. Auch im Schneebruchverhau gab es jedoch keine Hinweise für ein Kranksein des Überläufers. Allein, die Hündin arbeitete immer noch interessiert, und ich folgte ihr. Plötzlich lag frische Saulosung auf der Nadelstreu, und das Erdreich war angestoßen. Unter einem lichten Birkenschirm wurde Maja lebhafter, bog rechtwinklig ab, hob den Kopf, schwenkte ein und führte mich zur längst verendeten, nicht führenden Überläuferbache.

Der verzogene Einschuß saß vor der linken Keule, der von einer Gescheideschlinge verstopfte Ausschuß markierte die rechte Wamme. Die Sau hatte für die Augen der Jäger keine Pürschzeichen hinterlassen, alles sprach dafür, daß der „Meisterschütze" Rohland gefehlt hatte, doch es verhielt sich anders. Ohne die erfahrene und verläßliche Maja wäre der angesagte Fehlschuß diagnostiziert worden, und in der Dickung hätte es gestunken. Diese Arbeit war die letzte bemerkenswerte Leistung meiner Gefährtin.

Ein Jahr später trug ich Maja die Turmtreppe hinab. Ein Hund war gegangen, ein Zeitabschnitt des eigenen Lebens vorüber.

Zerro

„Mir scheint, der junge Hund vereint in sich Wesenszüge der Hündin und des erschossenen Rüden. Es müßte gelingen, mit ihm an die Leistungen von ‚Maja' und ‚Rumold' anzuknüpfen. Aber alles braucht seine Zeit, wir werden uns einspielen müssen, Lernende sein, um über Gesellenstücke den Anschluß an die Meisterarbeiten von gestern zu finden. Alles bewegt sich im Kreis. C'est la vie!" Mit dieser Feststellung beschloß ich im Magischen Gespann das Kapitel „Zerros Beginn".

Die Einschätzung des Hundes hat nicht getrogen. Zerro beeindruckte von Anfang an bei den Schweißarbeiten durch eine feine Nase, eine ruhige Suche und einen starken Finderwillen. Er war am Wild angriffsfreudiger als die sehr zurückhaltende Maja, aber nicht so scharf wie Rumold. Der junge Rüde packte zu, war aber nie tollkühn; diese Art der Wildschärfe ist ideal für Nachsuchenhunde.

Am 29. Oktober 1972 wurde Zerro vom Wildebach, der von Forstamtmann Zeller, Hess. Lichtenau, gezogene und geführte DW-Rüde, nach der Gebrauchsprüfung in Schenklengsfeld „Schloßherr zu Burgjoß", knapp einen Monat später kam er zum ersten Mal im Spessart als Schweißhund zum Einsatz.

Bei der Kontrolle eines Kulturgatters hatte ich eine Ricke laufkrank geschossen. Ich holte den Rüden, weil die schon geschwächte Maja für die zu erwartende Hetze nicht mehr in Frage kam. Außerordentlich bedächtig prüfte der „Lehrling" den Anschuß, verwies interessiert einzelne Knochensplitter und ging dann ruhig zur Riemenarbeit über. Zielstrebig zog er mit tiefer Nase über die Wundfährte im

Schnee. Am warmen Wundbett schnallte ich Zerro, der als „Prüfungshund" zunächst mit der Freiheit vom Riemen nichts anzufangen wußte. Aber dann verknüpfte der Rüde, wurde fährtenlaut und hetzte das Reh. Er holte die Ricke ein, zog sie nieder und tat sie ab. Ich liebelte dafür den neuen Begleiter, machte ihn genossen und freute mich über die verläßliche Arbeit am Riemen und die zum Vorschein gekommene angemessene Wildschärfe.

Zerros letzte Arbeit vor seiner „Pensionierung" war eine Kontrollsuche im Revierförsterdienstbezirk Stelzengarten, wo Forstinspektor-Anwärter Jung Mitte November 1981 ein ziehendes Alttier mit einem Kugelschuß an den Hosen streifte. Mehr als Schnitthaar, das weit verstreut den Anschuß zierte, konnte der alte Meister hier nicht verweisen.

Zwischen beiden Arbeiten lagen neun Jahre „Nachsuchendienst". Zerro absolvierte in dieser Zeit insgesamt 525 Einsätze am langen Riemen. 177 Arbeiten erwiesen sich als Kontrollsuchen, und 249 erfolgreichen Schweißarbeiten stehen nur 99 Fehlsuchen gegenüber. Auf 60 Hetzen und 189 Totsuchen brachte der Rüde 141 Stück Rotwild, 60 Sauen und 48 Stück Rehwild zur Strecke. Über die Stationen „Lehrling" und „Geselle" entwickelte sich dieser Hund zu einem wahren Meister. Er hat der Jägerei des Spessarts viel Freude bereitet und mir die Glückseligkeit ursprünglichen Jagens in reichem Maße geschenkt.

Die zahlreichen Erfolge des Rüden waren jedoch nur möglich, weil durch die Bereitschaft und Fähigkeit von Forstoberinspektor Eckel zum Führen von Hunden Zerro oft auch dann als Schweißhund eingesetzt werden konnte, wenn ich nicht anwesend oder unabkömmlich war. Eckel hatte den Rüden und mich auf zahlreichen Nachsuchen als „zweiter Mann" begleitet und war so ohne Schwierigkeiten in die Rolle des Vertreters hineingewachsen. Der Hund akzeptierte den „Ersatzmann", zumal er wußte, daß beim Abholen durch Eckel eine Schweißarbeit winkte.

Am 24. August 1979 beschoß ein Gast von der Bezirksdirektion in Darmstadt auf einer Wildwiese im Dienstbezirk Pfaffenhausen einen zweijährigen Sechser. Nach dem Schuß spreizte der IIc-Hirsch den linken Vorderlauf. Jagdgast und Führer warfen dem flüchtenden Kranken drei Schüsse nach, aber die Kugeln verfehlten das Ziel.

Da ich aushäusig war, übernahm Oberamtsrat Blume am nächsten Morgen die Leitung der Nachsuche, er wies die Hilfsmannschaft ein, und Eckel führte Zerro. Am langen Riemen ging es durch den Forstort „Schafruhe" oberhalb des Minenwerfergrundes. Schweiß war nicht zu finden, starker Regen hatte nachts dieses Pürschzeichen von Blättern und Zweigen gewaschen. In der Fichten-Dickung des Distriktes 322 A gab es zahlreiche Verleitungen durch Schwarzwild, aber der Rüde ließ sich nicht beirren und verwies ein Wundbett. Als unmittelbar danach der Hirsch vor dem Gespann davonpolterte, schnallte Eckel den Hund. Doch Zerro hetzte nur kurz und kehrte zum Führer zurück.

Wieder am Riemen folgte der Rüde der Fluchtfährte, die jetzt frischen Wildpretschweiß zeigte. Über die Kreisstraße Pfaffenhausen-Lettgenbrunn ging es in den Scheibenwald hinein. Auf der Höhe verlor der Hund jedoch die Fährte und mußte zweimal abgetragen werden. Schließlich meisterte er den Abgang, am halben Hang führte die mit Widergängen gespickte Wundfährte durch ein Douglasien-Stangenholz zum Dickungskomplex in der „Vorderen Hart".

Als ein Melder Eckel entgegenkam und berichtete, daß auf dem Teerstück der nahen Waldstraße Schweiß läge, griff der Hundeführer vor. Währenddessen zog Blume die zwischenzeitlich auf zehn Schützen angewachsene Hilfstruppe nach und stellte mit ihren Mannen die Straße zwischen Tal und Feld ab.

Erneut begann dann die Riemenarbeit. Schon nach 200 Metern waren Zerro und Eckel am Hirsch, der wiederum ausbrach und flüchtig abging. Der geschnallte Rüde vollendete die Hetze abermals nicht, er meldete sich auch dieses Mal beim Führer zurück.

Mit Zerro am langen Riemen wurde die Verfolgung fortgesetzt. Bald nach dem Angehen fielen zwei Schüsse und ertönte das ersehnte Signal „Hirsch tot!". Haumeister Schneider, unser Mugge-Lupp, hatte den kranken Hirsch gestreckt, eine über vierstündige Schweißarbeit war zu Ende.

Sicherlich war diese Suche keine Meisterleistung des Rüden. Sie stand am Beginn der Periode, wo die Ausdauer bei Hetzen nachließ. Es kann aber auch sein, daß der drängende Hund am Anfang der ersten Hatz geschlagen wurde, wir wissen es nicht. Doch der Ausgang der Arbeit zeigt, wie Gespann und Hilfsmannschaft sich durch gute Organisation bei einer Nachsuche erfolgreich ergänzen können.

Im Januar 1980 bewies Zerro Verbundenheit mit der Forstamtsfamilie. Während die Beamten des Amtes in der Revierförsterei Burgjoß zur „Leberwurstjagd" ansaßen, weilten Forstoberinspektor Eckel, Forstreferendar Müntze und ich mit dem Wachtel im Forstamt Biebergemünd.

In der Nähe der „Wiesbütt" war aus dem gemeinschaftlichen Jagd-bezirk Wiesen durch den Staatswald des Bayerischen Forstamtes Schöllkrippen ein laufkrankes Schmaltier nach Hessen eingewechselt. Der Steilhang über der „Lochborn-Straße" wurde abgestellt. Die Nachsuche begann.

Die Arbeit war leicht zu kontrollieren. Das Stück schweißte regelmäßig, ein Lauf schleifte. Das Vorwärtskommen war aber beschwerlich, denn der Schnee lag hoch und taute. Noch auf der Höhe kam das Schmaltier vor uns auf die Läufe. Im Geäst des Schneebruches konnten jedoch weder Eckel noch ich schießen. Zerro wurde geschnallt. Er hetzte fährtenlaut, dann sichtlaut. Ein Schuß fiel, doch die Hatz läutete weiter, und der Ball entfernte sich. Eckel eilte, so gut es ging, springend und gleitend hinterher.

Als ich im Mittelhang schon weit unterhalb der Schützen stand, hörte ich den Standlaut des Hundes tief im Lochborn. Im kalten Wasser einer Sumpfdelle hielt Zerro das Stück. Schmaltier und Rüde waren durch die Eisschicht gebrochen. Der Fangschuß von Forstoberinspektor Eckel erlöste das Tier. Der Schuß vom Morgen hatte, spitz von vorn angetragen, den linken Vorderlauf hoch zerschlagen und die Dünnung aufgerissen, hier war der Einschuß durch eine Gescheideschleife verstopft.

Die Freude des Erlegers war groß, er bedankte sich mit zehn schnell herbeigeschafften Leberwurstkringeln für unser Fernbleiben von der Leberwurstjagd. Am Abend präsentierten wir der Forstamtsfamilie das besondere Nachsuchenergebnis.

Aber zuvor hatten ein stets hungriger Referendar, ein zweiter Mann mit Süßmaul und ein ebenfalls gute Kost nicht verachtender Hundeführer beim Nachbarn von Biebergemünd einen prächtigen fränkischen Nußzopf verspeist. Frau Binnewies hatte ihn just zuvor bei einem Skilanglauf gewonnen. Fort war der Preis, und die Familie des Forstamtsleiters in Bieber ging einem kuchenlosen Wochenende entgegen. Bei allem Schalk meldete sich das schlechte Gewissen, Tochter Kerstin schimpfte in Burgjoß sogar mit den „Fressern" und buk einen Ersatzkuchen. Dennoch hat man dem Nachsuchentrio vom 25. Januar 1980 die Schelle der Völlerei angehängt.

Zerro schlug auch auf eigene Art die Brücke zu den Hirschmännern, mit denen sein Herr allerdings über die Rüdemänner Dersch, Bellings und Storck, Bad Orb, bereits lange im Verbund stand. Beide Forstbeamten sind im Spessart bewährte Führer von Hannoverschen Schweißhunden, und schon manchmal haben wir uns geholfen.

Ein bekannter Hirschmann im Hochspessart ist der Forstinspektor Heim aus dem Bayerischen Forstamt Rohrbrunn. Er suchte am 7. November 1977 mit seinem HS-Rüden „Alb vom Hochspessart"-1508 im Forstamt Partenstein im bayerisch-hessischen Grenzbereich ein laufkrankes Alttier nach. Ein zweiter Mann folgte mit der jungen Hannoverschen Schweißhündin „Bärbel von der Silberhütte"-1610 am aufgedockten Schweißriemen.

Als der Rüde geschnallt wurde und die Hatz auf das Tier begann, entwand sich die Hündin dem unerfahrenen Begleiter und folgte der Wundfährte. Der Ball verklang, und nirgends kündete der Laut der Hunde vom Verlauf oder Ende der Hetze. Gegen Mittag wurde Heim unruhig und verständigte mich. Er sorgte sich besonders um die Hündin, die sich verfangen haben konnte.

Obwohl ich wegen vier vorangegangener Nachsuchen dienstlich fast unabkömmlich war und Tochter Anke mich zu ihrem Geburtstagskaffee erwartete, machte ich mich nach einem kurzen Telefonat mit Nachbar Binnewies auf den Weg in das Land der Franken. Hier setzte ich Zerro auf die Schweißfährte des Tieres an, die er sogleich konzentriert zu arbeiten begann. Bald schweißte das Stück nicht mehr, aber die Stanzfährte stand und genügte zur Kontrolle.

Nach etwa einer Stunde Suche durch Dickungen, Stangenhölzer und Altholzbestände bei vielen Widergängen verhoffte der Rüde plötzlich. Vor ihm lag auf einem ausgetretenen Wechsel in einem jungen Kiefernbaumholz die HS-Hündin. Sie hing festgezurrt an Halsung und immer noch aufgedocktem Schweißriemen an einer Wurzel. Die Wiedersehensfreude war groß, und ich freute mich mit Heim. Alb meldete sich erst am übernächsten Tag zurück, aber er kam, und über dem „Schlößchen" von Rohrbrunn lag wieder Sonnenschein.

Nun ist Zerro, dreizehnjährig und verbraucht durch viele Nachsuchen, Veteran. Er liegt auf der Diele, ist froh, daß der aggressive „Puma" nicht mehr da ist, und knurrt, wenn „Arko" zum Spielen auffordert. Der alte Rüde will seine Ruhe haben. Er war immer ein Einzelgänger, nie so anhänglich wie Maja und Rumold, aber doch ein lieber Gesell, ein Mitglied unserer Familie. Zerro windet am Traumseil zum Hinübergleiten, wenn er geht, erinnert er seinen Herrn an die Vergänglichkeit der Zeit.

Puma

Als Zerro 1979 erste Konditionsmängel zeigte, begann ich mich Ende des Jahres um einen Nachwuchshund zu bemühen. Ich wollte wieder einen Deutschen Wachtelhund erwerben. Nach Möglichkeit sollte es ein anderthalbjähriger Rüde mit bestandener Jagdeignungsprüfung sein. Neben einer guten Nase erwartete ich Wildschärfe, Spurlaut und Führigkeit, vor allem legte ich aber Wert auf einen ausgeprägten Spurwillen.

Es zeigte sich bald, daß es schwierig sein würde, alle meine Wünsche zu erfüllen, aber schließlich schaffte es Heinrich Hecker, der Zuchtbuchführer und Zuchtwart des Vereins für Deutsche Wachtelhunde, doch, mir über seinen Stellvertreter Bernd Rupp, Burgheim, einen Hinweis zu geben. Beim Rüdemann Friedrich Mittring in Höchstädt a. d. Donau sollten im Zwinger „vom Kesseltal" zwei wahrscheinlich geeignete Rüden zum Verkauf stehen. Also nahm ich mit dem Züchter Verbindung auf und fuhr im Frühjahr 1980 mit meiner Frau an die Donau.

Hier wurde uns Puma vom Kesseltal-113/79, ein drahtiger, weiß-braun gescheckter Rüde mit dem Aussehen eines Kleinen Münsterländers, angeboten. Puma, der ob seiner Aggressivität isoliert von den übrigen Hunden der Sippschaft gehalten wurde, war zu uns sogleich zutraulich und gewann das Herz meiner Frau. Mir selbst gefiel sein nasenbetontes Stöbern im Revier, und mich erheiterte die ausgesprochene Wasserfreude mit „Startsprüngen" in die Fluten eines Baches. Mittring und ich wurden handelseinig, der Rüde sollte vor Beginn der Brunft nach Ablegen der Brauchbarkeitsprüfung den Besitzer wechseln.

Als wir jedoch Mitte September in Höchstädt zur Übernahme des Hundes erschienen, war Puma auf der Prüfung gerade durchgefallen. Züchter Mittring bewahrte kaum die Fassung, und auch wir waren unglücklich. Der Rüde war am Bringen des Hasen, für die Schweißarbeit eine nebensächliche Angelegenheit, gescheitert, obwohl er zwei vereinsinterne Jugendprüfungen mit ansprechenden Ergebnissen bestanden hatte. So kam der Wachtel aus Schwaben erst Ende Oktober in den Jossgrund, balgte sich mit Zerro, paktierte mit den Damen und gewöhnte sich ein.

Auf den ersten Nachsuchen wurde der Rüde den Erwartungen gerecht. Er arbeitete konzentriert und willig, hetzte zielstrebig und hatte

Erfolg. Je mehr Zeit aber verging, desto fahriger wurde die Suche, desto mühevoller gestaltete sich das Zusammenspiel zwischen Hund und Führer. Das Vertrauen in den Rüden schwand.

Schließlich wurde es mir bewußt, daß der Hund mit starkem Druck zu den Prüfungen geführt war. Je weiter sich die Zeit der Abrichtung entfernte und je lockerer die führende Hand wurde, um so schlechter wurden die Resultate. Mit Gewalt zwingt man aber kaum schwierige Schweißarbeiten, der Hund muß gehen, und der Führer darf ihn nur kontrollieren und allenfalls leicht dirigieren oder abtragen.

Die Stunde der Trennung nahte. Ich war froh, als Forstamtmann Sieges Puma übernahm. So kam der Rüde in gute Hände und blieb darüber hinaus im Forstamt, den Blicken und der Anteilnahme der Familie Hopp nicht ganz entzogen. Allerdings hat Puma mit uns nichts mehr im Sinn, er gerät fast außer sich, wenn er meine Frau, eines unserer Kinder oder mich wahrnimmt. Aber das hat wohl einen Grund, Hopps sind behaftet mit dem Duft des Nachfolgers.

Arko

Als sich Pumas geringe Eignung für die Schweißarbeit offenbarte, konnte mir die Wachtelei zu keinem neuen Hund verhelfen. Nicht immer kann ein Zuchtwart einem Interessenten zu einem bestimmten Termin einen Hund mit den gewünschten Eigenschaften vermitteln. Das gilt für alle Hunderassen, und jede Rasse verzeichnet bei der Zucht Zeiten mit leistungsstarkem Nachwuchs und Perioden mit weniger geeigneten Hunden. Besonders bei Hunderassen mit engen Zuchtverbindungen kann bei falscher Zuchtwahl der Inzuchteffekt nicht nur Spitzenhunde hervorbringen, sondern auch „Deppen" und ein breites Band von „Eintagsfliegen" zeugen. Wem dreimal hintereinander überdurchschnittliche Hunde an die Hand gegeben wurden, der sollte zufrieden sein und nicht im Ärger ob eines Fehlschlages beharren. Ich habe viele Freuden mit Wachtelhunden erlebt und bin daher dem Verein für Deutsche Wachtelhunde dankbar.

Aber Zerros Leistungsvermögen war abgesunken, ich brauchte für ihn einen Nachfolger, damit ich weiter nachsuchen konnte, und ich wollte auf die Schweißarbeiten, diese besonders fordernde und reizvolle Art der Jagdausübung, noch nicht verzichten. Auch verlangte die Nachsuchenorganisation im Rotwildgebiet Spessart den Neuaufbau eines Gespannes. In dieser Situation bat ich Forstdirektor Klaus Gussone, Birkenfeld, den zweiten Vorsitzenden des Vereins Hirschmann e. V., mir bei der Beschaffung eines schon geprüften Hannoverschen Schweißhundes behilflich zu sein. Gussone, mit dem ich seit der gemeinsamen Studentenzeit in Hann. Münden freundschaftlich verbunden bin, wurde mein Fürsprecher beim Zuchtwart der Hirschmänner, dem bekannten Schweißhundführer Karl Bergien.

Aber zunächst tat sich nichts. Fertige und leistungsfähige Schweißhunde sind kaum zu haben, denn kein Führer trennt sich ohne besonderen Grund von einem brauchbaren Gefährten. Und dennoch hatte ich Glück, nach etwa drei Wochen klingelte das Telefon, und Bergien verkündete mir, daß er wohl einen passenden Hund für mich hätte. Fräulein Koch, Tochter des alten Forst- und Rüdemannes Werner Koch, Hundeburg, verfüge in Oberrosphe über einen sehr fähigen HS-Nachwuchsrüden, den sie aus beruflichen Gründen abgeben müsse. Ich sollte es versuchen.

Also fuhr ich nach einer Tagung in Borken mit Blume in den Burgwald bei Marburg, besuchte das Ehepaar Koch, lernte seine Tochter Ursula kennen und begegnete „Arko von der Eifel", ZBNr. 1670, einem mittelschweren, hirschroten Rüden mit feiner Maske. Fräulein Koch hatte Arko am 8. Juli 1979 auf der Vorprüfung in Lauenburg mit der Wertziffer 6886 zu einem beachtlichen II. Preis geführt. Als Krankengymnastin konnte sie den Hund aber kaum auf Schweißarbeiten einsetzen. So stand der Rüde, für den ich Zuneigung empfand, zur Disposition.

Das Urteil Bergiens im Ohr, den Zuspruch Blumes wägend, entschloß ich mich zum Kauf. Nachdem ich Puma am 8. Oktober 1981 an Sieges übergeben hatte, übernahm ich zwei Tage danach Arko auf der Hundeburg. Es wurde eine lustige Fahrt vom Burgwald in den Spessart. Vorn im Wagen saßen Sohn Torsten und ich, und zwischen uns schob sich der Kopf des neuen Hundes, der ein leidenschaftlicher Autofahrer ist.

Die Begrüßung mit dem „Alterspräsidenten" Zerro war verspielt stürmisch. Arko bedrängte den Wachtel, der begann zu knurren, aber der Schweißhund setzte nicht nach. Das distanzierte Verhältnis zwischen den beiden Rüden besteht auch noch heute, aber es ist nicht in Feindschaft umgeschlagen.

Nach der Entdeckung der Burg, der Erkundung des Teichgartens und der „Personenkontrolle" in den Büroräumen übernahm Arko die

Regentschaft in allen Stockwerken, auf dem Hof und im Garten. Außerordentlich wachsam reagiert er bei Fremden auf plötzliches Erscheinen, schnelle Bewegungen und laute Ansprache durch Verbellen und Stellen. Wer mich hinterrücks angeht, muß vorsichtig sein. Andererseits ist der Rüde in der Familie und gegenüber Freunden und Bekannten zutraulich. Er sucht geradezu den Kontakt und möchte oft gestreichelt werden. Arko ist kein schwierig zu führender Hund, man kann ihn mit relativ lockerer Hand lenken.

Bald gab es die ersten Schweißarbeiten, zwei leichte Totsuchen im Forstamt Biebergemünd, eine erfolgreiche Hetze im Birkenacker, drei Suchen ohne Schwierigkeiten nach der Hubertusjagd und eine Hetze im „Wiesener Grund". Selbst eine Fehlsuche auf ein Wildkalb mit Äserschuß, das eine Woche später abgekommen und apathisch auf einer Waldstraße stand und von Forstamtmann Hofmann den Fangschuß erhielt, zeigte Arkos Stärken: feine Nase, Fährtenwille und ruhige, aber durchaus vorwärtsdrängende Riemenarbeit.

Am 2. Dezember 1981 fand im Forstamt Gelnhausen für Forstdirektor von Stein die Abschiedsjagd statt. Arko brachte am Abend des Jagdtages eine Frischlingsbache zur Strecke, die mit einem Keulenschuß in das Forstamt Jossgrund eingewechselt war und hier vor Hund und Führer von einem vorgestellten Schützen bei schwindendem Büchsenlicht die erlösende Kugel erhielt.

Tags darauf kam Arko wieder auf einen kranken Frischling zum Einsatz. Der Frosch war auf der Abschiedsjagd krankgeschossen worden und in den Stadtwald Bad Orb eingewechselt. Forstoberinspektor Storck überließ mir kameradschaftlich die Suche, um die Einarbeitung des Rüden zu fördern. Es wurde eine leichte Arbeit, und wir brauchten das Wild nicht einmal aufzubrechen, die Füchse hatten „zur Nacht gespeist".

Auf dem Rückmarsch zu den Kraftfahrzeugen verhielt plötzlich der Rüde an einer Wegegabel am „Jägerskreuz", er verwies Schweiß. Zunächst rätselten wir über die Herkunft der Tropfen. Hatten die Füchse Reste des Frischlings verschleppt? Die Frage wurde beim Vorgreifen beantwortet, die Fährte eines laufkranken Kalbes stand in den Schneeresten. Es hatte im letzten Treiben des vorangegangenen Tages unbemerkt eine Kugel erhalten.

Die Riemenarbeit begann. Arko hatte in den Höhenlagen zunächst Schwierigkeiten mit dem Frost, aber dann ging es doch zügig voran. Aus dem Stadtwald Bad Orb führte uns der Rüde hinein in den Staatswald des Forstamtes Jossgrund. Schließlich standen wir an der Fichtendickung oberhalb der Wildwiese der Abteilung 204a. Das Kalb hatte die Deckung nicht verlassen.

Die Hilfsmannschaft wurde nachgezogen. Von einer in der Nähe arbeitenden Waldarbeiterrotte entsandte ich ein Mitglied als Melder nach Villbach, der Arbeiter benachrichtigte von hier aus telefonisch das Forstamt. Aber zusätzliche Schützen waren nicht greifbar, so versuchte ich, mit den vorhandenen Begleitern die Hauptwechsel abzustellen. Jagdgast von Bachmayr stand am Grenzweg, Forstoberinspektor Eckel postierte sich am Einwechsel im Fichten-Baumholz, Rüdemann Storck hielt Wacht im Eichen-Riegel, und Forstreferendar Voll kontrollierte das angrenzende Eichen-Altholz.

Kaum waren Arko und ich in die noch mit Schnee gefüllte Dickung gedrungen, wurde das Kalb vor uns hoch und rumpelte davon. Ich schnallte den Rüden. Er hetzte an. Drei Schüsse fielen, doch die Hatz ging weiter und verlor sich in der Ferne.

Von der Bieberer Höhe ging die Hetze durch den Stadtwald Bad Orb in das Forstamt Gelnhausen. Eckel, der schnelle zweite Mann, war häufig am Ball, aber er konnte nicht aufschließen. Nach über drei Stunden gab der Hund auf und kam erschöpft auf der Fährte zurück.

Arko erhielt eine kurze Erholungspause, dann kam er wieder an die Schweißhalsung. Der Rüde führte uns am langen Riemen durch die „Escherkahr", er markierte den spärlicher werdenden Schweiß. Wir waren im Tal vor Besen-Kassel, als er den Abgang nicht mehr schaffte. Schade, nach etwa 1600 Meter Riemenarbeit und 4500 Meter Hetze hätte ich dem Rüden den Erfolg gegönnt. Arko hatte noch nicht verknüpft, daß der Herr auch nach Stunden aufschließt und zur Hilfe kommt.

Aber der Rüde lernte. Anfang Januar 1982 gab es eine Sonntagsarbeit. In Mernes I hatte ein Überläufer nachts die Kugel erhalten und war krank in die Verwaltungsjagd des Hessischen Forstamtes Sinntal gewechselt. Nach kurzer Verständigung mit Forstdirektor Kreusler erhielt ich „grünes Licht" für die grenzüberschreitende Arbeit. Forstoberinspektor Uwe Thomé, der zweite Mann früher Jahre, sollte mich begleiten, und Vater und Sohn Weigand, Jagdausübungsberechtigte im Merneser Revier, durften ebenfalls mit von der Partie sein.

Bei Pulverschnee von etwa 12 cm Höhe und bei 10°C Kälte begann nach 10 Uhr die Arbeit. Im Anschußbereich fanden wir eine lange und eine kurze Borste, die Fluchtfährte war durch fein verspritzten Schweiß, der beiderseits der Fährte lag, gekennzeichnet. Allerdings wurde der Schweiß nach dem Grenzübertritt merklich weniger.

Die Wundfährte führte in Serpentinen hangauf Richtung Bayern. Die Sau, die nicht stark sein sollte, aber doch schon größere Tritte hinterließ, hatte mit eigentümlich kurzen Schritten den langen Hang durchzogen und stanzte manchmal. Wir tippten auf eine tiefe Rißwunde unterhalb des Hauptes am Stich, die auch den rechten Vorderlauf in Mitleidenschaft gezogen haben konnte.

Am späten Vormittag erreichten wir die Landesgrenze. Vater Weigand wurde zurück nach Mernes gesandt, um fernmündlich mit Nachbar Grimm vom Bayerischen Forstamt Mittelsinn Verbindung aufzunehmen. Währenddessen umschlugen Thomé und ich die angenommene Dickung im „Linsenfang". Der Überläufer steckte. Manchmal hatte er auf schmalen Schneisen Wundbetten hinterlassen, in ihnen war außer Schweiß auch Urin festzustellen. Drei Hirsche standen ebenfalls im jungen Holz.

Schließlich kam Weigand sen. zurück. Die Genehmigung zur Fortsetzung der Suche war erteilt, der Schlußakt konnte beginnen. Arko entfädelte ruhig alle Widergänge und führte mich schließlich in eine dichte Fichtenpartie der Dickung. Hier wurde der Rüde am Riemen laut. Zog die kranke Sau vor uns her? Ich dachte an die Hirsche und schnallte den Hund nicht. Erst am Übergang von der Nadelholzdickung zu einer höheren Eichenkultur nahm ich die Halsung ab und gab den Rüden frei. Schweiß lag in der Fährte. Arko hetzte fährtenlaut.

Aber ich merkte bald, daß ich mich geirrt hatte. Einer der drei Hirsche war flüchtig geworden und hatte die Schweißfährte der Sau auf dem Weg gekreuzt. Eine Fehlhetze, die Zeit und Kraft kostete, war die Folge. Aber schließlich stießen die ortskundigen Begleiter auf den zurückkehrenden Arko, die Schweißarbeit konnte erneut beginnen.

Als der Hund im „Hirschgebiet" wieder unruhig wurde, griff ich vor. Ich bemerkte, daß wir den Kujel beim Umschlagen aufgemüdet hatten. An einem noch etwas warmen Wundbett in der Nähe der Schneise vereinten sich Hin- und Rückfährte. Arko meisterte auch diese schwierige Passage und wurde plötzlich wieder in der Halsung laut. Er blieb am Riemen; erst als ich in den Buchenrauschen frischen Schweiß auf dem Schnee entdeckte, schnallte ich den Rüden. Der Fährtenlaut schlug in heftigen Sichtlaut um, und endlich erklang herrlich tief der bindende Ball. Dann hatte Arko sich verbissen, gab nach, hetzte und stellte wieder. Ich arbeitete mich heran und sah den tänzelnden, alle Ausfälle der Sau elegant ins Leere führenden Rüden.

Der Waffen wetzende Kujel sollte schwach sein? Alles andere als das, ein strammer Hosenflicker wehrte sich seiner Schwarte. Die erste

Kugel verließ den Lauf, die zweite folgte, da waren Sau und Hund schon heran. Ich konnte nicht mehr schießen, sicherte, brachte in Sekundenschnelle die wertvollsten Teile eines Mannes hinter einem Buchenstämmchen in Sicherheit und wehrte die Attacke des Keilerchens mit der Büchse als Stoßfänger ab. Ein Schlag am linken Knie und vorbei war der Spuk. Hetzlaut, Standlaut, Wetzen – Stille! Arko? Ich lud nach und pürschte auf der Schweißfährte voran. Hinter einer Fichte lag der Keiler, und Arko zerrte an den Keulen. Das letzte Leben des Überläufers von 55 Kilogramm löschte die dritte Kugel.

Unter recht schwierigen Witterungsverhältnissen hatte Arko nach 3,6 Kilometern Riemenarbeit mit anschließender Hetze und folgendem Stellen das noch nicht zweijährige Keilerchen zur Strecke gebracht. Der Schuß der Nacht saß im kleinen Gescheide oberhalb des Pinselaustritts. Die Schweißarbeit hatte mit der Unterbrechung zur Kontaktaufnahme zum Forstamt Mittelsinn und der Fehlhetze gut vier Stunden gedauert und uns alle gefordert, aber die Freude über die Leistung des Hundes überwog die Strapazen weit.

Inzwischen hat Arko mit mir und Forstoberinspektor Eckel schon 139 Nachsuchen absolviert. Bei 37 Kontroll- und 29 Fehlsuchen war er 73mal erfolgreich. Zur Strecke kamen 60 Stück Rotwild und 13 Sauen. Unter den Schweißarbeiten befinden sich sechzehn schwere Totsuchen und vierzehn Hetzen, auf denen der Rüde 23 Stück Rotwild und sieben Stück Schwarzwild mit einem Wildpretgewicht von insgesamt 1632,5 Kilogramm und einem Geldwert von 10 111 DM zur Strecke bringen konnte.

Arko bündelt in sich die Fähigkeiten zur Meisterung schwieriger Schweißarbeiten, er verbindet eine feine Nase mit einer konzentrierten Suche, besitzt den Willen zum Stück, hetzt ausdauernd und hat den Zweck des Stellens verknüpft. Kranke Kälber zieht der Rüde nieder. Auch stärkeres Wild bedrängt er hart, doch wurde er zum Glück bislang weder geforkelt noch geschlagen.

Anfang Dezember 1983 bewahrte mich Arko vor einem „Zweikampf" mit einem laufkranken, stärkeren Überläuferkeiler. Am zweiten Tag seiner Nachsuche im Forstamt Biebergemünd waren der Hund und ich nach insgesamt fast acht Kilometern Riemenarbeit gerade in ein Gatter oberhalb des Lochborns eingedrungen, als der Kujel unvermittelt unter einer tiefbeasteten Douglasie hervorschoß und annahm. Bevor ich mich versah, wurde ich über ein vom Schnee herabgedrücktes Stämmchen geworfen. Blitzschnell stand da der Rüde über mir. Noch im Liegen löste ich die Halsung, und nun hatte der

Überläufer das Nachsehen. Arko hetzte ihn durch die Dickung. Als die Sau auf dem Rückwechsel das hohe Holz gewinnen wollte, faßte sie die Kugel des wartenden Forstinspektors Pfeifer.

Kurios endete einen Monat später die Schweißarbeit auf eine ebenfalls durch einen Laufschuß verletzte Bache. Es wurde meine erste „Fehlsuche mit Erfolg". Eckel als zweiter Mann und ich als Hundeführer waren hinter Arko der Wundfährte nach rascher Schneeschmelze und bei zeitweise heftigem Regen bereits etwa 5000 Meter gefolgt, als der Rüde oberhalb des Forsthauses Glashüttenhof im Kahlgrund in einer mit Dornen durchflochtenen und mit Fichten angereicherten, bürstendichten Buchen-Naturverjüngung durch urplötzliches Verhoffen, Einschießen in den Riemen und gespannte Körperhaltung die vor uns stehende und eine starke Wittrung abgebende Sau markierte. Um das gefährliche Auflaufen zu vermeiden, schnallte ich den Hund. Sogleich ertönte sein Hetzlaut, der kurz in Standlaut überging und dann weiter den Hang entlang wogte. Vier Schüsse fielen, aber der Ball wanderte zurück, um schließlich im Tal oberhalb der Straße von Wiesen nach Schöllkrippen stehenzubleiben. Hier hatte Arko das Stück in einem von alten Buchen umstandenen Dornenfilz gestellt. Der sportliche Eckel mußte sich mühen, um an den Ort des Standlautes zu kommen, und mein Begleiter erschrak, als er die Sau und den Hund im stacheligen Gestrüpp entdeckte. Der Rüde bedrängte ein starkes Schwein. Bevor es angreifen konnte, schoß Eckel und traf. Er hatte unwissend und in Not einen gesunden, auch aus dem Kugelhagel unversehrt geflüchteten vier- bis fünfjährigen Keiler gestreckt, der aufgebrochen 93 Kilogramm wog. Offensichtlich hatte sich der Basse in der Nähe der kranken Bache eingeschoben und den Rüden durch selbstbewußtes Ausharren getäuscht und auf sich gezogen. Arko glaubte sich am Ziel der Suche und hatte durch Hetze und Stellen „Erfolg" im Pech, denn die Bache kam nicht mehr zur Strecke. Für den Hund war die Arbeit getan, und Eckel und ich waren nach dem langen „Wassermarsch" ziemlich fertig.

Aber auch diese Fehlsuche mit dem schwierigen Riemenpart und der drangvollen Hetze zeigt das Leistungsvermögen des Rüden, er befindet sich auf dem Weg vom „Gesellen" zum „Meister". Während ich diese Zeilen schreibe, liegt Arko zu meinen Füßen. Für einen Monat bewohnen wir gemeinsam eine Klause in der Lichtenau im Hochspessart. Hund und Führer sind ein Gespann geworden. Die Freude darüber verdanke ich dem Entgegenkommen der Hirschmänner und dem Vertrauen von Ursula Koch.

Jagdgäste

Revierlose Jäger

Einige Jäger glauben noch immer, daß die Kluft zwischen der Zahl von Bürgern, die in der Bundesrepublik Deutschland jagen wollen, und den tatsächlichen Möglichkeiten, im Inland zu jagen, durch eine Verpachtung der Staatsjagden entscheidend eingeengt werden könnte. Sie übersehen aber dabei, daß deren Fläche in den Bundesländern mit 2 224 730 Hektar nur knapp zehn Prozent der Gesamtjagdfläche der Bundesrepublik von 23 251 155 Hektar ausmacht (DJV-Handbuch, 1984). Berücksichtigt werden muß auch, daß ein Teil der Staatsjagden verpachtet ist und den Revieren der Länder auf Grund ihres hohen Waldflächenanteiles eine große Bedeutung als Lebensraum für das Schalenwild zukommt. Vor allem aber bieten die Staatsjagden zunehmend revierlosen Jägern Gelegenheit zum Jagen. Diese Öffnung kann nicht hoch genug eingeschätzt werden, weil bei allem guten Willen der Jagdpächter zur Beteiligung von Freunden und Fremden an der Jagdausübung in gepachteten Revieren das Angebot von Jagdgelegenheiten die Nachfrage nach Jagdmöglichkeiten nicht abdeckt.

Die Zahl der Jagdscheininhaber hat 264 413 erreicht und dürfte in der Freizeitgesellschaft von morgen weiter steigen, während die bejagbare Fläche westlich der Elbe abnimmt. Noch heute wird hier täglich in erheblichem Umfang Land durch Bebauung oder durch Inanspruchnahme für den Verkehr und andere öffentliche Zwecke verbraucht. Die Jagdfläche in der Bundesrepublik Deutschland wird von Tag zu Tag kleiner, die Biotopwertigkeit vieler Jagdbezirke sinkt durch die Verschlechterung der Umweltverhältnisse jährlich ab, doch die Zahl der Jäger wächst von Jahr zu Jahr; das ist das Dilemma, dem es im Interesse der Jagd zu begegnen gilt.

Die hessische Staatsforstverwaltung hat ihre Reviere deshalb den privaten Jägern weit geöffnet. Gegen die Zahlung von relativ geringen Jagdbetriebskostenbeiträgen können Jäger Abschüsse von Schalenwild erwerben. Die Beteiligung von revierlosen Jägern steht dabei im Vordergrund. Die soziale Komponente ist unverkennbar.

Im VJB des Hessischen Forstamtes Jossgrund umfaßte die Jahresstrecke an Schalenwild in den letzten zwölf Jahren bei einer Streuung zwischen 136 und 248 Wildtieren durchschnittlich 203 Stück. Im gleichen Zeitraum jagten im Durchschnitt pro Jahr 49 zivile Jäger im Verwaltungsjagdbezirk auf der Einzeljagd auf Rotwild, Sauen und Rehe. Ihre durchschnittliche Jahresstrecke betrug 48 Stück Wild, wobei das Rotwild gefolgt vom Rehwild dominierte. Waren es 1972 erst 19 Jäger, die zur Einzeljagd eingewiesen wurden, so kamen 1983 72 Bewerber zum Zuge. Der Kulminationspunkt der Gästebeteiligung lag im Jagdjahr 1982 mit 83 Jägern. Mit dem Anstieg der jährlichen Gästezahl nahm auch die Jahresstrecke der Jagdgäste kontinuierlich zu. Im ersten Jahr des Zeitabschnittes wurden 18 Stück Schalenwild für sie gebucht, im letzten waren es 58. Den Höhepunkt hält auch in dieser Auflistung das Jagdjahr 1982, in ihm hatten Gäste 84mal Erfolg.

Beim Rotwild erlegten die Gastjäger vor allem weibliches Wild und Hirschkälber, aber alljährlich brachten die Gäste auch zahlreiche III b-Hirsche und den überwiegenden Teil der alten Hirsche mit starken Trophäen zur Strecke. Bei den Sauen kamen die zivilen Jäger vornehmlich auf Frischlinge und geringe Überläufer zu Schuß, während beim Rehwild das weibliche Wild überwog.

Die Beteiligung der zivilen Jägerschaft an der Jagdausübung im Staatswald wird in allen Forstämtern der Spessart-Inspektion ähnlich wie im Forstamt Jossgrund gehandhabt. Man kann unterstellen, daß in den Verwaltungsjagden dieses Forstämter-Verbundes jährlich etwa 250 Stück Schalenwild auf der Einzeljagd durch Jagdgäste erlegt werden. Das ist ein bemerkenswertes Resultat, es hilft den Stau der revierlosen Jäger vor dem Tor zur Jagd abzubauen.

Die Belastung der Beamtenschaft durch örtliche Einweisungen, Führungen, Nachsuchen, Wildversorgung und -bringung ist groß, denn nicht alle Gäste sind firm in der Jagdausübung auf Schalenwild, und nicht jede Führung führt zum Erfolg. Oftmals sind mehrere Ansitze und Pürschgänge erforderlich, um den Abschuß zu erfüllen, mancher Gast geht auch leer aus. Zu bedenken ist, daß außer den privaten Jagdgästen in den Verwaltungsjagdbezirken noch ortsunkundige Angehörige der vorgesetzten Behörden jagen und geführt werden wollen. Ferner müssen zusätzlich Mitglieder der Streitkräfte der Vereinigten Staaten als Jagdgäste betreut werden. Das alles verstärkt den Jagddruck, dessen Wirkung auf das Verhalten und Wohlbefinden des Wildes nicht unterschätzt werden darf.

Aber man kann durch bestimmte Lenkungsmaßnahmen die Beanspruchung der Beamten verringern und die Last des Jagddruckes mindern. Hilfreich ist für beide Probleme die bereits beschriebene Jagdausübung in Intervallen, und mit der Einrichtung einer auswechselbaren „Gäste-Stamm-Mannschaft" wird die übermäßige Inanspruchnahme der Forstleute weiter gestutzt. In dieser Kerntruppe der Jagdgäste bleiben besonders befähigte und ohne Führung jagende Jäger für ein paar Jahre mit dem jeweiligen Forstamt verbunden.

Doch das Führen von Jagdgästen ist auch reizvoll. Das gemeinsame Jagen gewährt Einblicke in den Begleiter, das Wesen eines Menschen wird manchmal sichtbar. Der „vornehme Herrenjäger" verliert beim Angehen eines Hirsches durch dick und dünn seine aufgepfropfte Haltung, der „Alleskönner" erweist sich als jagdlicher Stümper, aber der stille Bauernjäger zeigt sein im Natürlichen wurzelndes Können, und im Schulbuben blitzt beim ersten Stück der ganze Zwiespalt der heutigen Jagd auf, hier die Glückseligkeit des erfüllten, in der Tiefe eines jeden von uns noch schlummernden Beutetriebes und dort das verstandesmäßige Bewußtwerden über den Verlust einer Kreatur. Auch Freundschaften entstehen beim Jagen, wie auch Verachtung einziehen kann. Der Funke, der zwischen Gast und Führer den Motor der Gemeinsamkeit zündet, leuchtet einmal bald, das andere Mal erst später auf; es gibt auch Gespanne, die nie den Gleichschritt finden.

Nicht überall ist die jagende Frau ein gern gesehener Jagdgast. Das Vorurteil, Jagen sei Männersache, versperrt der Jägerin noch heute vielerorts den Zugang zur Jagd. Meine Auffassung ist eine andere: Frauen können und sollen jagen, sie müssen nur bereit sein, das ganze Handwerk, das die Jagd nun einmal ist, anzunehmen. Darüber hinaus ist es oft nicht ohne Reiz, mit einer Frau oder Maid, sozusagen auf Tuchfühlung, die Jagd auszuüben.

An einem frostigen Herbsttag Mitte November 1977 hockten wir selbander, eine Dame und ich, in der Krone der Kalten Eiche. Der Hochsitz glich damals noch einem Mastkorb, zwei Jäger hatten kaum Platz in seinem engen Geviert. Wir erwarteten Rotwild. Kam das Rudel auf der Seite zum Graben, genügte der Jägerin eine Drehung, um auf der Brüstung in Anschlag zu gehen, zog das Wild in den Stockschlag oberhalb vom Krikersloch-Weg, mußte ich mich zurücklehnen und die Begleiterin sich über mich beugen. Man sah es Diana an, sie setzte auf den Graben, während ich noch unschlüssig war.

Als Äste im Baumholz knackten, stieß ich die Nachbarin an. Sie erschrak und blickte etwas hilflos auf. Aber als zwei junge Hirsche über die Schneise zum Krikersloch wechselten, siegte die Jägerin über die Dame, und ich fühlte in Loden gehüllt das, was manchen Jägersmann die Frühpürsch vergessen läßt. Leicht klopfte das Herz über mir, aber dann brach der bei dieser erfahrenen Jägerin erwartete gezirkelte Schuß, und ein geringer Schmalspießer lag im Eichenholz. Als alles vorüber war, dachte ich, wie schön es im Sommer gewesen wäre.

Behördengäste

Das „Karussell der Hirsche" bestimmt für die Verwaltungsjagden in Hessen die Oberste Forstbehörde im Einvernehmen mit den Forstabteilungen der Bezirksdirektionen für Forsten und Naturschutz. Die Abschußpläne der Forstämter werden von der zuständigen Oberen Forstbehörde geprüft und festgesetzt, die Zulassung von Jagdgästen zum Abschuß von Schalenwild der hohen Jagd mit Kopfschmuck obliegt jedoch der Ministerialforstabteilung. Allerdings erstreckt sich dieser Vorbehalt nur auf die Hirsche der Klasse I und auf die besseren Hirsche der Klasse II b. Über die Abschußvergabe der ehemaligen II c-Hirsche, denen heute die Hirsche der Güteklasse III b und die geringeren II b-Hirsche entsprechen, verfügt das Forstamt selbständig im Rahmen des festgesetzten Abschußplanes.

Jedes Jahr werden den Rotwildforstämtern mithin zivile Jäger als Gäste zur Jagd auf alte und starke Hirsche oder gehobene II b-Hirsche zugewiesen. Dazu kommen die Angehörigen der Obersten Forstbehörde und der Mittelinstanz, die turnusgemäß am Abschuß dieser Hirsche in den Verwaltungsjagdbezirken beteiligt werden. Auch die Forstämter erhalten qualifizierte Hirsche zum Abschuß frei. Das Forstamt Jossgrund kann für seine Beamten in jedem Jagdjahr mit einem Hirsch der Güteklasse I rechnen, ab und an wird zusätzlich auch ein II b-Hirsch für die Angehörigen des Betriebes freigegeben.

Der Kreis der „Behördengäste" umfaßt sowohl zivile Jäger als auch Angehörige der Stabsstellen der Verwaltung, sie sind sozusagen eine besondere Art der „revierlosen Jäger". Für das Amt aber sind die Jäger aller Gruppen schlicht Gäste und werden als solche gleich behandelt.

Im Erfassen und Erschließen des anderen Jägers liegt mit der Reiz des gemeinsamen Jagens, das meist schwieriger als die Einzeljagd ist. Die Jagd zu zweit mündet in ein Dreiecksverhältnis, in dem das Verhalten der beiden Jäger mit den Reaktionen des gesuchten Wildes aufeinander abgestimmt werden muß. Kommt es zur Harmonie zwischen Gast und Führer, bleibt der Erfolg meistens nicht aus.

Manche Hirsche wollen nicht sterben; ihr Wildpret ist schon längst verzehrt, und das Geweih schmückt eine fremde Wand, aber noch immer fließt die Geschichte der Erlegung durch den Jossgrund, flammt das Feuer der Erzählung auf, wenn Spessartjäger in froher Runde zusammenhocken. Und mit den Hirschen erscheinen auch wieder die Gäste, um gestern und heute auf dem Laufsteg der Erinnerung zu verbinden. Licht und Schatten schärfen die Konturen, bis die Glut der Fabel für eine Weile zusammensinkt.

Im Jahr 1968 hatte Oberlandforstmeister Graulich die Forstabteilung des Regierungspräsidenten in Darmstadt übernommen und sich im Forstamt Burgjoß zur Brunft angesagt. Als er anreiste, schrien in Villbach die Hirsche, aber sie gaben kein großes Konzert. Das weibliche Wild überwog noch, und im Chor der Hirsche fehlte der Baß stimmgewaltiger Recken. Dennoch, wir gaben uns Mühe, aber der Erfolg blieb zunächst aus.

Zur Aufmunterung des strapazierten Gastes luden meine Frau und ich das Ehepaar Graulich zu einem Weinabend ein. Gast auf der Burg war auch Landforstmeister Wichmann, der damals die Forstabteilung des Regierungspräsidenten in Wiesbaden auflöste und sich für die Aufgabe des Jagdreferenten rüstete. Er jagte ebenfalls im Spessart.

Es wurde ein heiterer Abend, und als die Gäste gingen, hatte die Uhr schon Mitternacht geschlagen. Just als ich das Hoftor schließen wollte, fuhren am Schloß Dr. Rolf Hackmann und Gattin vor. Sie hatten ihren Hochzeitstag festlich begangen und im alten Haus Licht gesehen. Das Feiern nahm seinen Fortgang.

Als ich endlich in das Schlafgemach wankte, hatte die vierte Stunde des Tages schon begonnen, und um fünf Uhr sollte die nächste Führung folgen. Aber ich hielt die Augen bedeckt und verschlief. Zu spät gelang meiner Frau das Wecken.

Selten war ich so schnell ernüchtert wie am 27. September 1968. Unter Flüchen auf die Zunft der Zecher und mit Drohungen an alle Uhrenhersteller stürzte ich in die Kleider, stürmte die Turmtreppe hinab und sah keinen Oberlandforstmeister mehr. Mit dem berüchtigten, schwarz-roten „VW-Panzer", der durch ein gefährliches Benzin-Alkohol-Gemisch zusätzlich Fahrt machte, brauste ich über die Landstraße nach Villbach. Als ich die „Garage" an der Bieberer Höhe erreichte, wollten Oberlandforstmeister Graulich und Forstamtmann Rohland gerade zur Pürsch aufbrechen. So übernahm ich den Gast und marschierte nach sehr knapper Begrüßung in den von Regen und Sturm gezeichneten Morgen hinein, während Frau Graulich von Revierleiter Rohland zum Verhören und Beobachten an das Hirscheck geführt wurde.

Am Staatssekretär schrie kein Hirsch, es heulte der Wind, und der Regen tränkte die Kleidung. Als es graute, brach das ungleiche Gespann, der mürrische Gast und der wieder heitere Führer, auf. Die überwindige Mulde der Großen Wildwiese war mein Ziel. Wir hatten den Kopf der Senke fast erreicht, da vermeinte ich zur Wiese hin den Schrei eines Hirsches zu hören. Ich fragte den Gast, doch der verneinte. Also ging es weiter zur Schneise, die die Hirscheck-Dickung vom Fichten-Baumholz der Abteilung 190 trennt.

Auf der Kreuzung ein Blick nach rechts und die Wendung nach links, am Ende des Gestells, kurz vor der Wiese, im hohen Gras ein dunkelroter Fleck. Das Glas glitt an die Augen, und was ich sah, war keine Fata Morgana, auf dem Holzabfuhrweg stand ein stärkerer Hirsch. Ich winkte dem Oberlandforstmeister, er leuchtete den Aufhieb ab und schüttelte das Haupt. Ich griff noch einmal zum Glas, der Hirsch war verschwunden.

Spott zeichnete das Gesicht des Begleiters. Ich war verzweifelt, denn so voll süßen Weines war ich nicht, daß ich Luftschlösser baute. Meine Argumentation, daß Betrunkene nur doppelt sehen, was einfach in der Wirklichkeit vorhanden ist, beeindruckte. Wir bestiegen die nahe „Minister-Kanzel", die an Staatsminister Hacker erinnert, der von 1955 bis 1966 unser Fachminister war.

Als wir auf der Bank Platz nahmen, geschah es, ein Eckpfosten gab nach, Stangen splitterten, und wenig später saßen Gast und Führer aneinandergeschoben auf dem Boden des Sitzes. Das hatte gerade noch gefehlt, die Situation wurde ungemütlich. Auch die hinter Wolken hervorkommende Morgensonne erhellte das verdüsterte Antlitz des Vorgesetzten nicht.

Nach dem Verebben des Schocks rutschte der Begleiter auf die verbliebene Querleiste, während ich angeschlagen wie ein Boxer die gegenüberliegende Ecke als Standquartier wählte. Etwas später mahnte ich leise und brach einige Äste der Fichte an der Leiter. Und schon meldete ein Hirsch vor uns, fiel eine zweite Stimme ein, schrien plötzlich fünf bis sechs Hirsche in der Dickung. Die Brunft am Hirscheck belebte sich.

Immer näher kamen die Stimmen. Wir hörten das Ziehen des Wildes, das Schlagen der Geweihe, vernahmen das Treiben und den

Sprengruf, und plötzlich stand ein Hirsch auf dem Weg. Massig wirkten die nassen Stangen über dem gedrungenen Körper. Ein ungerader Kronenzehner war er, der die Linie kontrollierte.

„Hirsch!" „Ja." „Alter Hirsch!" „Wirklich?" „Uralter Hirsch, Herr Oberlandforstmeister!", und der nahm die Büchse, zielte, schoß und traf. Als wir am Hirsch standen, mußte ich das Alter revidieren, aber die Trophäe war für damalige Zeiten recht ordentlich und ziert noch heute die Wand der Geweihe im Heim des Gastes.

Oberlandforstmeister Graulich hat sich anfangs sicherlich über den verpatzten Morgen geärgert, und ich war betrübt, einen wohlwollenden Vorgesetzten enttäuscht zu haben, aber nachgetragen hat mir der „Platzhirsch von Darmstadt" dieses besondere Brunfterlebnis nicht, dazu enthielt das Geschehen wohl auch zu viel Situationskomik. Gar oft erzählen wir deshalb im Kreis von Jägern die Geschichte, sie wird immer länger und bunter, und ich fürchte, daß sie eines Tages kaum Wahres mehr enthält. Daher erkläre ich die vorstehende Fassung bis auf Widerruf zur einzig authentischen Wiedergabe.

Jagen mit Gästen kann auch humorvoll sein, und wer dabei das Florett des Schalkes führt, muß bereit sein, die Klinge des Partners zu spüren.

Bekannte und Freunde

An einem Winterabend in der Referendarzeit plauderte die Familie Hackmann mit mir im Stuckzimmer der Burg. Das Gespräch führte aus der Gegenwart in die Vergangenheit. Jagdgäste versunkener Tage wurden aufgerufen, traten ein, lehnten am Kachelofen und verließen wieder das Gemach. Da meinte mein Referendarsvater: „Hopp, dieser Ofen hat viele Menschen gesehen und manches gehört, Freunde und Gäste, Wissenschaftler, Offiziere, Geistliche, Vorgesetzte, Kaufleute, Minister und Parteigenossen haben sich vor ihm offenbart. Die Kacheln haben alles aufgenommen, in der Glut unserer Zeit geläutert und geschwiegen, sie schweigen noch heute."

Forsthäuser sind zumeist gastfreundliche Herbergen. Häufig abseits der großen Siedlungen und Straßen gelegen, öffneten sie sich vor allem in vergangenen Zeiten dem Besuch. Die Gäste bildeten die Verbindung mit der Gesellschaft, sie waren die Vermittler von Nachrichten.

Vielleicht ist davon im Zeitalter der Motorisierung und des Fernsehens etwas verlorengegangen, aber geblieben ist sicherlich die Gastfreundschaft der Familien der Forstleute gegenüber Fremden, Bekannten und Freunden, insbesondere der Verbund mit den Jägern.

Dort, wo ehemals der Ofen stand, befindet sich heute ein großer Kamin, eingefaßt mit alten Kacheln Marjoßer Töpfer, gewonnen aus den Öfen früherer Zeit. An ihm wurden und werden wieder Gespräche geführt wie einst vor dem Kachelofen. Und wenn die Menschen schweigen, erzählt das Feuer der Birkenscheite, formt es Geschehenes zur Geschichte.

Gäste, mit denen wir vor dem Kamin bei Wein und Brot die Jagd ausklingen lassen, gehören meistens zur dritten Kategorie der „revierlosen Jäger", die die Bekannten und Freunde des Amtes und der Beamten umfaßt. Darunter befinden sich auch einzelne Jägersleute, die über Reviere verfügen, aber durch die persönlichen Bande ab und an im Jossgrund zur Einzeljagd erscheinen. Sie haben wie das Gros aller Jagdgäste die festgesetzten Jagdbetriebskostenbeiträge zu zahlen. Stellvertretend für diesen Kreis möchte ich das freundschaftliche Jagen mit zwei Jägern erwähnen.

Professor Dr. h. c. Ferdinand Friedensburg, der letzte amtierende Oberbürgermeister Groß-Berlins, war ein Burgjoßer Jagdgast, der Hackmanns Zeit und meine ersten Jahre im Spessart begleitete. Bekannt geworden war Friedensburg als junger Landrat im ostpreußischen Landkreis Rosenberg, wo er mit dem einflußreichen „alten Januschauer", dem Kammerherrn Elard von Oldenburg, Großvater des ehemaligen Nachbarn Stein von Kamienski in Besen-Kassel, die politischen Klingen kreuzte. Die Stellung des Polizeivizepräsidenten von Berlin und das Amt des Regierungspräsidenten in Kassel waren weitere politische Stationen dieses aufrechten Demokraten und Patrioten, dem im Dritten Reich schwere Prüfungen nicht erspart blieben. Nach der Teilung Deutschlands arbeitete Friedensburg, Mitbegründer der CDU, als langjähriger Bundestagsabgeordneter und Angehöriger des Europa-Parlaments unermüdlich weiter für die Wiederherstellung der verlorenen Einheit unseres Vaterlandes.

Der Politiker und Wissenschaftler Friedensburg verstand es meisterhaft, das Knäuel der Geschichte zu entzerren und ihre bedeutsamen Verflechtungen sichtbar zu machen. Ihm am Ofen, auf der Hütte oder bei der Jagd zu lauschen, war ein Genuß und Geschichtsdeutung aus erster Hand. Auf der Jagdhütte oberhalb des Schwarzen Grundes, die heute „Ferdinand Friedensburg-Hütte" heißt, entstanden teilweise auch die „Lebenserinnerungen" dieses preußischen Mannes (1969 und 1971).

Als Regierungspräsident von Kassel fand Friedensburg den Zugang zur Jagd und als Jäger bald den Weg nach Burgjoß, wo er in der inzwischen abgerissenen „Oberndorfer-Hütte" zu residieren pflegte. Nach 1945 nahm er die Verbindungen zum Spessart wieder auf. Seit der Wiedererlangung der Jagdhoheit erschien der Professor alljährlich ein- bis zweimal im Jossgrund, um trotz einer kriegsbedingten Verletzung mit bewunderungswürdiger Energie und Ausdauer auf Hirsch, Sau und Bock zu jagen. Dabei halfen dem Jäger sicherlich seine guten Beziehungen zum Ministerpräsidenten Zinn, den er als jungen Gerichtsreferendar in Kassel kennengelernt hatte.

Der Jagdgast Friedensburg war nicht leicht zu führen. Einmal wurde die Jagdausübung durch die Unbeweglichkeit gehemmt, und zum anderen konnte der bei aller Beherrschtheit doch temperamentvolle Mann nicht ruhig sitzen. Forstamtmann John, der „Leibjäger" des Professors, weiß davon ein Lied zu singen. Gerade deshalb freuten wir uns aber alle besonders, als es dem Revierleiter Blume gelang, den Gast aus Berlin am 1. Oktober 1967 im Langen Grund auf einen beachtlichen IIb-Hirsch zu Schuß zu bringen. Das leichte Geweih des neunjährigen Eissprossenzwölfers hängt heute im Lärchenzimmer und erinnert an einen der markantesten Jagdgäste des Jossgrundes.

Da im Rotwildgebiet Odenwald Schwarzwild nicht mehr so zahlreich vorkommt wie im Rotwildgebiet Spessart, erscheint mein aus Beerfelden stammender Freund Heinz-Jürgen Weber jedes Jahr im Tal der Jossa zu einem Sommeransitz auf Sauen. Im Jagdjahr 1980 saßen wir Anfang Juli abends zusammen am Staatssekretär, ein anderer Gast kontrollierte unter uns eine Äsungsfläche im Neuland.

Rotwild stand schon auf der Wiese, als talwärts ein Schuß fiel. Vermutlich waren dem Jäger am „Neuland-Plan" Sauen gekommen. Aufmerksam blickten wir deshalb in den Stockschlag, der das Neuland mit dem Hirscheck verbindet.

Plötzlich stürmten aus dem Grund Sauen heran. Sie hatten es eilig, die Bachen mit ihren Frischlingen und die Überläufer. Fünfzehn Stücke zählte ich. Doch sie nahmen nicht den direkten Wechsel über die Wiese, die Rotte umschlug das Kleegeviert im Holz. Als die Schwarzkittel wieder in den Eichen auftauchten, hatten sie das Tempo verlangsamt. Kurz bevor die Führungsbache auf den Fernwechsel unterhalb des Sitzes einschwenkte, wandte ich mich dem Nachbarn zu und flüsterte: „Nimm eine kleine, Heinz-Jürgen!"

Die Überläufer hatten die Schneise schon passiert, nur ein paar „Frösche" huschten noch über den Weg, da knallte es. Im Glas sah ich einen fahlen Ball durch die Luft fliegen, aber auf dem Gestell lag kein Schwein.

„Auf was für ein Stück hast du geschossen?", fragte ich. „Auf eine kleine Sau, auf einen geringen Überläufer", lautete die Antwort. „Wir werden sehen", sagte ich, stieg den Hochsitz hinab, nahm den abgelegten Zerro auf und ging zum Anschuß.

Ein langer Kugelriß zierte die Grasnarbe des Abfuhrweges, etwas garniert mit weichem gelben Schnitthaar. Zerro hob die Nase, zog mich energisch in das Heidelbeerkraut und verwies vor der Hirsch-eck-Dickung einen verendeten Frischling.

Der Schuß war eine beachtliche Leistung, auf etwa 120 Meter hatte der Freund das winzige, flüchtige Ziel gefaßt. Aber das Ansprechen befriedigte nicht. Das zehnfache Glas hatte aus einem Frischling einen geringen Überläufer entstehen lassen.

Am nächsten Wochenende gab es bei der Familie Weber 3,5 Kilogramm gegrillte Ferkeleien aus dem Spessart. 27,28 DM kostete das Gehackte. Ich wurde nicht eingeladen.

Und die Moral von der Geschichte? Die Anweisungen eines Führers müssen klar sein. Freund Weber hatte den Hinweis wörtlich genommen. Außer Schadenfreude war kein Malheur entstanden. Schlimmer ist es, wenn ein Jagdgast in der Brunft vor einem mittelalten Hirsch von der Order des Führers: „Bitte nicht schießen!" nur das Wort „Schießen!" versteht.

Teilhaben am Jagen

Wenn es unser Dilemma ist, daß in der Bundesrepublik Deutschland die Zahl der Jäger zunehmend die Anzahl der Jagdmöglichkeiten übertrifft, dann muß im Interesse der Jagd und mithin auch für diejenigen, die „draußen vor der Tür" stehen, alles getan werden, um zu einer möglichst gerechten und ausschöpfenden Verteilung der gebotenen Möglichkeiten zu gelangen. Dabei muß man die Staatsjagden sicherlich noch mehr als bisher zur Erfüllung der Wünsche heranziehen; doch ist unverkennbar, daß ihr Angebot trotz der bedeutenden Einstände für Schalenwild auf Grund der beschränkten Fläche der landeseigenen Jagden nicht ausreicht, um der Nachfrage zu entsprechen. Es ist nicht auszuschließen, daß in der Zukunft auch die Jagd-ausübungsberechtigten von Pachtrevieren sogar gesetzlich zur Übernahme von Gastjägern verpflichtet werden müssen. Diese Prognose belastet das anerkannte Reviersystem nicht, im Gegenteil, sie hilft es zu bewahren.

Die Verwendung der Jägerprüfung als Steuerungsinstrument für die Zulassungsquote zum Jagen ist zweifelhaft. Der Prüfung kann keine „Abwürgefunktion" zukommen. Die Vorbereitungen zu den Jägerprüfungen wie auch die Examen selbst sind auf Grund ihrer Vielfältigkeit und der Sucht zum Perfektionismus zeitlich und finanziell so aufwendig geworden, daß der „kleine Mann" oft nicht mehr mithalten kann. Teilweise sind die Jagdscheinbewerber auch vom Intellekt her überfordert. Dabei ist die Jagd ein Handwerk und kein Beruf, der eine wissenschaftliche Schulung voraussetzt. Bezeichnend für die Situation ist, daß unter den Bewerbern nur wenige Landwirte, Handwerker und Arbeiter zu finden sind. Der prestigebewußte, aber naturfremde „Neureiche" kann häufig mit Hilfe eines Repetitors eher zum Zuge kommen als der naturverbundene Mittelständler vom Lande. Die Gestaltung der Jägerprüfung sollte überprüft werden.

Nicht über die Drosselung der Zulassungen zur Jagd erhoffe ich mir daher eine befriedigende Regelung der Frage der Jagdbeteiligung von revierlosen Jägern, sondern ausschließlich durch ihre Eingliederung in die Jagdausübung auf Grund der Einsicht der Revierinhaber. Neben der öffentlichen Hand sind auch alle privaten Jagdausübungsberechtigten zur Meisterung dieses Problems aufgerufen. Freiwilliges Handeln ist besser als gesetzlich verordnetes Erfüllen.

Möglichkeiten zur Beteiligung bei der Jagdausübung auf Schalenwild bieten die Einzeljagd und die Gesellschaftsjagden. Die Einzeljagd kann mit und ohne Führung erfolgen, sie sollte in der Regel mit der Zahlung von angemessenen Jagdbetriebskostenbeiträgen verbunden sein. Bei den Gesellschaftsjagden empfiehlt sich nicht nur aus wildbiologischen Gründen die Ansitzjagd, sie ist auch für viele Jäger vom Erfahrungsstand her die zweckmäßige Jagdart und erlaubt gegenüber der Treibjagd, mehr Jagdgäste einzuladen. Treibjagden sollten nur mit erfahrenen und disziplinierten Jägern auf Schwarzwild ausgeführt werden.

Eine Sonderform der Einzeljagd, die von der hessischen Staatsforstverwaltung in enger Zusammenarbeit mit dem Landesjagdverband Hessen gehandhabt wird, ist die entgeltliche Abschußvergabe für mehrere Stücke Schalenwild auf abgegrenzten Flächen bis zu 50 ha

Größe je Einzelfläche. Diese Jagdausübung in „Pürschbezirken" ist jedoch nicht problemlos.

Jagdrechtlich droht durch sie die Gefahr des Unterlaufens des derzeitigen Reviersystems, und jagdlich reicht die Voraussetzung der Zuverlässigkeit des Bewerbers oft nicht aus, um eine den jeweiligen örtlichen Verhältnissen angemessene Jagdausübung zu gewährleisten. Weiter ist durchweg eine Erhöhung des Jagddruckes auf den abgegrenzten Flächen festzustellen.

Pürschbezirksinhaber, die keine Hochwildjäger sind, erfüllen in Rotwildgebieten meistens die Abschußfreigaben nicht oder bedürfen dazu der Führung, die mit Rücksicht auf den Einsatz der Beamten für die Begleitung anderer Jagdgäste kaum gewährt werden kann.

Selbst wenn dieser Nachteil der Jagdausübung auf abgegrenzten Flächen durch eine bessere Auswahl der Bewerber ausgeschaltet werden könnte, würde ich wegen der anderen Gründe für das Einfrieren der Aktion „Pürschbezirksjagd" plädieren. 200 Pürschbezirke (1982 = 214) reichen in Hessen für diese Beteiligungsform.

Züge der „Pürschbezirksjagd" trägt die sogenannte „Vereinsjagd", für die PFEUFFER (1982) die Feder führte. Bei der Verpachtung von Jagdbezirken an Jagdgesellschaften (Jagdvereinen) ist die Gefahr der Durchlöcherung des bewährten Reviersystems durch die Unterteilung der Jagdfläche in Pürschbezirke ebenfalls gegeben. Auch muß mit einem Anstieg des Jagddruckes bei einer derartigen Regelung gerechnet werden. Vor allem wird aber die seitherige personengebundene Zuweisung der Verantwortung für das Geschehen im Revier vom jagdausübungsberechtigten Eigentümer oder Pächter auf eine Personenmehrheit verlagert. Daran ändern auch die verschiedenen Haftungsmöglichkeiten nichts, und die Nachweisung der Schuld bei straf- oder ordnungswidrigkeitsrechtlichen Verstößen gegen jagdgesetzliche Bestimmungen wird in bestimmten Fällen ungleich schwieriger als heutzutage. Schließlich können Jagdgesellschaften oder Jagdvereine wahrscheinlich durchweg höhere Pachtpreise zahlen als Einzelpersonen. Das heute schon vielerorts übliche System der „stillen Teilhaber" beweist das. Mithin würde die Verpachtung von Revieren an Gesellschaften oder Vereine wie das Ausbieten von „Mini-Jagdbezirken" auf dem Jagdpachtmarkt preissteigernd wirken.

Der selbständige Einsatz von Jungjägern bei der Bejagung von Raubwild und Raubzeug ist nur begrenzt möglich. Gewiß können dadurch gerade revierlose Jäger der jüngeren Generation nützliches Handeln mit der erwünschten Sammlung von Erfahrungen verbinden, doch ist bekannt, daß gerade Jungjäger ohne Anleitung Störfaktoren für die Wildbahn sein können.

So bleiben für die Bewältigung des skizzierten Anliegens letztlich nur die nach Jägern und Zeit dosierte Einzeljagd und der den gleichen Beschränkungen unterworfene gemeinsame Ansitz in der Form der Jagderlaubnis übrig. Der Grad der Erfüllung dieser Gemeinschaftsaufgabe wird zeigen, wie weit die etablierte Jägerschaft bereit ist, freiwillig jagdpolitische Einsicht in notwendiges Handeln umzusetzen.

Zur Rotwildbejagung

Nachtjagdverbot

In meiner Eigenschaft als Rotwildringleiter und Sachkundiger im Rotwildgebiet Spessart bin ich über die Zuständigkeit für die Abschußplanung und -durchführung hinaus ebenso wie in dem Nebenamt des Bezirksjagdberaters für die Kreise Main-Kinzig, Vogelsberg und Wetterau häufiger mit Stellungnahmen zu jagdlichen, jagdrechtlichen und jagdpolitischen Vorfällen und Fragen befaßt. Das gleiche gilt für meine Mitgliedschaft im Landesjagdrat und in den Schalenwildausschüssen des Deutschen Jagdschutz-Verbandes und des LJV-Hessen. Handelt es sich in den drei ersten Tätigkeitsbereichen meistens um die Erstellung von Gutachten für die vorgesetzten Jagdbehörden und für Gerichte, so gewinnt bei den Schalenwildausschüssen und im Landesjagdrat die jagdliche Beurteilung bestimmter Vorgänge und ihre jagdpolitische Wertung an Bedeutung. Im Rahmen dieser Zuarbeit für die Gewinnung von Entscheidungshilfen haben mich insbesondere auch Probleme der Rotwildbejagung beschäftigt, von denen in diesem Abschnitt kurz anhand der hessischen Regelungen das „Nachtjagdverbot", die „rotwildfreien Gebiete", der Komplex „Wilddichte, Wildbestandsermittlung und körperlicher Nachweis" sowie die „Klassifizierung der Hirsche" erörtert werden sollen.

Bei den Vorarbeiten zur Novellierung des Hessischen Ausführungsgesetzes zum BJG im Zuge der Änderung des Bundesjagdgesetzes vom 28. September 1976 spielte das durch § 19 (1) Ziffer 4 dieses Gesetzes eingeführte Verbot, „Schalenwild, ausgenommen Schwarzwild, sowie Federwild zur Nachtzeit zu erlegen", eine besondere Rolle. Zwar vertrat die Oberste Jagdbehörde im Interesse der Abschußerfüllung von Anfang an die Auffassung, in Hessen für Rotwild die Bundesregelung unter Anwendung von § 19 (2) BJG außer Kraft zu setzen, doch war das nicht die einhellige Meinung der Jägerschaft. „Waldjäger" verteidigen oft das Nachtjagdverbot und argumentieren in diesem Punkt anders als „Feldjäger".

Dabei übersahen die Anhänger des Verbotes, „daß das Rotwild in weiten Bereichen der Bundesrepublik nicht nur auf den Feldgemarkungen, sondern auch auf großen Flächen unserer Wälder infolge der veränderten Umweltbedingungen zu einem ‚Nachtwild' geworden ist" (HOPP, 1977). Sollten die Rotwildbestände nicht anwachsen und dadurch die Wildschäden in Flur und Forst begrenzt bleiben, mußte das Nachtjagdverbot fallen. Zu berücksichtigen war ferner, daß derjenige Jagdpächter, der in einem Rotwildgebiet einen hohen Pachtpreis zahlt und zur Erstattung des Wildschadens verpflichtet ist, auch teilhaben möchte an den Früchten der Jagd. Rotwild muß daher in allen Revieren nachts bejagt werden dürfen, ja die Nachtjagd ist selbst auf Hirsche der Güteklassen I und II zu gestatten. Schließlich ist die Überwachung des Nachtjagdverbotes aus personellen und sachlichen Gründen weder praktikabel noch erfolgversprechend.

Deshalb halte ich die in § 18 (3) des Hessischen Ausführungsgesetzes zum BJG getroffene Regelung, das Nachtjagdverbot des Bundesjagdgesetzes beim Rotwild für Hessen nicht zu übernehmen, für gut. Allerdings sollten im Hessenland die Jäger dort von einer nächtlichen Bejagung des Rotwildes absehen, wo die Revierverhältnisse für diese Wildart noch eine Jagdausübung am Tage zulassen. Im Rotwildgebiet Spessart bejagt man daher in den Forstämtern Rotwild nachts nicht, und die meisten Jagdpächter von Waldrevieren befolgen hier diese freiwillige Beschränkung ebenfalls. Es gilt, den Jagddruck als „Feinddruck" im Interesse des Wohlbefindens des Wildes und zur Vermeidung übermäßiger Wildschäden an den Bäumen von Einständen möglichst gering zu halten.

Bemerkt werden muß jedoch, daß die hessische Lösung sich nur auf Rotwild erstreckt, das in Rotwildgebieten im Rahmen und zur Erfüllung eines Abschußplanes bejagt wird oder dessen Abschuß außerhalb der Rotwildgebiete auf Grund besonderer Rechtsbestimmungen festgesetzt wurde. Wer in Hessen nachts Rotwild erlegt, das nicht mittels Abschußplan freigegeben ist, begeht nicht nur eine Abschußplanüberschreitung, sondern verstößt zugleich gegen das Nachtjagdverbot des Bundesjagdgesetzes.

Schwarzwild kann mithin in Hessen generell und Rotwild durchweg nachts bejagt werden, für alle übrigen Schalenwildarten gilt auch hier das Nachtjagdverbot.

Hessen ist ein waldreiches Land. Gut 41 Prozent der Landesfläche, die 2 111 219 Hektar beträgt, werden von Wald eingenommen. Durch die weitreichenden, vom Menschen verursachten Veränderungen der Umwelt hat sich das Rotwild, ursprünglich ein Bewohner der Steppe, in die Wälder zurückgezogen. Auch hier kann es jedoch seinen konstitutionell bedingten Äsungsrhythmus heute kaum mehr einhalten. In engen und verarmten Biotopen ist fast überall Unruhe. Die Folge ist ein längeres Verweilen des Wildes in noch deckungsreichen, jüngeren Beständen mit den Ertrag empfindlich schmälernden Wildschäden durch Schälen, Verbiß und Schlagen der Bäume. Derartige Verluste können aber weder die Waldbesitzer noch die Allgemeinheit überall hinnehmen, wenn der Wald seine vielfältigen Funktionen erfüllen soll. Das gilt vor allem für Gebiete besserer Standorte mit wertvollen Laubwäldern und leistungsfähigen Fichtenbestockungen. Das Rotwild darf also aus landeskulturellen und wirtschaftlichen Überlegungen nicht auf der ganzen Waldfläche vertreten sein.

Deshalb sind in Hessen 18 Rotwildgebiete abgegrenzt, die aber immerhin 688 670 Hektar oder rund ein Drittel der Landesfläche umfassen. Von der Waldfläche des Hessenlandes, die für 1982 (HMLULF, 1983) mit 871 679 Hektar ausgewiesen wurde, liegen 364 777 Hektar in den Rotwildgebieten. Das sind knapp 42 Prozent aller Forsten.

Bei dieser Sachlage ist es verständlich, daß dem Gesetzgeber daran gelegen sein muß, das Einsickern des Rotwildes in die sogenannten „rotwildfreien Gebiete" zu verhindern. Es darf sich kein „flächendeckender Rotwildschleier" über das ganze Land ausbreiten. Nach § 17 (5) der Durchführungsverordnung zum Hessischen Ausführungsgesetz zum Bundesjagdgesetz in der Fassung vom 14. Mai 1982 ist daher außerhalb der Rotwildgebiete grundsätzlich der Abschuß des gesamten weiblichen Wildes sowie der Kälber beider Geschlechter festzusetzen; „das gleiche gilt für Rothirsche – mit Ausnahme solcher mit ein- oder doppelseitiger Krone – ...".

Wer dennoch Rotwild über die geschützten Hirsche hinaus in Revieren duldet, die außerhalb der abgegrenzten Rotwildgebiete liegen und rotwildfrei bleiben sollen, verstößt nicht nur gegen das Gesetz, sondern schadet vor allem auch dieser bedrohten Wildart. Land- und Forstwirte werden durch ihre Verbände über das Parlament und in Zusammenarbeit mit den Medien gegen das Rotwild zu Felde ziehen, wenn die gesetzten Schranken mißachtet werden. Eine Folge, die leider von vielen Jägern nicht ernst genommen wird. Das in die rotwildfreie Gebiete einsickernde Kahlwild wird häufig nicht scharf genug bejagt, denn wo „Mädchen" sind, sollen auch „Buben", möglichst „Prachtkerle", erscheinen.

Um diesen Trend zu unterbinden, wurde im Interesse einer sinnvollen Hege des Rotwildes bei der Novellierung der Durchführungsverordnung zum Hessischen Ausführungsgesetz zum BJG die bis dahin zulässige Entnahme von einseitigen Kronenhirschen der Güteklassen II a und I b in den rotwildfrei zu haltenden Bereichen aufgehoben und bei der bereits erwähnten Änderung von 1982 beibehalten. Im Gegensatz zu der oft geäußerten und meist durch das Spekulieren auf Beute geprägten Behauptung, Wildschäden durch Rotwild außerhalb der Rotwildgebiete nur unter Einbeziehung der Hirsche aller Güteklassen entscheidend verringern zu können, muß festgehalten werden, daß hier gerade die Herausnahme der ein- und doppelseitigen Kronenhirsche aus der Bejagung die Schäden senkt. Dadurch entfällt nämlich bei vielen Jägern das Motiv des Wartens auf einen guten Trophäenträger, wodurch der Abschuß mehr auf das Kahlwild und die geringen Hirsche gelenkt wird. Tiere und Geraffel bewirken vor allem die nicht gewollte, weitere Verbreitung des Rotwildes mit all seinen negativen Folgen. Hirsche der Güteklassen I und II a mit Kronen sollte man im Hinblick auf das Hegeziel allgemein ausreifen lassen und erst dann und nur dort bejagen, wo man sie hegte, in den Rotwildgebieten.

Wilddichte, Wildbestandsermittlung und körperlicher Nachweis

Nach den „Richtlinien für die Hege und Bejagung des Rotwildes in Hessen" vom 12. März 1982 ist die Wilddichte „in den einzelnen Rotwildgebieten bzw. -bezirken unter besonderer Berücksichtigung des Äsungsangebotes den jeweiligen Biotopverhältnissen und sonstigen Umweltbedingungen anzupassen. Sie ist ... so zu bemessen, daß Beeinträchtigungen einer ordnungsgemäßen land- und forstwirtschaftlichen Nutzung möglichst vermieden werden ..." Im allgemeinen umfaßt ihr zulässiger Rahmen zwei bis drei Stück Rotwild je 100 Hektar Waldfläche des abgegrenzten Gebietes. „Soll die Wilddichte ausnahmsweise höher festgesetzt werden, bedarf dies der Genehmigung der obersten Jagdbehörde." Zwischen Rotwildkern- und Rotwildrandgebieten mit unterschiedlichen Wilddichten wird nicht unterschieden.

Hervorgehoben sei, daß danach die Wilddichte jeweils auf das gesamte Gebiet zu beziehen ist und nicht etwa für die einzelnen Reviere gilt. In Kernrevieren kann daher der Bestand die zulässige Wilddichte überschreiten, während in Jagdbezirken am Rande eines Rotwildgebietes die obere Zulässigkeitsgrenze sicherlich oft unterschritten wird. Juristische Komplikationen bei Streitfällen sind in Hessen auf Grund dieser Regelungen kaum zu erwarten.

Gegenüber den entsprechenden Bestimmungen in den früheren „Richtlinien für die Bewirtschaftung des Rotwildes in Hessen" vom 28. April 1970, die einen Rahmen von 1,5 bis 2,5 Stück Rotwild je 100 Hektar Waldfläche im Durchschnitt der Reviere vorsahen, stockte die Oberste Jagdbehörde die zulässige Wilddichte auf. Vor dem Hintergrund des am 15. Dezember 1982 verkündeten und derzeit beim Bundesgerichtshof zur Revision anstehenden Urteils des Oberlandesgerichtes Koblenz in dem Rechtsstreit der Arenberg-Düsseldorf GmbH gegen das Land Rheinland-Pfalz wegen Schadensersatzes aus Amtspflichtverletzung bzw. Entschädigung von Wildschäden infolge überhöhter Rotwildbestände kann diese Entscheidung mutig genannt werden. Das Gericht sah gerade in der Aufstockung der Wilddichte durch die Oberste Jagdbehörde des Nachbarlandes eine Verletzung der Amtspflicht und die Hauptursache für die beanstandeten Wildschäden. Demgegenüber kann die hessische Behörde für sich in Anspruch nehmen, eine Regelung geschaffen zu haben, die auf das soziale Verhalten des meist gesellig in Rudeln zusammenlebenden und raumgreifenden Rotwildes Rücksicht nimmt und gleichzeitig die Biotopverhältnisse und wirtschaftlichen Erfordernisse eines Gebietes in die Entscheidung über die Höhe der Wilddichte mit einbezieht. Rotwildrichtlinien, die minimierte Wilddichten vorgeben und bei ihrer örtlichen Festsetzung standörtliche Gegebenheiten nicht berücksichtigen, lassen wildbiologische Erkenntnisse außer acht, ohne zu einer bedeutsamen Absenkung der Wildschäden zu gelangen.

Allerdings konnte die hessische Lösung den Landesjagdrat nur passieren, weil „rotwildleere Räume" innerhalb der abgegrenzten Rotwildgebiete durch ein zusätzliches Regulativ vor der Berechnung der zulässigen und damit für die Höhe der Wilddichte im Kern entscheidenden Gesamtpopulation flächenmäßig eliminiert werden. Nach

Ziffer 2.3.2 der Landesrichtlinien bleiben nämlich Waldflächen von Jagdbezirken, in denen in den zurückliegenden drei Jagdjahren kein Rotwild zur Strecke kam, bei der Herleitung des erlaubten Gesamtbestandes außer Ansatz. Dadurch werden im Interesse der Grundstückseigentümer die notwendigen Pufferzonen zwischen den Zentren der Rotwildgebiete und den sogenannten rotwildfreien Gebieten nicht überbewertet. Für die Rotwildjäger aber besteht die Gewähr, daß die Jagdausübung auf Rotwild auch am Rande ihrer Gebiete nach den gleichen Grundsätzen wie in den Kernbereichen erfolgt. Das ist eine wildbiologisch, jagdlich und jagdpolitisch ausgewogene Entscheidung.

Bei der Herleitung des Frühjahrsbestandes im Rotwildgebiet Spessart bleiben gemäß der vorstehenden Regelung von den 66 Jagdbezirken vierzehn unberücksichtigt. In ihnen wurde in den Jagdjahren 1981, 1982 und 1983 kein Rotwild erlegt. Die Reviere umfassen 4348 Hektar, das sind neun Prozent der Fläche des Rotwildgebietes. Der Umstand jedoch, daß der für die Berechnung der Gesamtpopulation maßgebende Waldanteil dieser Bezirke nur 637 Hektar oder zwei Prozent der Waldfläche des Gebietes ausmacht, kennzeichnet die diesjährigen „Ausfallreviere" eindeutig als Randbezirke und zeigt, daß das „Kleid" des Rotwildgebietes Spessart keine „Konfektionsware" ist, sondern maßgeschneidert wurde.

Bei der Wildbestandsermittlung wird der Aussagewert der ganzjährigen Beobachtungen heute höher eingeschätzt als die Wildzählungen, die nur noch an Fütterungen in strengen Wintern geplant sind. Dafür haben die Rückrechnungen über nach Geschlecht und Alter gegliederte Abschußzeitreihen an Bedeutung gewonnen. Sie sind gegenwärtig das entscheidende Instrument für die Durchleuchtung der Populationen.

Die Bestimmung des Alters der einzelnen Stücke ist daher besonders wichtig. Folgerichtig ordnete die Oberste Jagdbehörde (HMLULF, 1982 b) unter Hinweis auf die Richtlinien die Altersschätzung für das erlegte oder als Fallwild gefundene Rotwild auf Landesebene an. Das Alter eines zur Strecke gekommenen Stückes wird an Hand der Zahnbildung und des Abschliffes an den Zähnen im Unterkiefer bestimmt. Für die Begutachtung durch „sachverständige Jäger" ist die Vorlage des Hauptes oder des frischen Unterkiefers erforderlich.

Diese Regelung kommt trotz der ausdrücklichen Verneinung und des Einsatzes von Jägern als Gutachter der Einführung des „behördlichen körperlichen Nachweises" beim Rotwild gleich. Das Verfahren hat darüber hinaus den Nachteil, daß es die Jagdausübungsberechtigten oder deren Beauftragte und die sachverständigen Jäger durch die unmittelbare Vorzeigepflicht belastet. So muß ein auswärtiger Jagdpächter, der abends ein Kalb erlegt hat, unter Umständen noch vor der Rückreise an seinen Heimatort der Vorzeigepflicht zur Altersbestimmung genügen. Das kostet Zeit und ist aufwendig.

Außerdem ist nicht einzusehen, warum in staatlichen Jagdbezirken nur Forstbeamte und in nichtstaatlichen Revieren von den Jagdausübungsberechtigten benannte Jäger als Sachverständige tätig werden sollen. Bei der Altersbestimmung darf es wie bei der Bewertung von Trophäen keine unterschiedlichen Gutachter oder Bewertungskommissionen für einzelne Reviergruppen geben. Im übrigen leidet der Maßstab der Einheitlichkeit der Beurteilungen mit dem Anwachsen der Zahl der Gutachter.

Schließlich bin ich der Meinung, daß der aus den Rotwildrichtlinien hergeleitete körperliche Nachweis gesetzlich nicht abgedeckt ist. Nach § 18 (3) der DVO zum Hess. Ausfg. zum BJG kann nämlich die Obere Jagdbehörde den körperlichen Nachweis nur bei starken Wildschäden oder überhöhter Wilddichte für ganze Gebiete oder einzelne Jagdbezirke für einen bestimmten Zeitraum anordnen.

Der Einführungserlaß war zudem jagdpolitisch kaum vorbereitet, der Ärger bei den Jägern daher groß. Notwendige, aber einschneidende Bestimmungen für die Jägerschaft muß man vorher ankündigen, mit der Landesvereinigung der Jäger erörtern, im Landesjagdrat diskutieren und so praktikabel wie möglich gestalten, wenn sie von den Jägern akzeptiert und realisiert werden sollen.

Wer allerdings am 18. November 1983 in Wehrheim an der Versammlung der Rotwildjäger des Taunus über Fragen zur Neuorganisation des gleichnamigen Rotwildgebietes, der Abschußregelung, der Biotopverbesserung und der Wildschadensverhütung teilnahm, der weiß, wie überzeugend Landesforstmeister Professor Dr. Fröhlich Behauptungen über fingierte Abschußmeldungen unter Hinweis auf die Pflicht und den überprüfbaren Vollzug des körperlichen Nachweises widerlegen konnte. Auch in dem zitierten „Koblenzer Urteil" spielen die sogenannten „Postkartenabschüsse" als Stütze der Klägerin für ihren Antrag auf Schadensersatz und Entschädigung eine Rolle. Der körperliche Nachweis ist daher beim Rotwild nicht nur aus wildbiologischen, sondern auch aus jagdpolitischen und jagdrechtlichen Erwägungen erforderlich.

So sollte sich die in Aussicht gestellte Änderung der Anordnungen für die Alterschätzung von gestrecktem Rotwild lediglich noch auf das Verfahren erstrecken und den Grundsatz der Vorzeigepflicht jeden Stückes nicht mehr zur Diskussion stellen. Denkbar ist die Koppelung der Altersbestimmung des Kahlwildes einschließlich der Kälber beider Geschlechter mit der Ausrichtung von Trophäenschauen. Wie bei den Hirschen genügt hier die Vorlage der gesammelten Unterkiefer, die zur Vermeidung von Täuschungen nach der Beurteilung dauerhaft gekennzeichnet oder vernichtet werden. Diese Wandlung würde auf bewährte Vorbilder (z. B. Odenwald) zurückgreifen und das Vorgehen durch den Einsatz weniger, aber über längere Zeiträume konstant besetzter Bewertungskommissionen objektivieren. Schließlich sollte bei einer etwaigen Änderung jagdgesetzlicher Bestimmungen auf Landesebene auch der körperliche Nachweis zur Alterschätzung beim Rotwild gesetzlich verankert werden.

Klassifizierung der Hirsche

Eine Besonderheit der hessischen Rotwildrichtlinien ist die Einführung von zwei Bejagungsmodellen für Hirsche. „Die Variante A folgt dabei bis auf die strikte Koppelung der Hirsche der Güteklasse III b an die Jugendklasse im wesentlichen den Vorstellungen des LJV" (KOPP/HOPP 1982), die sich weitgehend an den Abschußrichtlinien der Hegegemeinschaften im Spessart und Odenwald orientiert hatten. Dagegen ist die Variante B dem Grundmuster der im Wildschutzgebiet Reinhardswald angewandten Bejagungsrichtlinien entlehnt.

In der *Abschußrichtlinie B* reicht die Klasse der geringen Hirsche (III) bis zum vollendeten vierten Lebensjahr. In dieser Klasse, die der Jugendklasse entspricht, sollen starke Eingriffe erfolgen. Die fünf- bis neunjährigen Hirsche genießen als Vertreter der Klasse der mittleren Hirsche (II) absolute Schonung. Die zehnjährigen und älteren Hirsche bilden die Klasse der starken Hirsche (I). Sie enthält in der Güteklasse I a alle Hirsche, deren Trophäen das Geweihgewicht des Hegezieles erreichen oder übertreffen und dem Hegeziel auch sonst entsprechen oder ihm nahekommen. Zur Güteklasse Ib zählen Hirsche mit Geweihen, die ebenfalls das maßgebende Gewicht einstellen oder überschreiten, aber dem Hegeziel nicht entsprechen und Kronenhirsche, die das geforderte Geweihgewicht nicht erreichen oder bereits wieder unterschritten haben. Sollten trotz der frühen und scharfen Auslese noch kronenlose alte Hirsche mit untergewichtigen Geweihen in der Wildbahn stehen und gestreckt werden, wären sie ebenfalls der Güteklasse I b zuzuordnen.

Die geringen Hirsche der *Abschußrichtlinie A* umfassen männliches Wild vom ersten bis zum vollendeten dritten Lebensjahr. Diese Hirsche, die hier die Güteklasse III bilden, sind von den Hirschen der Güteklasse II, den mittleren Hirschen, nur durch das Alter getrennt. Das Alter der mittleren Hirsche soll in der Regel zwischen vier bis sieben Jahren liegen. Das Mindestgeweihgewicht der starken Hirsche bildet wie bisher die Grenze zwischen den Hirschen der Klassen I und II. Hirsche der Güteklasse I a müssen im Zeitpunkt der Erlegung mindestens zehn Jahre alt sein, ihre Trophäe muß dem Hegeziel entsprechen oder ihm nahekommen. Mit einem Mindestalter von acht Jahren können starke Hirsche, deren Geweihe dem Hegeziel nicht entsprechen, bereits der Wildbahn als I b-Hirsche entnommen werden. Allerdings kann die Obere Jagdbehörde im Benehmen mit der zuständigen Unteren Jagdbehörde auf Antrag für ein Rotwildgebiet oder einen Rotwildbezirk anordnen, „daß bei der Festsetzung des Abschusses I a- und I b-Hirsche zusammengefaßt werden. In diesem Fall muß jedoch ein I b-Hirsch bei der Erlegung das 10. Lebensjahr vollendet haben."

Prägendes Merkmal der Variante B ist ihre betont altersklassengemäße und damit wildbiologisch konsequente Ausrichtung. Das Geweihgewicht wird nur noch als Hilfsmittel zur Kennzeichnung des Hegezieles benutzt. Durch die vorgesehenen starken Eingriffe in der Jugendklasse sollen möglichst alle Hirsche, die vermutlich das Hegeziel nicht erreichen werden, bereits vor dem Eintritt in das mittlere Alter der Wildbahn entnommen sein. Die nach dieser „kräftigen Durchforstung" verbleibenden mittelalten Hirsche dürfen normalerweise bis zur Vollendung des zehnten Lebensjahres nicht mehr bejagt werden. Eine derartige Planung ist aber nur bei einer „verlängerten Jugendzeit" in relativ kleinen und geschlossenen Gebieten vertretbar. Zu ihrer Verwirklichung bedarf es außerdem einer gut ausgebildeten Jägerei. Diese Voraussetzungen sind im Wildschutzgebiet Reinhardswald, das als Versuchsrevier und Verwaltungsjagd direkt der Ministerialforstabteilung untersteht und dessen Fläche von 10 100 Hektar gegattert ist, gegeben.

Demgegenüber ist die Variante A, deren Aufbau sie als Übergangsform zwischen Altersklassenverfahren und herkömmlichem Vorgehen ausweist, hinsichtlich der Abschußfestsetzungen mehr auf die Verhältnisse in der freien Wildbahn mit unterschiedlichen Revierstrukturen, Pächterwechsel und durchschnittlichem Ausbildungsstand der Jägerschaft zugeschnitten. Bei „kürzerer Jugendzeit" und größerer Fläche erlauben diese Richtlinien auch in der Güteklasse II noch die Entnahme von männlichen Stücken, die sich trotz negativer Merkmale aus der Jugendklasse in die Klasse der mittelalten (mittleren) Hirsche „gemogelt" haben. Es sind dies die in der Variante B nicht mehr vorhandenen IIb-Hirsche. Ein Nachteil ist, daß der IIIb-Hirsch auf die drei ersten Lebensjahre beschränkt wurde und nicht wie die Hirsche der früheren Güteklasse IIc alle Altersklassen durchlaufen kann, doch ist dieser Mangel durch Nachbewilligung von erlegten IIb-Hirschen mit geringem Trophäenwert heilbar.

Letztlich müssen bei disziplinierter Jagdausübung beide Wegweiser zum angestrebten Ziel führen und in der Wildbahn in einem der Zahl nach ausreichenden, geschlechtermäßig ausgeglichenen und gesunden Wildbestand relativ viele alte und starke Hirsche heranreifen lassen. Den Weg können in Hessen die einzelnen Hegegemeinschaften wählen, sie sind für fünf Jahre an ihre Entscheidung gebunden.

Es kann jedoch keine Frage sein, daß bei der Klassifizierung der Hirsche der Altersklasseneinteilung aus wildbiologischen Gründen Vorrang gegenüber allen anderen Einteilungsmaßstäben gebührt. Daher sehe ich mit einer gewissen Spannung dem neuen niedersächsischen Hegeerlaß entgegen, dessen sich abzeichnende Umrisse Ministerialrat VON GARSSEN im Herbst 1983 skizzierte. Die künftige Klassenbildung bei den Hirschen schilderte er dabei als eine „Einteilung nach Alters- und Güteklassen ..., wobei das Gewicht der Trophäe in die zu berücksichtigenden Gütemerkmale ..." mit eingehen soll. Es wird sich zeigen, ob Niedersachsen nach Nordrhein-Westfalen und Hessen (in der Variante B) das dritte Bundesland ist, das bei der Einteilung der Hirsche wildbiologischen Gesichtspunkten Priorität einräumt.

Im übrigen kann ich mir im Rahmen künftiger wildbiologischer und jagdpolitischer Entwicklungen für Hessen dereinst durchaus eine Vereinheitlichung der heute gespaltenen Abschußrichtlinien bei strenger Ausrichtung nach dem Altersklassenprinzip vorstellen. Dieses sinnvolle Ziel wäre wahrscheinlich schon 1982 zu erreichen gewesen, wenn es für die freie Wildbahn nicht das aus hegerischen Gründen unannehmbare und mit Rücksicht auf die Grundstückseigentümer und Jäger kaum akzeptable Postulat der Vollschonung mittelalter Hirsche gegeben hätte.

Aber eine Lösung, nach der man das männliche Wild in Hirschkälber sowie junge, mittelalte und alte Hirsche einteilt und die diesen Gruppierungen entsprechenden Klassen III, II und I auf Grund altersbezogener Merkmale gemäß der Grundsätze „dem Hegeziel entsprechend oder ihm nahekommend" (= a) bzw. „dem Hegeziel nicht entsprechend" (= b) unterteilt, wäre denkbar. Bei den Klassen III b und II b wären zur Erleichterung der Jagdausübung die Kriterien der Abschußnotwendigkeit von Hirschen für jedes Lebensjahr unter Berücksichtigung der örtlichen Verhältnisse zu definieren, für die Klassen III a und II a könnten die positiven Beschreibungen dagegen global erfolgen. Das Mindestgeweihgewicht hätte wie in der jetzigen Variante B nur noch als Hilfsmittel für die Darstellung des Hegezieles Bedeutung, als Grenze für die Trennung der Klassen II und I käme es nicht mehr in Betracht. Um den Abschuß in den Klassen III b und II b vor allem auf Hirsche mit einer für ihr Alter besonders geringen Geweihbildung zu lenken, sollten in beiden Klassen für Hirsche mit mickrigen Trophäen Nachbewilligungen möglich sein. Nachzubewilligen wären auch erlegte sehr geringe Hirsche der Klasse I b, damit selbst im Erntealter noch etwaige „Mogler" durch die Jäger gestreckt würden und nicht mißachtet an „Altersschwäche" verenden müßten.

Der vorstehende Absatz zeigt, daß ich mich als ehemals entschiedener Verfechter der Variante A gedanklich dem Modell B weitgehend genähert habe oder ihm in der Diskussionsphase innerlich schon nahestand. Lediglich die totale Abschußsperre für die mittelalten Hirsche war und ist die Barriere.

„Das Ei"

Bald neunzehn Jahre bin ich jetzt als Forstamtsleiter im Jossgrund, aber einen besonders starken Hirsch habe ich trotz der damit verbundenen Möglichkeiten noch nicht erlegt. Vielleicht beutelt mich die Passion zu sehr, wenn ich selbst auf einen besseren Hirsch jage, und fördert schnelles Handeln. Aber es kann auch sein, daß ich nie zum Abwägen kam, da plötzlich ein Einzelgänger mit markantem Geweih auf mich zustand und das Begehren weckte. Der Reiz des Besonderen löste die Schüsse auf meine Hirsche.

So war es 1975 in der Brunft mit dem langstangigen, aber dünnen, zehnjährigen Eissprossenzwölfer vom Staatssekretär, dem 1979 der ein Jahr ältere „Karl Napp" mit einem spindeldürren, ungeraden Achtergeweih im Graben folgte. Den Reigen alter, seltener Hirsche beschloß vorerst der „Silohirsch", den ich zur hohen Zeit des Jahres 1982 in den Eichen im Krickersloch anging und mit Mahnen überlistete. Er war zwölf bis dreizehn Jahre alt, und das gedrungene, weit ausgelegte Geweih zählte rechts fünf und links vier Enden. Der Eissprossenzwölfer vom Staatssekretär und der ungerade Kronenzehner von der „Silowiese" waren II b-Hirsche, Karl Napp zählte sogar nur zu den Hirschen der Güteklasse II c. Aber die Trophäen dieser Hirsche, die alle auf der von dunklem Eichengebälk geprägten Diele hängen, haben Charakter, sind mir lieber als die Geweihe stärkerer „Schönlinge".

Auf den Geschmack für „Hirsche mit Pfiff" brachte mich aber „das Ei", dem ich im Herbst 1973 in Villbach begegnete. Damals meldeten die ersten Hirsche am 3. September, und um die Monatsmitte schrien einzelne bereits voll durch. Das war für die damalige Zeit früh. Aber die Brunft hielt nicht, was wir uns anfangs von ihr versprochen hatten. Sehr schnell verebbte das Konzert wieder, um in Intervallen aufzuleben und erneut zu verflachen. Es gab keinen eigentlichen Höhepunkt.

Am 22. September fuhr ich nachmittags hinaus nach Villbach. Ich wollte mich einem Eissprossenzwölfer mit ungewöhnlich weiter Auslage und wuchtigen Gabeln widmen, den ich von einem Hochsitz im Fichten-Altholz am „Dreimärker" gesichtet hatte. Dieses Mal führte mich mein Weg wegen des Windes zum „Wisentgehege", einer Wildwiese im Villbacher-Dick. Dort bestieg ich den Sitz und harrte der Dinge.

Lange brauchte ich nicht zu warten. In Bieber begannen die Hirsche zu melden. Bald hörte ich vier Stimmen. Die Hirsche zogen über die Grenze und näherten sich, ständig schreiend, meinem Hochsitz. Dann stieß rechts ein Hirsch an, ein zweiter antwortete mit tiefem Baß, ein weiterer knörte links von mir im Schneebruchverhau. Er wendete, erreichte den Kamm und schrie zornig zum Quartett hinüber. Danach verstummte er.

Plötzlich knackte es jedoch in der Traufzone vor mir, und schon trat ein kurzer, gedrungener Hirsch auf die Wiese. Sein Geweih stand wie ein Hühnerei zusammen. Rechts erkannte ich eine kurze Augsprosse, eine normale Mittelsprosse und eine klobige verdrehte Gabel. Links fehlten Aug- und Mittelsprosse und überragte ein langes, durchlaufendes Ende die Gabellinie. Die starken Stangen besiegelten den Eindruck: eine abnorme, begehrenswerte Trophäe.

Der Hirsch stand nun auf der Wiese und schrie. Da küselte der Wind, und mein Gegenüber hob mißtrauisch das Haupt, prüfte die auf ihn zustehende fremde Wittrung. Ich handelte schnell. Beim Anziehen faßte die Kugel hochblatt. Der Hirsch brach in der Fährte zusammen. Ich wartete nicht, baumte ab und ging zum Gestreckten.

Erst jetzt wurde mir die Einmaligkeit des Geweihes voll bewußt. Die Freude kam, ich jubelte. Am „Villbacher-Tor" traf ich Revierleiter Rohland, er hatte den Schuß nicht gehört und wollte es kaum glauben, daß ich einen Hirsch erlegt hatte. Dann staunte auch er.

Landwirt Lochner holte den Hirsch ein. In der Dunkelheit verbliesen wir bei Feuerschein den achtjährigen Hirsch auf dem Burghof. Anschließend hockten 29 Gäste vor dem Kamin, dessen Ehrenplatz das Ei bis zu unserem Auszug einnehmen soll, Erinnerung an eine glückselige Stunde.

Das fast geschlossene Geweih, rechts „Pelikan", links „Fischreiher", ist so auffallend, daß es möglich erschien, den Einstand seines Trägers zur Zeit der Feiste zu erkunden. Ich fragte die Nachbarn in Hessen und Bayern, ich machte 1974 während der Trophäenschau des Rotwildringes Rotwildgebiet Spessart auf das seltsame Geweih aufmerksam, aber niemand hatte den Hirsch gekannt. Schließlich veröffentliche „Wild und Hund" (HOPP, 1974) einen bebilderten „Steckbrief" des Eies, doch seine Herkunft blieb im dunklen. Der Hirsch war einer der reizvollen, unbekannten Wanderer.

Ein „Bock vom Galgen"

Fast jedes Jahr fahre ich zur Bockjagd in den Odenwald. In den beiden Revieren der Familie Weber um Beerfelden jage ich entweder in den Tagen des Gäulsmarktes oder aber zur Blattzeit. Ich saß und pürschte auf dem „Krappenbuckel", im „Liederbach-Tal", am „Elzeberg" und nahe dem „Bärswiesel". Acht Rehböcke wurden mein, sie trugen starke und interessante Trophäen, und ihre Wildpretgewichte lagen mit zwei Abweichungen nach unten zwischen 16 und 19 Kilogramm. Die Beerfelder Böcke sind gemeinhin schwerer als die Rehböcke des Jossgrundes.

Der Gäulsmarkt von Beerfelden ist das Volksfest der Oberzent. Alljährlich vereint sich zum zweiten Wochenende im Juli die Bevölkerung des Hinteren Odenwaldes für mehrere Tage in der „Stadt am Berge". Auf dem Jahrmarkt kann man vieles kaufen: Geschirr, Textilien, Lebensmittel, Süßigkeiten und Vieh. In den Zelten und Gastwirtschaften aber steigt die Stimmung, man „geht aus sich heraus". Daher habe ich manchmal wohl während des Gäulsmarktes Böcke gefehlt; die Augen waren wässerig und trübe, und der Zielstachel wirkte wie ein Seismograph für den belasteten Kreislauf.

Ob zum Krappenbuckel oder zur Liederbach, es geht vorbei am Beerfelder Galgen, der 1597 errichtet wurde und für gut zweihundert Jahre kleine und große Sünder, gerecht oder ungerecht, aus diesem Leben in das Jenseits fallen ließ. Der letzte Todeskandidat war 1804 eine Zigeunerin, sie hatte ein Huhn und zwei Laib Brot gestohlen, „Mundraub" würden wir heute sagen.

Zum Galgen blickte ich, als im Sommer 1982 vor mir auf dem Krappenbuckel in einem Kornfeld ein eigenartiger Rehkopf auftauchte. Die Lauscher waren verdickt durch kurze, knuffige, kaum vereckte und dick geperlte Stangen. Das ganze Haupt war „voll".

Die seltene Krone reizte. Ich blattete den Bock an, und er stand zu. An den zusammenschlagenden Halmen verfolgte ich seinen Kurs. Doch dann war er plötzlich verschwunden, um nach meinem erneuten Blatten wieder das begehrte Gehörn zu zeigen. Aber der Bock hielt nichts von dem falschen Gefiepe und zog Richtung Liederbach. Rasch baumte ich ab. Ich mußte dem Bock den Wechsel verlegen, wenn es noch reichen sollte. Kotze und Jagdtasche blieben am Fuß der Leiter zurück, und so schnell es ging, durchhastete ich am Feldrand das Buchenaltholz. Eine aufgemüdete Ricke sprang ab, aber schreckte nicht. Ich eilte weiter und begann, etwas außer Atem, erst auf dem Feldweg oberhalb der Straße von Beerfelden nach Airlenbach zu pürschen. Just als ich die Leiter zur „Blitzkanzel" enterte, sah ich den Bock. Er stand am Rande des umschlagenen Kornstücks und äste den Gewannweg entlang. Ich zog mich zum Sitz hinauf, verschnaufte und nahm Maß. Doch der Bock stand spitz, und der Schuß auf den Träger war mir zu riskant.

Ich wartete ab, und erst als der Bock breit durch die Rüben zum nahen Wiesel zog, zerschnitt der Schuß die Stille des Abends. Die Kugel riß den Hochzeiter von den Läufen, der hohe Blattschuß führte ihn schnell hinüber. Mir aber hatte der Krappenbuckel wieder Erfolg beschert, einen „Bock vom Galgen".

In Masuren lächelte Diana

Als wir noch hoffen durften, daß die Aufteilung Deutschlands und die Umwälzungen in vielen europäischen Ländern nur vorübergehend das Antlitz der „alten Welt" zerfurchen würden, gab es in der Bundesrepublik Deutschland Stimmen, die sich gegen das Jagen von Deutschen im Osten wandten. Der Jäger sollte das Eigentumsrecht der Vertriebenen achten.

Die Geschichte zeigt, daß das Geschehene nicht unabänderlich ist, aber es gibt in ihr Perioden allmählicher Korrekturen und Zeiten stürmischen Wandels. Die Welt wird sicherlich nicht immer in West und Ost geteilt bleiben. Machtverschiebungen sind ebenso wie Grenzänderungen denkbar, Europa kann zu sich finden, und in der „Dritten Welt" erscheinen viele Entwicklungen möglich. Derzeit ist aber die Lava der Geschichte auf unserem Kontinent weitgehend erstarrt.

Gerade deshalb sollten wir aber auch im Osten jagen, denn nur die zwischenmenschlichen Kontakte fördern das gegenseitige Verstehen, den europäischen Zusammenhalt. Darüber hinaus dient das Jagen in fremden Ländern dem Sammeln von Erfahrungen. Und wie sollten alle in unserer kleinen Republik ansässigen Jäger ausreichend

Jagdgelegenheit finden, wenn es das Ventil zur Jagd im Ausland nicht gäbe?

Manchen westdeutschen Jäger zieht es aber auch in südliche Gefilde und andere Kontinente, das Flugzeug hat uns ferne Lande nähergebracht. Spanien, die Türkei, Asien, Neuseeland, Nord- und Südamerika stehen auf dem Programm von Jagdveranstaltern. Ich bin der Weite des Ostens verhaftet und der Kargheit nördlicher Landschaften verfallen; Alaska, das ist mein Traum.

Über Masuren leuchtete der Mond, als sich Ende August 1974 der Wagen des Hanauer Arztes Dr. Aha mit dem Tiermediziner Dr. Wiek aus dem Spessart und mir der polnischen Oberförsterei Czerwony Dwór, dem früheren Preußischen Forstamt Rothebude, zwischen Goldap und Lyck, näherte. Die Ärzte wollten auf Hirsch und Keiler waidwerken, während ich mich ausschließlich den Sauen widmen und allenfalls am Rande einer Pürsch noch einen Rehbock schießen wollte.

Die Baumarten Eiche, Erle, Birke sowie Fichte und Kiefer bestimmen in den meist gut gepflegten Beständen der Oberförsterei Czerwony Dwór das waldbauliche Bild. Dabei ist der stete Wechsel von versumpften Partien mit anmoorigen Gebieten und trockenen Zonen charakteristisch, und fast allerorten zeigt sich in den Baumhölzern eine kniehohe Krautschicht im Verbund mit zahlreichen Sträuchern. Das Wild findet überall Deckung und Äsung zugleich. Dazu kommt eine gegenüber unseren Revieren noch „himmlische Ruhe". Das Schalenwild kann auch am Tag ziehen und äsen.

Wir fährteten Wisente und Elchwild, sahen Rehe, Kahlwild und Hirsche, beobachteten immer wieder Sauen und entdeckten im Lehm und Sand die Spuren von Wolf und Luchs. Häufig kamen auch Haselhühner vor. Dachs und Fuchs rundeten das Bild. Diesem Wildreichtum standen im Wald nur geringe Wildschäden gegenüber. Ich habe auf den zahlreichen und ausgedehnten Pürschen keinen einzigen frischen Schälschaden feststellen können. Dabei ist die bei uns so oft stark geschälte Fichte mit 38 Prozent an der Bestockung beteiligt, und die Wilddichte des Rotwildbestandes wurde damals auf 3,1 Stück je 100 Hektar Holzboden geschätzt. Intakte und nicht ständig durch „Feinddruck" gestörte Biotope können eben wesentlich höhere und artenreiche Wildbestände tragen als verarmte und fortwährend vom Menschen beunruhigte Lebensräume.

Anders sah es auf den Feldern aus, wo das Schwarzwild im Jahr unseres Aufenthaltes zu einer Plage für die Landwirtschaft und zu einem

Problem für die zur Schadensersatzleistung verpflichtete Forstverwaltung geworden war. Ganze Getreideschläge wurden durch Sauen verwüstet, und die Hackfruchternte war vielerorts in Frage gestellt. Schäden, wie ich sie auf der Feldgemarkung von Neuendorf (Jablonowo) sah, hatte ich bis dahin noch nicht kennengelernt.

Die Aussichten für mein Vorhaben, vornehmlich auf Sauen zu jagen, standen also gut, aber ich hatte Pech. Ein Keiler kam beim Angehen am Rande eines Haferschlages in den Wind, und zwei Überläufer schoß ich krank. Da ein guter Hund fehlte, endeten die „Nachsuchen mit den Augen" im Sumpf oder dichten Unterholz. Nur Dr. Wiek erlegte einen dreijährigen Keiler, und Böcke wurden die Beute aller drei Hessenjäger. Schließlich streckte der Hanauer Arzt noch seinen „Lebenshirsch". Zuvor aber hatte ich mein großes Erlebnis.

Über Ostpreußen stand das spätsommerliche Hoch. Die flimmernde Hitze legte ihren Schleier über das Land. Seen, Felder und Wälder verflossen konturenlos in der Ferne. In den sternklaren Nächten und im klammen Morgennebel schrien schon die Hirsche, der Herbst, das Fest des Jagdjahres, kündete sich an.

Nach einem Morgenansitz in Duneyken unterbrach mein Führer Tadeuz, ein erfahrener Jägersmann und menschlich angenehmer Begleiter, die Rückfahrt nach Czerwony Dwór.

Schritt für Schritt pürschten wir auf dem Rand einer weiten Senke. Immer wieder leuchteten wir mit den Gläsern die Kulturflächen ab. Aber die Sauen lagen offenbar schon in den Kesseln, und das Rehwild döste irgendwo im hohen Gras. Da stieß mich Tadeuz plötzlich an. Vor uns wippten Äste. Ein langes, graues Haupt, das wie ein Pferdekopf aussah, wurde sichtbar. Ein Elchtier streifte genüßlich Blätter von den Zweigen junger Eschen. Das vertraute Stück führte kein Kalb. Äsend verschwand es allein in der Mulde. Ich hatte Elchwild gesehen und freute mich.

Aber Tadeuz mußte etwas vorhaben. Er beendete die besinnliche Pause und forderte mich zum Folgen auf. Als wir einen nahen Weg erreicht hatten, wurde der Führer vorsichtig. Geduckt schlichen wir auf der Böschung voran. Da stieg aus einem Graben das Elchtier. Es verhoffte und äugte zu uns her. Die Lauscher spielten, Sekunden verrannen. Dann schnellte der Kopf des Tieres empor, hoben sich seine Läufe und im flotten Troll passierte es ausgreifend die benachbarte Kultur, um auf einer Kuppe zu verhalten.

Unvermutet fragte Tadeuz: „Du schießen?" Ich blickte ihn ungläubig an. Er nickte, und der Zielstock wechselte den Besitzer. Die

Bockbüchsflinte glitt in die Gabel. Das Auge suchte mit dem Zielfernrohr das Tier. Als der Stachel hinter seinem Blatt stand, ließ ich fliegen. Im Knall ruckte das Stück zusammen, flüchtete, torkelte, fing sich und trollte einem Altholz entgegen. Dann hörte ich es im Unterholz zusammenbrechen und schlegeln.

Auf dem Anschuß lagen Lungenfetzen und blasiger Schweiß. Ohne Schwierigkeiten folgten Tadeuz und ich der gut sichtbaren Schweißfährte. Das verendete Schmaltier lag auf einer kleinen Blöße. Ich betrachtete die Beute, das kräftige Tier, das wie ein Fabelwesen aus der Urzeit wirkte. Dann wallte die Freude auf, und ich schlug Tadeuz auf die Schultern. Diana lächelte in Masuren.

Bleibt zu erwähnen, daß ein Jahr später Dr. Jacobs aus Lehrte, den ich noch vorstellen werde, in Rothebude einen für ostpreußische Verhältnisse starken Elchschaufler schoß. Mein erster Elchhirsch, ein „doppelter Fahrradlenker", folgte erst im Oktober 1980 in Schweden. Von Alaska träume ich noch.

Im Gebirg

Mecklenburg, das kleine, aber weite Land an der Ostsee, ist kein flacher Landstrich. Wer im Moränengebiet Fahrrad fährt, weiß um das Auf und Ab der langgezogenen Bodenwellen. Doch die Berge meiner mecklenburgischen Heimat sind Hügel. In der Nähe von Marnitz, das leicht von Parchim aus erreichbar ist, bestimmen die Ruhner Berge die Landschaft, ihre Höhe mißt 178 Meter über NN.

Wer als Mecklenburger in ein Mittelgebirge verschlagen wird, wähnt sich zunächst schon in den Alpen. Lernt er dann die alpine Bergwelt kennen, denkt er an die Expeditionen kühner Frauen und Männer im Himalaja. Etwas höher, über den schneebedeckten Gipfeln, leben die Götter. Die Berge sind Stufen zum Himmel.

Erst 1975 besuchte ich daher Österreich. Ich hatte es nicht eilig, den Göttern näherzukommen. Keiner soll sie versuchen, und jeder sollte nur dort allein jagen, wo er Halt mit den Füßen findet und handwerklich bestehen kann. Was wußte ich schon von den Bergen und ihrem Wild?

Aber schließlich überredete der Nachbar Rösch Freund Röder und mich zu einer Bergtour nach Pichl an der Enns. Im Stoaner-Hof, einem dreihundert Jahre alten Fachwerkbau, wurde das Kleeblatt von

Willi Walcher, dem jagenden Bergbauern, und seiner gastfreundlichen Familie erwartet.

Der Kalender verzeichnete den Monat Mai, aber bis in die schroffen Täler hinab lag noch der Schnee. Fleißig übten die Männer der Ebene das Steigen, doch mit unterschiedlichem Erfolg. Der Notar kam krank aus dem Berg, mir half die Nachsuchen-Konstitution.

Zum ersten Mal stand ich auf Skibrettern und nahm Kurs „Ursprung-Alm" (1610 m), „Kalkspitze" (2459 m) und „Kammspitze" (etwa 2400 m) als „Positionslichter" nutzend. Vorweg der leicht und elegant gleitende Willi, hinterher die mecklenburgische Dampflokomotive aus dem Jossgrund. Immerhin, ich verdiente mir ein anerkennendes Nicken des gewandten Begleiters. Willi meinte, daß ich ein guter Skispringer geworden wäre, denn kurze Laufzeiten und häufiger freier Fall würden meinen Stil prägen.

Nach langem Lauf und mühevollem Steigen erreichten wir bei sternenklarer Nacht die Alm. In eine ihrer verschneiten Hütten schlieften wir ein. Bauernbrot gab es und Speck über den Daumen, und ein herrliches Vogelbeeren-Wasser war Erfrischung und Schlaftrunk zugleich.

In der Frühe wärmte und ermunterte ein kräftiger Tee. Noch im Dunkeln begann der Aufstieg zur „Jauch". Nach einer Dreiviertelstunde war das Ziel, ein Schirm unterhalb des Gipfels, erreicht. Eingehüllt in die Kotzen erwarteten wir den Tag.

Die ersten Vögel sangen, es hellte auf, und ein- oder zweimal glaubte ich, das Zischen des Hahnes zu hören. Plötzlich Flügelgeschwirr, und der kleine Ritter mit der roten Kappe schwang um die Felsnase. Vor einer Lärche fiel er ein, sicherte und war schon verloren, als er sein Spiel begann. Tödlich getroffen rutschte der Hahn mit den Schwingen schlagend hangab. Willi sprang auf, zwei, drei weite Schritte am Berg, ein Sprung, und wie ein fliegender Torwart den Ball, so fing der Führer die gleitende Beute. Der Spielhahn von der Jauch, dem die Reise galt, war mein.

Der Schuß aus dem Schirm mit Schrot war leicht. Das Begehren erfüllte sich fast zu schnell. Nur das Vorspiel war Männersache gewesen, hatte gefordert, die Kräfte bis zur Leistungsgrenze getrieben. Einen Birkhahn aber werde ich nicht mehr schießen.

Zwei Jahre später jagte ich Ende August wieder oberhalb der Ursprung-Alm. Ein brunftmüder Rehbock erhielt im „Zischstoaboden" die Kugel, und einen sechsjährigen Gamsbock traf das Blei in den Felsen vom „Kirchl". Starke, hohe und gehakelte Krucken zierten das Haupt. Die enge Stellung der Schläuche gibt der Trophäe eine besondere Note. Ich war glücklich, zufrieden, dankbar, aber immer hatten mich die Berge noch nicht gefordert. Willis Fürsorge behütete mich.

Heinz-Jürgen Weber und sein Schwager Theimer, die Odenwälder Freunde, jagten für einige Jahre im „Baumgartl" bei Maria Alm. Im Jahr 1981 luden sie mich auf eine Gams ein. Die Herbstreise nach Österreich begann am 2. September. Am frühen Nachmittag des gleichen Tages saßen wir schon in der Jagdhütte. Doch der Aufenthalt war nur kurz. „Ausladen und einpacken!" hieß die Parole. Dann ging es – sozusagen aus dem Stand – zum „Riemannhaus" (2177 m) hinauf. Ich spürte den Wechsel vom Spessart zum Hochgebirge, aber das „Aufi" wurde mit Anstand geschafft.

Auf der hohen Hütte hatten schon viele Gäste Quartier gefunden, auch Damen, aber wir blieben artig im „Hinterstübl" bei Fred Gruber, dem Wirt und Jager. Die Müdigkeit kam früh, wir trollten in unser „Séparée" und schnarchten im „Wechselsang mit Kontrapunkt" dem neuen Tag entgegen.

Kurz nach fünf Uhr klingelte der Wecker, ein Stück Brot, einen Happen Wurst, eine Tasse Kaffee, und der Einstieg in das „Steinerne Meer" begann. Zwölf Stunden und fünfundvierzig Minuten sollte das Hüpfen von Stein zu Stein, das Kraxeln, Rutschen und Stolpern dauern. Den Göttern nahe, verwandelten sich meine Gebete in Flüche. Sie halfen nicht, ich mußte weiter, immer dem bergerfahrenen Trio hinterher.

Zwei Böcke und zwei Geißen mit einem Kitz sahen wir, aber zum Schießen war nichts dabei. Zur Brotzeit kam am „Rotwandl" ein Rudel Scharwild um den Berg, doch es traute den jausenden Jägern nicht, verhoffte und wechselte zurück. Auch der Nachmittag brachte nichts. Es begann zu regnen, und wir traten den Rückmarsch an. Da ästen plötzlich oberhalb des Pfades fünf Stück Gamswild, und erneut begann die vermaledeite Viecherei des Kletterns. Freund Theimer hatte Erfolg, er erlegte unter schwierigen Bedingungen eine geringe, zweijährige Geiß. Fred und der Schütze bargen das Stück, schwebten einen Moment über einer zwanzig Meter hohen Wand – und hatten Glück.

Endlich erreichten wir das Riemannhaus. Naß, müde und angeschlagen sehnte ich das Bett herbei. Da stürmte der Hüttenwirt in die Stube und rief: „Gams im ,Steigwandl', aufi, schnell, schnell!" Ich griff zum Gewehr, folgte dem Führer und wußte als zusätzlichen Begleiter Heinz-Jürgen Weber hinter mir. Das Riemannhaus wurde immer kleiner, verschwand. Das Anpürschen begann, und schließlich lagen wir im nassen Gras hinter einem Felsen. Fred sprach an, gab mir eine alte Geiß und Heinz-Jürgen das dazugehörige schwache Bockkitz frei. Die Schüsse fielen auf Kommando a tempo. Beide Stücke lagen.

Hinauf bin ich auch noch gekommen, aber später als meine Begleiter. Fast im Dunkeln erreichte ich das Haus. Die Freude kam erst verhalten, aber dann schäumte sie auf wie der prickelnde „Sprudel mit Korken". Einen Tag lang hatte ich mit dem „inneren Schweinehund" gerungen und schließlich gewonnen.

Begebenheiten

Aus alten Tagen

Der Referendarvater Dr. Hackmann, der oft so ernst dreinschaute, streng gegen sich, aber auch fordernd gegenüber anderen war und scharf diskutieren konnte, verbarg hinter dem Mantel kühler norddeutscher Distanz ein mitfühlendes Herz. Hackmann war alles andere als hart. Not und Pein rührten ihn, er half, wo er helfen konnte. Die ehemaligen Waldarbeitersiedlungen im Jossgrund sind noch heute ein beredtes Zeichen seiner Fürsorge für ihm anvertraute Menschen.

Abends, wenn er nach einer Bereisung oder einem Jagdtag in den Burgjoßer Revieren als Gast in der so lange von der Familie Hackmann bewohnten Burg dem Rheingauer Riesling zusprach und dem Geflüster des Kaminfeuers lauschte, konnte es geschehen, daß er seine Verschlossenheit aufgab und zu plaudern begann.

Als Hackmann in den Jossgrund einzog, bestimmten noch der Dechant, der Arzt, der Lehrer und der pensionierte Forstmeister Jacobi beim Dämmerschoppen und Kartenspiel in der Gastwirtschaft „Goldener Adler" zu Oberndorf weitgehend die Regie für das Geschehen des Tales. Der Mediziner war wie der Vorgänger im Amte Jäger, und beide erschienen als Gäste auf der ersten Gesellschaftsjagd des jungen Oberförsters.

Man jagte auf Schwarzwild, Hasen und Füchse im „Josswald". Die Jäger führten daher eine Doppelflinte, Schrot für das Niederwild und Posten für die Sauen. Nur Hackmann, schon damals ein brillanter Kugelschütze, erschien mit einer Büchse.

Als das letzte Treiben vorüber war, hatte die kleine Jagdgesellschaft einen Überläufer und acht Hasen erlegt. Hackmann strahlte, denn seine Kugel hatte den hochflüchtigen Kujel gebannt, die Hasen waren die Beute der Gäste. Das gute Ergebnis beflügelte die Stimmung, die Jäger fuhren mit der Kutsche nach Pfaffenhausen zur „Lone". Während Grog und Korn die Gesellschaft erwärmten, trabte das Gespann mit dem Kutscher zurück in den Wald. Er sollte das Wild sammeln und zum Legen der Strecke beim Gasthaus abliefern.

Das Abendbrot, Schinken und Schwartemagen, war schon vorüber, aber der gute Ludwig, der Kutscher, noch immer nicht zurück. Hackmann, ein pünktlicher Beamter und höflicher Gastgeber, wurde unruhig. Er begann sogar zu schimpfen, und als sich schließlich zu später Stunde der vermißte Fahrer mit hochrotem Kopf durch die Tür zwängte, prasselte eine nicht gar freundliche Begrüßungskanonade auf den Dienstmann herab. Doch das verschlimmerte die Situation, denn der Kutscher war so aufgeregt, daß er nicht sprechen konne. So redete und fragte nur einer, Hackmann. Ludwig Hagemann dagegen bewegte immer schneller die Kinnlade, verzerrte das Gesicht, rieb die Hände und trat von einem Bein auf das andere. Er brachte kein Wort heraus. Aber als Hackmann nun ebenfalls erregt und mit gerötetem Haupt auf den Delinquenten zuschritt und lauthals fragte: „Ludwig, zum letzten Mal, wo ist die Strecke?", da öffneten sich die zuckenden Lippen und alle Anwesenden vernahmen deutlich das unglaubliche Wort: „Weg!" Eine Sau und acht Hasen blieben spurlos und trotz aller Nachforschungen verschwunden, und es ist bis heute nicht bekannt, wer dem Kutscher zuvorgekommen war.

So energisch und schnell Hackmann mit der Wilderei durch Banden aufräumte, die damalige Hungersnot im Spessart dauerte ihn, und für das aus der Armut resultierende unberechtigte Jagen einzelner hatte er sogar Verständnis. Ja, er zollte seinen „Gegnern" Respekt, wenn es ihnen gelang, ihm, dem entschlußfreudigen und rasch handelnden Amtsleiter, ein Schnippchen zu schlagen.

Schon am Anfang seiner Burgjoßer Zeit meldete sich bei Hackmann eines Morgens der Förster Buchmann. Dieser hatte beim Pürschgang einen verendeten, aber noch warmen Hirsch gefunden. Da weder Gäste noch Beamte in der Frühe gejagt hatten, mußte der Zehnender, den ein Kugelschuß gefällt hatte, gewildert sein. Der noch unaufgebrochene Hirsch lag auf einem Hangweg und sollte offensichtlich von dort aus abtransportiert werden.

Während Ludwig Hagemann die Pferde anschirrte, wurde der Landgendarm alarmiert, und dann setzte sich der Zug der Gerechtigkeit in Bewegung. Auf dem Bock saßen der Kutscher und Buchmann, im „Fond" hatte der Oberförster Platz genommen, und hinter dem Gefährt strampelte auf dem Fahrrad der Dorfpolizist. Oberndorf wurde passiert, Pfaffenhausen durchfahren und schließlich der Wald erreicht.

Die Spannung wuchs und schlug am Fundort in Ratlosigkeit um, der Hirsch war nicht mehr da. Ein Krellschuß schied aus, Buchmann beschwor es, er hatte einwandfrei den Einschuß auf dem Blatt gesehen. Außer dem Abdruck des Hirsches gab es jedoch keine Zeichen. Die Augen entdeckten weder die Spur eines Wagens noch den Eindruck des Rades von einem Schubkarren. Am Hang allerdings war das Laub aufgestoßen, dort konnte vielleicht ein Mensch talwärts gestolpert sein, aber auch diese Fährte brachte nichts ein. Die Beamten suchten im Gebüsch des Waldrandes, folgten dem Bachlauf, alles vergebens.

Schließlich gab Hackmann auf. Dennoch bestand ein Verdacht, sprach man in den Dörfern des Jossgrundes verhohlen über das Ende des Hirsches. „Attila", ein kräftiger Mann aus Pfaffenhausen, sollte der Wildschütz gewesen sein. Doch niemand wußte etwas Genaues, und keiner konnte die Tat dem verwegenen Burschen beweisen. Die Jahre kamen und gingen, und in dem Meer der Zeit versank langsam die Mär des Hirsches.

Da trafen sich Anfang der fünfziger Jahre eines Tages auf einer Straße in Bad Orb der beleibter gewordene Forstamtsleiter und der gealterte Wildschütz aus Pfaffenhausen. Attila lüftete den Hut, Hackmann zog seinen, und dann fragte er schnurstracks, so wie es seine Art war und mit dem spitzen norddeutschen „S" den Jossgründer Wilddieb außer Diensten: „Sagen Sie mir, Abersfelder, wie haben Sie das eigentlich damals – Sie wissen – mit dem Hirsch gemacht?" „Ich habe ihn auf die Schultern genommen, Herr Oberförster, hangab getragen und bin dann im Bach weiter gelaufen." „Mit dem geschulterten Hirsch?" „Ja, Herr Oberförster, so war es."

Spät klärte sich damit das Ende eines gewilderten Hirsches. Abersfelder ging bald danach auf die große Reise, aber durch Hackmanns Erzählung ist er noch gegenwärtig. „Hopp", sagte Hackmann einmal zu mir, „der Bursche hatte nicht nur Kraft, er hatte auch Charakter."

Nachsuche für „Dr. Schluck"

„Dr. Schluck", dat wir man blot sin Ökelname, in Wirklichkeit hieß der promovierte Jurist und Landwirt „Jacobs". Sein Spitzname entstand, als er im Gasthaus „Zum Hirschen" in Pfaffenhausen einen „Schluck" bestellte, aber niemand in der Wirtschaft sich unter dieser norddeutschen Umschreibung für einen „Klaren" etwas vorstellen konnte.

Ich lernte den Doktor in Frielingen als Schwiegervater des ältesten Sohnes meines verehrten Lehrherrn Gliem kennen. Dr. Jacobs war ein „Spätberufener" unter den Grünröcken, aber ein passionierter Jäger. Kurzatmig vom starken Rauchen und etwas hart zu Fuß, wie er war, gestaltete sich das Pürschen mit ihm nicht leicht. Aber er, der wesentlich Ältere von uns, ertrug alle Blicke über den Hals, den mahnenden Zeigefinger und auch den einen oder anderen derben Fluch. Und freuen konnte sich dieser gestandene Mann, wenn es geklappt hatte, daß es eine Freude für den Führer war.

Immer wenn die Blattzeit kam, reiste Dr. Schluck von Lehrte nach Frielingen. Unter dem damals noch stillen Eisenberg schoß er manchen guten Bock. In der Gastwirtschaft Richard zu Willingshain oder bei Schmitts in Frielingen war dann Endstation. „Heimkehr bei Morgengrauen" hieß der Funkspruch der Jäger an die wartenden Frauen.

Als mit dem Ausscheiden von Forstmeister Gliem unsere Jagdzeit in Frielingen endete, wurde Dr. Schluck Jagdgast im Jossgrund. Alljährlich erschien er im August in unserem Tal, und fast in jedem Jahr hatte er Erfolg auf Rotwild oder Sauen. „Pütt, pütt", machte er dann und bestellte die erste Lage der kleinen und großen Gläser.

Mitte August 1972 hockten Dr. Jacobs und ich nachmittags schon zeitig auf einem Hochsitz im Stelzengarten. Auf dem Klee der Äsungsfläche brach sich das Licht der Sonne vielfältig in zahllosen Regentropfen. Ein Gewitter war gerade vorübergegangen. Die Wiese glitzerte und funkelte wie von Edelsteinen übersät.

Da erhaschte ich am gegenüberliegenden Dickungsrand eine Bewegung und hob das Glas an die Augen. Was ich sah, war trotz der frühen Stunde ein einzelnes Stück Schwarzwild, ein geringer Überläufer. Vorsichtig schob er sich aus den Zweigen der Fichten heraus, sicherte, tauchte in den Ginster und trollte auf die Wildwiese.

Der sichtbare Pinsel entschied das Geschick. Ich gab den Schuß frei, doch der Nachbar wurde nicht fertig. Vielleicht war es dem Kujel noch zu hell, vielleicht küselte auch der Wind, jedenfalls war die Sau plötzlich von der Bildfläche verschwunden. Doch sie verhoffte im Ginster, holte Wind und erschien danach beruhigt auf der eben verlassenen Bühne.

Jetzt hatte es der Gast eilig. Er schoß viel zu früh, der Schuß brach, als der Überläufer noch spitz zustand. Das Stück zeichnete, es rutschte rudernd über den Klee. Durch das Glas sah ich einen faustgroßen Schweißfleck im Bereich des Blattes, dann tauchte der schwarze Geselle im Reisig der Durchforstung unter.

Dr. Jacobs war sich seiner Kugel sicher, und auch ich glaubte, daß die Sau liegen würde. Dennoch ging ich zum Wagen und holte Rumold. Schwarzwild ist hart; ich machte am Anfang meiner Nachsuchentätigkeit die ganz persönliche Bekanntschaft mit einem Schwein und bin seitdem nicht darauf erpicht, mich mit Sauen am Boden zu wälzen. Der DW-Rüde markierte den Anschuß, verwies Wildpretschweiß und führte mich durch das störende Geäst hangan. Das konnte nicht stimmen, der Kujel mußte im Bereich des Anschusses zu finden sein.

Also: noch einmal das Ganze von vorn. Wieder Schweiß auf der Wiese, erneut der Haken im Verhau, und auf ging es wiederum den Hang hinan. Ich rekapitulierte, sah das Rudern des kranken Überläufers und den tiefen Schweißfleck. Blitzschnell zündete die Erkenntnis, daß die Verletzung ein hoher Laufschuß sein müßte.

Rumold wurde geschnallt. Sein voller Fährtenlaut erklang und ging bald in mitreißendes Hetzgejaid über. Dann aber verlor sich das Geläut. Bis zur Dunkelheit arbeitete ich mit der zugeführten Maja am langen Riemen die Fluchtfährte nach. Schweißspritzer und Abdrücke der Ballen des Rüden zeigten, daß Rumold an der Sau hing. Später traf ich auf dem Höhenweg den benachrichtigten Eckel, auch Dr. Jacobs fand sich ein. Es begann eine Horchfahrt durch die Nacht. Unweit der „Zernikow-Eiche" meinte ich schließlich Rumolds tiefen Laut zu hören. Eckel und ich gingen nach. Immer deutlicher wurde der Standlaut des Rüden.

Im Suhlengelände der Abteilung 42 A, in der Nähe der Feldgrenze von Lettgenbrunn, stand der Ball. Hier hatte der Rüde über zwei Stunden die laufkranke Sau gebunden. Als wir uns näherten, verbiß er sich, er war nicht mehr zu lenken. Gegen alle Regeln der Nachsuchenpraktika mußte eine Lampe helfen. Schließlich beendete eine Brenneke das Leben des Kujels.

Eckel brach die Sau auf, während ich den Hund abliebelte und genossen machte. Dann packte uns der Schalk, wir zogen den Überläufer an eine Wendeplatte und legten ihn so, als ob er in der Fährte zusammengebrochen wäre. Nachdem wir uns die Hände im reichlich vorhandenen Wasser gereinigt hatten, kehrten wir zum wartenden Dr. Schluck zurück.

Die Frage nach der Sau wurde mürrisch beantwortet. Wir wären zwar an den Ball herangekommen und hätten dem Kujel auch einen Schuß antragen können, aber über seine Wirkung würde erst die Fortsetzung der Nachsuche in der Frühe Klarheit bringen. Der Überläufer wäre auf und davon. Eine Einladung zum Nachtessen lehnten wir ab.

Auf der vorgetäuschten Rückfahrt „bemerkte" ich plötzlich das Fehlen der Lampe. Ich drehte den Wagen und kündigte eine Abkürzung an. Wir fuhren Richtung Drehscheibe, und als ich nahe der Wendeplatte war, lenkte ich den Wagen mit großem Licht an die Böschung heran. Plötzlich neben mir ein Schrei und wild gestikulierend rief Dr. Jacobs: „Die Sau, die Sau!" „Doktor, Sie spinnen!", war die „ärgerliche" Antwort. „Nein, wirklich, sie liegt auf dem Erdwall!" Also bremste ich gehorsam, und schon war der Gast aus dem Wagen. Er lief, er rannte zurück. Wir hörten ihn jubeln, doch als Eckel und ich hinzutraten, sagte er nur noch: „Ihr Himmelhunde!"

Es wurde eine lange Nacht im Jagdhaus Horst. Der Erleger rächte sich auf seine Weise – kurz und lang. Rumold ging bald darauf verloren, und Gevatter Hein führte 1982 Dr. Schluck auf den Wechsel in die endlose Zeit.

Das „Fliegentier"

Die ersten Nebelschwaden hoben sich gerade, als Maja und ich am Villbacher Tor mit Revierleiter Rohland, Jagdgast Nolte und dem Orber Forstwart Haas zusammentrafen. Wir schrieben den 11. Oktober 1972. Die Brunft war schon abgeklungen, nur noch ein paar Japper schrien sich ab und an ihre zu kurz gekommene Lust aus dem Hals. Der Kahlwildabschuß hatte deshalb tags zuvor eingesetzt und uns gleich zwei Nachsuchen beschert. Nach den Auskünften der Jäger sollten jedoch beide Schweißarbeiten rasch als leichte Totsuchen enden.

Aber meine Skepsis gegenüber den Prognosen betroffener Schützen zum Ausgang von Nachsuchen wurde bestätigt. Der erste Anschuß, der in einem raumen Fichten-Altholz mit ankommender Naturverjüngung liegen sollte, war nicht verbrochen, und ich konnte keine Pürschzeichen entdecken. So griff ich mit der Wachteline zwischen dem älteren Bestand und einem angrenzenden Stangenholz vor. Bei der Vorsuche verwies die erfahrene Hündin plötzlich ein paar Tropfen Schweiß. Eine kurze Kontrolle ergab, daß das vom Jagdgast Nolte beschossene Stück bei der Schußabgabe erheblich höher im Hang gestanden hatte als angegeben war.

Die Riemenarbeit begann. Trotz aller Verleitungen suchte Maja sicher, klebte sie an einer bestimmten Stanzfährte. Schweiß konnte sie jedoch nicht mehr bestätigen. Erst als im Bereich des Wisentgeheges, der großen Wildwiese im Villbacher Dick, die Hündin zu faseln begann, mißtraute ich ihr. Maja wurde abgetragen, und die Schweißarbeit begann erneut von vorn.

Aber wiederum scheiterte das Gespann im Bereich der Daueräsungsfläche. Hier gab es besonders viele frische Fährten, und es roch nach Brunft. Offensichtlich hatte in der Nacht ein später Freier noch auf der kühlen Wiese gebrunftet. Zudem war die Wundwittrung des krankgeschossenen Schmaltieres wahrscheinlich gering, denn Pürschzeichen fanden sich kaum.

Schließlich aber löste die Hündin den Knoten, kannte sie die „Handschrift" des gesuchten Stückes. Recht zügig führte mich Maja am strammen Riemen in den Schneebruchverhau der Abteilung 189. In diesem Wirrwarr von Ästen, Wipfeln und Stämmen entglitt mir beim Klettern das Leder, und die Gefährtin zog allein davon. Ich fluchte, denn die fast taube und lichtschwache alte Hundedame war ohne Führer recht hilflos.

An einem trockenen Zopf entdeckte ich endlich Maja. Auf meinen Zuruf reagierte sie aber nicht. Ich dachte, daß sie sich verfangen hätte, und war erstaunt, sie am Kopf des gesuchten Stückes zu finden. Das Schmaltier selbst war regelrecht eingegraben. Ein Fuchs hatte eine Keule angeschnitten und danach das Tier mit Rohhumus zugescharrt. Nur Haupt und Rücken waren frei geblieben. Die Kugel hatte das kleine Gescheide durchschlagen, Einschuß und Ausschuß waren jedoch verstopft. Eine recht schwierige Schweißarbeit hatte einen erfolgreichen, aber nicht alltäglichen Abschluß gefunden.

Gast Nolte, den geschäftliche Verpflichtungen riefen, wurde entlassen, während Rohland, Haas und ich zum zweiten Anschuß fuhren. Er lag auf der Wildwiese der Abteilung 200a. Hier hatte „Willi", der vom Waldarbeiter zum Hausmeister avancierte und später zum tüchtigen Forstbeamten aufgestiegene Revierleiter des Dienstbezirkes Jägerskreuz, im knappen Abendlicht ein Schmaltier beschossen. Das Stück hatte nach seiner Meinung im Schuß gezeichnet und war schwerfällig in ein nahes Stangenholz geflüchtet.

Die Sonne stand schon hoch am Himmel, und der Herbst kochte den Sommer aus, als ich Maja die Halsung anlegte. Dann wurde der Anschuß kontrolliert, und das Gesicht des sonst so heiteren Willi wurde zunehmend länger, denn es fanden sich keine sichtbaren

Pürschzeichen. Aber der Schütze betonte, gut abgekommen zu sein, und redete mit „Händen und Füßen", als er das Zeichnen und die Flucht des Tieres schilderte. Ich glaubte dem Förster vom Jägerskreuz fast alles, nur nicht den Schwur des Nichtnachgehens. Man kennt seine „Pappenheimer", die Neugier der Schützen, die Furcht, etwas falsch gemacht zu haben, den Drang zur Gewißheit.

Die Hündin untersuchte den Anschußbereich sehr interessiert, verlangte Riemen und führte uns in den fast schon geschlossenen Jungwuchs. Hier verwies sie Schweiß, markierte an den Ästen abgestreiftes weiches weißes Schnitthaar und zeigte ein Tropfbett. Von dort ging es durch einen lichten Riegelbestand aus älteren Eichen und Kiefern. Auf Heidelbeerblättern und an Grashalmen klebte Schweiß. Wir waren richtig, und Maja ließ trotz der Wärme nicht mehr locker. Auch in der anschließenden Dickung bestätigte sie die Wundfährte.

Als die Hündin durch Verhoffen, Zurückäugen und Wedeln mit der Rute ihr Signal zum Schnallen setzte, gab ich die Halsung frei. Ich glaubte, daß das Stück vor uns herziehen würde, und war überrascht, als bald und unweit der „Horchstation" tiefer Standlaut ertönte. Maja rief die Nachsuchenmannschaft zum Stück.

Das Schmaltier lag verendet auf einem Wechsel in einer nur locker bestockten Eichen-Insel. Die einfallenden Sonnenstrahlen hatten es bereits zu einem Ballon aufgetrieben. Hunderte, in vielen Farben schillernde Fliegen und Wespen krabbelten auf der prallen Decke emsig hin und her, landeten und starteten, summten und brummten, es war ein Fest für Schmeißgetier.

Unseren Schützen aber focht das nicht an. Er strahlte, denn dort lag sein erstes Stück Rotwild. Die Aufforderung zum Aufbrechen befolgte er flugs. Er zog sein Messer, hob es in die Höhe und stieß den in der Sonne blitzenden Stahl mit Wucht in den aufgedunsenen Körper. Die Wirkung war ungeheuer: Mit lautem Pfiff entwich das übelriechende Gas und trieb eine Fontäne von Panseninhalt und Schweißteilchen in das Gesicht des gebeugten Jägers. Gleichzeitig bewirkte der originelle Startschuß den Aufstieg aller versammelten Fliegen- und Wespengeschwader. Rohland, Maja und ich ergriffen die Flucht, während Willi Haas, im Antlitz von grün-rötlichen „Sommersprossen" gezeichnet, wie ein Hampelmann zappelte und sich der Wolke von schwirrenden Wespen und Fliegen erwehrte. Es dauerte lange, bis Willi das so ungewöhnlich begonnene Aufbrechen beenden konnte, denn die „Pansencreme" auf Wangen und Hemd erforderte immer wieder Unterbrechungen zur Abwehr der Plagegeister. Das

„Fliegenschwein" von der Weidenau am Neckar hatte im „Fliegentier" von Villbach sein Pendant gefunden.

Der Bericht ist eine der zahlreichen Geschichten über das Orber Original Willi Haas, der viel zu früh dahinging, aber immer noch unter uns weilt mit seinem rudernden Gang, den die Lachmuskel reizenden Gesten und der derben, bildhaften Sprache. Er wird noch lange fortleben, denn der Tod verwischt erst dann die Spur eines Menschen, wenn das Lied von ihm verklingt.

Porträt eines jagenden Apothekers

Wenn ich auf der Autobahn Frankfurt–Kassel gen Norden fahre und die Abfahrt „Kirchheim" passiere, dann suchen meine Augen für Sekunden den Eisenberg, und in Gedanken eile ich in das nahe Frielingen und nach Oberaula, zu den Freunden froher Tage gemeinsamen Jagens.

Frielingen – Lehrvater Gliem und Dr. Jacobs und die Forstwarte Ickler, Kehl, Paul und Richard; Frielingen – Unbeschwertheit früher Jahre, Lausbübereien, Heiterkeit und „ale Wurst" mit Schlitzer Doppelkorn und Engelhardt-Bier. Tempi passati, nur der „Pillendreher" Erich Pistor, Nimrod aus Oberaula und manchmal auch Apotheker dazu, bleibt unverändert jung. Er soll, so erzählen es alte Frauen im Knüll, in vollmondklaren Nächten, wenn die Fuchsfähen keckernd über den Schnee rennen, in seiner Jagdhütte „Hinterm Berg" Geweihe alter Brunfthirsche zerreiben und das Pulver mit kurzgeschnittenen Haaren von Jungfrauen und geheimen Tinkturen zu taubeneigroßen Kugeln rollen. Die kleinen Bälle werden dann in besonders tief angesetzten Hosentaschen in Monaten mit geraden Zahlen rechts und in Monden mit ungeraden Ziffern links der Mitte getragen. Die Nachfrage nach diesem die Kraft bewahrenden Zaubermittel kann Pistor nicht mehr befriedigen, denn alte Hirsche sind am Eisenberg ebenso rar wie die . . . Kräuter der belebenden Säfte. Wenn die Mannsbilder darob die Apotheke stürmen, „ertränkt" er sie eigenhändig in Alkoholika, bedroht ihn aber gar kreischendes Weibervolk aus Bosheit über die Nichterfüllung guter Hoffnungen, flüchtet er auf die geheimnisvolle Hütte und schießt prompt an der Grenze zu derer von Baumbach ein paar Böcke. Hol' ihn der Teufel – noch nicht!

Das „Heinke-Syndrom"

Die Erfassung und Beschreibung des „Heinke-Syndroms", des Krankheitsbildes weitreichender und folgenschwerer rektaler Veränderungen beim Schalenwild, verdankt die Jägerschaft Professor Dr. Dr. Heinke, Koblenz. Die bahnbrechenden Untersuchungen begannen im ehemaligen Forstamt Bieber und wurden dort unter Assistenz von Forstoberrat Thomé zunächst beim Rotwild vorgenommen. Ich selbst förderte die Forschungstätigkeit des Teams durch den Einsatz des Wachtelrüden Zerro vom Wildebach. Mit ihm suchte ich Wild nach, das Symptome der zu erforschenden Krankheit aufwies.

Der Auftakt der Zusammenarbeit fiel in die Brunft 1975. Der äußerst sportliche Professor, der sechs Jahre später bei warmer Witterung in Winterkleidung mit mir im Graben einen braven Achter erlegen sollte, jagte damals noch in Bieber. Dort war er unter Führung von Nachbar Thomé in einem raumen Buchen-Altholz auf einen älteren Hirsch zu Schuß gekommen. Die erste Kugel ging zwar fehl, aber die zweite warf den Hirsch in das Laub. Schütze und Forstamtsleiter freuten sich über den Erfolg und gingen erleichtert zum noch schlegelnden Hirsch. Just als Thomé den Gast mit „Waidmannsheil" beglückwünschte, kam der kranke Hirsch auf die Läufe, schüttelte sich und stürmte durch das hohe Holz davon. Die verdutzten Jäger hatten das Nachsehen, ihre Gewehre waren nicht geladen.

Der Anruf zur Nachsuche erreichte mich wenig später. Gegen Mittag waren Forstoberinspektor Eckel und ich mit Zerro zur Stelle. Amtsvorstand Thomé wies uns ein und stellte anschließend den Forstort mit dem Professor und einer mehrköpfigen Hilfsmannschaft weiträumig ab.

Am Anschuß lag nur Schnitthaar vom Träger, und eine Kugel steckte gut mannshoch in einer starken Buche. Erst nach zwanzig Metern fing der Hirsch an zu schweißen. Es war Wildpretschweiß, den wir zunächst reichlich, dann aber immer spärlicher fanden. Alles sprach für einen Krellschuß.

Aber Zerro war unermüdlich und sicher. Er klebte an der Wundfährte und führte uns nach über zwei Kilometern Riemenarbeit an den in einem Stangenholz stehenden Hirsch. Geschnallt hetzte der Rüde hartnäckig. Hirsch und Hund kamen dabei einem der vorgestellten Schützen, aber der unterließ ob der raumgreifenden Fluchten das

Schießen. Wir hatten verloren, und ich bangte um Zerro, der eine Straße überquert hatte und erst nach langer Zeit ausgepumpt zurückkam.

Zum Abschluß gab es Würstchen und Bier in der Gaststätte an der „Wiesbütt". Als ich mich augenzwinkernd mit einem „Bis morgen!" von dem Professor verabschiedete, winkte dieser ab. „Hopp", sagte er, „ich werde Sie nicht mehr benötigen, morgen liegt ein Hirsch!" Also wandelte ich meinen Abschiedsgruß artig in ein ebenfalls zweideutiges „Auf Wiedersehen!" um und fuhr mit Eckel und Hund in den Jossgrund zurück.

Am nächsten Morgen klopfte der Regen an die Fensterscheiben, und es war noch trüb, als das Telefon klingelte. Am Apparat war der Nachbar aus Bieber. Er wünschte mir einen guten Morgen, und ich erwiderte den Gruß. Dann kam meine Frage: „Hat er wieder?", und nach einer Pause kam die bedrückte Antwort: „Ja, er hat!". Alles andere war Routine, die kurze Schilderung des Geschehens und die Absprache der erforderlichen Schweißarbeit.

Am Obermüller wurden Eckel, Zerro und ich von einem sehr in sich gekehrten Jagdgast und einem gleichfalls gar nicht zufriedenen Forstamtsleiter begrüßt. Die Gesichter der „Klienten" von gestern waren buchstäblich verregnet, und das Duo erlaubte uns nicht einmal zu scherzen. Unverzüglich ging es zum „Lärchenplan". Dort hatte der Hirsch, ein Achter sollte er sein, die Kugel beim Abdrehen „etwas spitz von hinten" erhalten. Der leicht schleimige Schweiß am Anschuß versprach nichts Gutes, und zu allem Überfluß schrie im Stangenholz noch ein Hirsch. Vorn oder hinten, das war die Frage, denn oft fliegen die Kugeln von nachgeworfenen Schüssen zunächst parallel am Wildkörper entlang und führen erst am Träger oder Äser zu schweren Verletzungen.

Thomé hatte das vor uns liegende „Untermüller-Tal" beim Anfahren mit Beamten abgestellt, so konnten wir sofort mit der Nachsuche beginnen. Zerro kam an die Schweißhalsung, ich folgte ihm am langen Riemen, und Eckel bildete als zweiter Mann den Beschluß der Reihe. Noch ein letztes Winken zum Nachbarn, der den Rückwechsel besetzte, und das Gespann war im nassen Lärchen-Fichten-Mischbestand verschwunden.

Dort gab es der Verleitungen gar viele. Überall standen die Fährten des brunftregen Rotwildes. Aber der Rüde interessierte sich nur für eine besonders stark gestanzte Hirschfährte. Er hielt sie hangab, und als es wieder bergauf ging, verwies er Schweiß. So kamen wir in den

„Zwiegrund", und bald darauf sah ich vor uns einen geringen Hirsch, der seltsam gespreizt und schwerfällig flüchtete. Erneut schlossen wir zum Hirsch auf, wieder erkannte ich die eigenartig auseinanderstehenden Hinterläufe und erfaßte mit den Augen das endenarme Geweih. Eckel nickte, als meine Hände die Halsung lösten. Fährtenlaut ging Zerro auf die Reise, wurde hetzlaut und jagte den Hirsch in das Tal hinab. Bald klang uns anhaltender Standlaut entgegen.

In einer Suhle am Bach hatte der Rüde den kranken Hirsch gestellt. Ein Schuß vom schnellen Eckel fällte ihn. Der Fangschuß saß auf dem Träger, aber auch unterhalb des Weidloches trat Schweiß aus und färbte das Wasser rot. Der Sitz der Kugel des Professors war damit klar.

Das Signal „Hirsch tot!" rief die Nachsuchenmannschaft herbei, und über die anmoorige Wiese stürmte mit geöffnetem Lodenmantel der Schütze. „Waidmannsheil, Herr Professor!" rief ich dem Erleger entgegen. „Waidmannsdank!" schallte es zurück. Dann stand der Jagdgast, tief atmend durch das Laufen und bewegt vor Freude, an seinem gestreckten fünf- bis sechsjährigen Eissprossenachter, einem einwandfreien Abschußhirsch. Plötzlich veränderte sich aber das Gesicht des Jägers, die Augen blickten starr auf das rote Rinnsal am Wedel, und es folgte die an mich gerichtete Frage: „Wo sitzt mein Schuß?" Da konnte ich es mir nicht verkneifen, ich streckte die rechte Hand aus, krümmte den Zeigefinger, drehte ihn vorwärtsschiebend nach rechts, schwenkte ihn nach links und sagte dabei trocken: „Krebsvorsorge haben Sie gemacht, Herr Professor!"

„Wer den Schaden hat, der braucht für den Spott nicht zu sorgen", aber der Medizinmann hat mir die sarkastische Bemerkung nicht verübelt, denn er ist ein Jäger, der sich zu seinem Handeln bekennt, nichts beschönigt oder gar leugnet und einen berechtigten Hinweis annimmt. Der menschliche und jagdliche Verbund blieb daher erhalten, und der Erleger des Hirsches vom Lärchenplan weiß, daß sein unglückseliger Schuß für Treffer im Bereich des Weidloches den Begriff „Heinke-Syndrom" prägte.

Im übrigen bin ich ermächtigt, mitzuteilen, daß die „speziellen Forschungsarbeiten" eingestellt sind. Wir hatten auch keinen Anlaß mehr, uns über den Sitz von Kugeln des Arztes zu beklagen, versteht dieser Jagdgast doch das jagdliche Handwerk. Das zeigt, daß uns allen beim Jagen ein Malheur passieren kann, denn auf der Jagd ist manches unwägbar. Niemand von uns sollte sich über das Mißgeschick eines anderen erhaben fühlen, kommt doch der Hochmut vor dem Fall.

Frederek

Trophäen sind nicht nur Beutestücke der Jäger, sie sind vornehmlich Gradmesser für die Hegebemühungen der Jägerschaft. Die Stärke und Ausbildung der Trophäen des Schalenwildes erlauben Rückschlüsse auf den Gesundheitszustand und das Altersklassenverhältnis einzelner Wildpopulationen innerhalb bestimmter Gebiete. Die Trophäen geben somit auch Aufschluß über den Zustand und die Wertigkeit eines Biotops, denn die Trophäe ist wie die körperliche Verfassung seines Trägers im allgemeinen ein Indikator für das Wohlbefinden des Wildes. Trophäenschauen gewähren letztlich daher auch Einblicke in die Disziplin der Jägerschaft. Bei aller Belastung durch die Umwelt entscheiden immer noch die Jäger über die Zusammensetzung einer Population. Dort, wo die Sozialstrukturen eines Bestandes zerschlagen sind, können kaum ausgereifte Trophäen in biologisch angemessener Zahl zur Schau gestellt werden. Trophäenschauen sind somit keine „Lustveranstaltungen von Knochenfetischisten", sondern Dokumentationen über den Stand der Hege von Wildtieren in einer Gruppe von Revieren.

Oftmals erfreuen Trophäen die Jäger. Die Stärke eines Geweihes, die Perlung einer Rehkrone, die Harmonie der Schaufeln eines Damhirsches, die Wucht der Schnecken von einem Muffelwidder und die Urigkeit der Waffen eines Keilers rufen bei Jägersleuten Freude hervor. Diese Glückseligkeit aber ist nicht verwerflich, solange der Beutetrieb eingebunden ist in die Bereitschaft, auch im tötenden Abschluß der Jagd der übertragenen Ordnung zu dienen.

Für die Verteufelung der „Trophäenjagd" durch eine Schar von Ökologen, Wildbiologen und anderen Eiferern des Naturschutzes habe ich daher kein Verständnis. Dort, wo es der Jägerschaft gelingt, die Jagd auf wildlebende Tiere jeweils nach dem wildbiologischen Erkenntnisstand auszurichten, sollte es auch den „Andersdenkenden" gleichgültig sein, ob der Jäger wie sein Urahn um des Wildprets wegen jagt oder wegen einer guten Trophäe den Finger krümmt. Die Jagd als Beitrag zur Ernährung und das Streben nach voll entwickelten Trophäen schließen sich nicht aus. Das Jagen auf Wild mit ausgereiften und starken Trophäen wird erst dann anrüchig, wenn es zu einem alleinigen Kult ausartet.

Wer nur nach dem Geweih, der Krucke oder dem Gehörn giert und für ihre Erbeutung vielleicht sogar Methoden anwendet, die mit der waidmännischen Bejagung und der Hege des Wildes nicht in Einklang zu bringen sind, der allerdings sollte auch bei den Jägern, die im Interesse der Sache Disziplin und Bescheidenheit üben, kein Verständnis finden.

Im übrigen tragen die meisten Stücke unseres Schalenwildes, die alljährlich der Wildbahn entnommen werden müssen, als weibliche oder geringe männliche Bestandsglieder keine oder nur unbedeutende Trophäen. Auch können ein Hase vor dem brackierenden Hund, ein Fuchs im Vollmond über Schnee oder ein schwaches Kalb nach mehrfachem Bemühen genau so viel Freude bereiten wie ein Hirsch oder ein Schaufler. Die kleinen Erlebnisse am Rande des Pürschweges sind es oft, die als Perlen in der Kette des Vergangenen glänzen.

Daher möchte ich auch die Geschichte von der Erlegung eines Bokkes erzählen, dessen Trophäe nur ein unbedeutendes „Knöpferl" war und dessen Bejagung weder Schwierigkeit bereitete noch Aufregung verursachte, der aber dennoch durch das Drum und Dran auf der Woge der stets wiederkehrenden Erinnerung schwimmt.

Mit dem Ehepaar Binnewies aus Bieber und seinem Sohn Frederek hatte ich vor drei Jahren an einem frühherbstlichen Nachmittag den Wald vom Birkenacker durchstreift. Forstliche Diskussionen wechselten mit allgemeinen Plaudereien, schließlich ging es zur Jagd. Die Nachbarsleute postierte ich auf dem „Kleinen Udo" am Kopf des Minenwerfergrundes, während ich mit dem sechsjährigen Frederek von Klein Karelien über die Krickersloch-Waldstraße zur „Himmelsleiter" marschierte. Dabei überlegte ich, selbst Vater von vier Kindern, doch in allen Fragen der Erziehung unbeholfen, wie ich den Auftrag der Mutter, Frederek vor dem Aufbaumen noch einmal zum Nässen anzuhalten, am besten erfüllen könnte. Zuletzt markierte ich den „Wassernotstand", sprang auf die Böschung und stellte mich an einen Baum. Der Knirps kam hinterher und fragte etwas mitleidsvoll: „Hast du auch eine kleine Blase?"

Dann schlugen wir uns, soweit das ging, das Wasser ab, wischten jeder mit den Händen über den Hosenboden und erreichten den hohen Sitz, den mancher Erwachsene nur mit Fallschirm besteigt oder gar meidet. Bevor ich mich versah, kletterte Frederek jedoch schon munter die Leiter empor.

Oben hockte er sich still in eine Ecke und lugte gespannt über die Brüstung. Es dauerte nicht lange, da stieß mich der Begleiter an: „Ein Knopfbock!" Ich blickte auf, erkannte auf der Verjüngungsfläche ein

Stück Rehwild, nahm das Glas und fand die Angaben des jungen Jägers bestätigt. „Schießen!" lautete nun das Kommando meines Nachbarn. Ich antwortete: „Nein, der Bock steht nicht breit!" und erhielt dafür einen mißbilligenden Blick. Endlich packte ich es, und nach dem Schuß erreichte mich das Echo: „Blattschuß!" Das Böckchen lag, und nichts hielt mehr den kleinen Mann, ich mußte ihn fast grob zurücknehmen, so beutelte die Passion den Burschen.

Vor dem Aufbrechen ergriff Frederek selbständig die Läufe des Jährlings und drehte ihn in die richtige Lage. Jeder Schnitt, jeder Griff wurde dann kommentiert. Als die Leber zum Vorschein kam, sprach Sohn Binnewies plötzlich nicht mehr von „unserem Bock". Der Knopfbock war jetzt „sein Bock", und als die Leber im Aufbruchbeutel verschwand, sagte er: „Fein, das ist meine Leber, die essen wir gern!" Damit war ich nun nicht „einverstanden", schließlich einigten wir uns auf eine Teilung von Leber, Nieren und Herz, und die Eintracht war wieder hergestellt. Aber die Aufregung war für den Steppke wohl doch zu groß gewesen, plötzlich rannte er an einen Baum und schaute sich hilfesuchend um. Wir hatten Mühe zurechtzukommen.

Eigentlich hätte ich die Trophäe präparieren und meinem Freund Frederek überlassen sollen. Leider habe ich zu spät daran gedacht. Aber vielleicht liest er im Mannesalter diese Geschichte und denkt dabei an den Knopfbock von der Himmelsleiter und den kahlköpfigen Mann mit der kleinen Blase.

Schlußakkord

Auf dem Wechsel der Zeit

Es ist Nachmittag geworden. Der Abend kommt. Im Geäst kahler Eichen hacken Krähen Löcher in den Feuerapfel. Die Glut zerfällt. Meine Zeit im Jossgrund nimmt ab. Die Fichten, die in diesem Frühjahr gepflanzt wurden, werden erst Weihnachtsbäume sein, wenn ich gehe. Die Hirschkälber des Sommers herrschen bei meinem Abschied noch nicht als Platzhirsche auf den Brunftplätzen.

Aber soll man deshalb traurig sein? Wer Forstmann ist, der weiß, daß er, gemessen an der Lebensdauer der Bäume, nur für einen Augenblick den Wald pflegt. Und wer, so Gott will, dereinst gar achtundzwanzig Jahre ein Stück Landschaft für Menschen und Tiere bewahren und gestalten durfte, der hat Anlaß, dankbar zu sein.

Es hat alles seine Zeit, das Wurzelschlagen, das Wachsen und das Vergehen. Der Jäger, der sein Revier durchschreitet, kennt den Wechsel der Jahreszeiten. Wer nachsucht, die Fährte ausgeht, findet.

Aber noch jagen wir, sind voller Freude, wenn das Horn ruft; sitzen an und besinnen uns, pürschen und schauen, gehen auf in der Schöpfung als ein Teil der Natur.

Und am Abend, wenn die Hunde träumen, kreisen die Humpen, klingen die Lieder, weckt ein Windstoß das Feuer der Erinnerung. „Die Vergangenheit ist niemals tot. Sie ist nicht einmal vergangen."

Nachwort

Die Grundzüge dieses Buches entstanden im Jahr 1982. In den Monaten Februar und März 1984 wurde das Manuskript überarbeitet und abgeschlossen. Für Auskünfte und Ratschläge habe ich vielen zu danken, den forstlichen und jagdlichen Nachbarn, den vorgesetzten Behörden, dem Rotwildring Rotwildgebiet Spessart, Wildbiologen und Jägern sowie Mitgliedern der Schalenwildausschüsse des Deutschen Jagdschutz-Verbandes und des Landesjagdverbandes Hessen. Besonders danke ich Herrn Oberamtsrat Karl Blume, dem Schriftführer des Rotwildringes Rotwildgebiet Spessart, der mir bei der Zusammenstellung und Auswertung der Grundlagen behilflich war. Mein Dank gilt auch den Damen Christa Ruppel, Oberndorf, und Helga Schade, Burgjoß, die mich bei Schreibarbeiten unterstützten.

Literaturnachweis

Allgemeine Quellenangaben

BAYERN, A. und J. von, 1977: Über Rehe in einem steirischen Gebirgsrevier. 2. Aufl. München, Bern, Wien: BLV Verlagsgesellschaft.

BLUME, K.; HOPP, P. J., 1982: Hege und Bejagung des Schwarzwildes. Dritter Bericht aus dem Spessart. Wild und Hund 85, H. 10, S. 36.

Deutscher Jagdschutz-Verband e. V., 1984: DJV-Handbuch.

FRIEDENSBURG, F., 1969: Lebenserinnerungen. Frankfurt am Main, Bonn: Athenäum Verlag.

FRIEDENSBURG, F., 1971: Es ging um Deutschlands Einheit. Berlin: Haude & Spenersche Verlagsbuchhandlung.

GARSSEN, G. v., 1983: Schalenwild-Hegerichtlinien in Niedersachsen. Die Pirsch, 35. H. 21, S. 1390.

GOSSOW, H., 1976: Wildökologie. München: BLV Verlagsgesellschaft. Salzburg: Verlag „Das Bergland-Buch".

GRIMM, R. 1984: Mündliche Mitteilungen zum Auerwild-Vorkommen im Bayerischen Forstamt Mittelsinn.

HECK, L.; RASCHKE, G., 1980: Die Wildsauen. Hamburg und Berlin: Verlag Paul Parey.

Der Hessische Minister für Landesentwicklung, Umwelt, Landwirtschaft und Forsten, HMLULF, 1979: Allgemeine Verwaltungsvorschrift zur Durchführungsverordnung zum Hessischen Ausführungsgesetz zum Bundesjagdgesetz. Staatsanzeiger für das Land Hessen, 1979, Nr. 33, S. 1663.

Der Hessische Minister für Landesentwicklung, Umwelt, Landwirtschaft und Forsten, HMLULF, 1982a: Richtlinien für die Hege und Bejagung des Rotwildes in Hessen; hier: Neufassung. Erlaß vom 12. März 1982, Az.: III A 5 – 5259 – J 40.

Der Hessische Minister für Landesentwicklung, Umwelt, Landwirtschaft und Forsten, HMLULF, 1982b: Richtlinien für die Hege und Bejagung des Rotwildes in Hessen vom 12. März 1982; hier: Altersschätzungen bei Rotwild. Erlaß vom 9. August 1982, Az.: III A 5 – 5580 – J 40.

Der Hessische Minister für Landesentwicklung, Umwelt, Landwirtschaft und Forsten, HMLULF, 1983: Jahresbericht 1982 der Hessischen Landesforstverwaltung mit Wirtschaftsergebnissen 1982 der Hessischen Staatsforstverwaltung.

HEUSS, T., 1959: Von Ort zu Ort. Herausgegeben von Friedrich Kaufmann und Hermann Leins, Tübingen: Rainer Wunderlich Verlag, Hermann Leins.

HOFMANN, R. R., 1980a: Über die Notzeit des Schalenwildes in der Kulturlandschaft – wissenschaftliche Erkenntnisse, gesetzliche Bestimmungen und Hegepraxis. Jagd und Hege, 12. Nr. 4.

HOFMANN, R. R., 1980b: Wildernährung. Wild und Hund 83, H. 26, S. 617.

HOFMANN, R. R.; HERZOG, A., 1980: Die Notzeit des Schalenwildes. Bestandsaufnahme und Definition. Herausgegeben vom Deutschen Jagdschutz-Verband e. V., Bonn.

HOFMANN, R. R.; KÖNIG, R., 1979: Wilddichte und artgerechte Existenz. Jagd und Hege, 11., Nr. 6.

HOFMANN, R. R.; KÖNIG, R., 1981: Schalenwildbewirtschaftung – Verordnungen, Theorie und Praxis vor dem Hintergrund wildbiologischer Erkenntnisse und Anregungen. Hess. Jäger, 25, H. 1, S. 1.

HOPP, P.-J., 1973: Das magische Gespann. Hamburg und Berlin: Verlag Paul Parey.

HOPP, P.-J., 1974: Spessartimpressionen, II. Teil. Wild und Hund 77, H. 3, S. 58.

HOPP, P.-J., 1977: Novellierung der Landesjagdgesetze. Wild und Hund, 80, H. 6., S. 264.

HOPP, P.-J., 1979: Schweinereien – Feststellungen, Beispiele und Vorschläge zur Bejagung des Schwarzwildes. Wild und Hund, 82, H. 10, S. 236.

HOPP, P.-J., 1980: Zur Situation der Schweine. Ein Bericht aus dem hessischen Spessart. Wild und Hund, 83, H. 6, S. 129.

HOPP, P.-J., 1981: Schwarzwildhege. Zweiter Bericht aus dem Spessart. Wild und Hund, 84, H. 5, S. 101.

IMHOF, F., 1984: Mündliche Mitteilungen zum Auerwild-Vorkommen im Hessischen Forstamt Bad Soden-Salmünster.

KALCHREUTER, H. 1977: Die Sache mit der Jagd – Pro und kontra. München, Bern, Wien: BVL Verlagsgesellschaft.

KALCHREUTER, H., 1979: Die Waldschnepfe. Mainz: Verlag Dieter Hoffmann.

KÖNIG, R., 1979: Ein Rotwildbestand und sein Altersaufbau nach langjährigen Streckenlisten. Sonderdruck aus „Die Pirsch", H. 20.

KÖNIG, R., 1980: Jagdwert und Bejagungsrichtlinien. Vortrag, Schwarzwildsymposium des AKWJ Gießen, 8. 2. 80.

KÖNIG, R., 1981: Mündliche Mitteilungen.

KÖNIG, R., 1984: Mündliche Mitteilungen zum zweiten Schwarzwildsymposium des AKWJ Gießen.

KOPP, R.; HOPP, P.-J., 1982: Hege und Bejagung des Rotwildes in Hessen. Wild und Hund, 85, H. 2, S. 24, und H. 3, S. 14.

LJV Hessen e. V., 1983: Empfehlungen des LJV Hessen e. V. für die Bejagung des Schwarzwildes. Hessenjäger, 2., H. 4, S. 84.

MEUNIER, K. 1982: Wann trägt der Rehbock sein stärkstes Geweih? Deutsche Jagd-Zeitung, 2., Nr. 7.

MEYNHARDT, H., 1983: Rangordnung und Rauschzeit – 10 Jahre unter Wildschweinen III. Wild und Hund, 86, H. 18. S. 53.

MEYNHARDT, H., 1984: Geschlechterverhältnis beim Schwarzwild – 10 Jahre unter Wildschweinen IV. Wild und Hund, 86, H. 21, S. 28.

MÜLLER, F. J., 1974: Territorialverhalten und Siedlungsstruktur einer mitteleuropäischen Population des Auerhuhns, Tetrao Urogallus major C. L. Brehm. Dissertation, Marburg/Lahn.

MÜLLER, F. J., 1984: Die Bedeutung des Wacholders als Äsungspflanze für das Auerwild. Mündliche Mitteilung vom 20. 2. 1984.

PFEUFFER, A. M., 1982: Bringt nur die „Vereinsjagd" Abhilfe? Deutsche Jagd-Zeitung, 2., Nr. 9.

OKG, 1984: Neue Erkenntnisse vom Schwarzwild. Hessenjäger 3, H. 2, S. 27.

REULECKE, K., 1982: Geschlechterverhältnis und Streckenstatistik. Wild und Hund, 85, H. 3, S. 28.

RRS, Herausgeber, 1979: Satzung des Rotwildringes Spessart – Zusammenschluß der Rotwildjäger im Hessischen Spessart – vom 19. 4. 1969 in der Fassung vom 29. 9. 1979.

RRS, Herausgeber, 1980a: Richtlinien für den Abschuß von Rotwild im Rotwildgebiet Spessart – Ausgabe 1978 mit den Änderungen von 1980.

RRS, Herausgeber, 1980b: Grundsätze zur Bejagung des Schwarzwildes im Rotwildgebiet Spessart – Ausgabe 1980.

SCHERZINGER, W., 1980: Zucht von Rauhfußhühnern – ein Hoffnungsschimmer? Jäger, 98, H. 5, S. 32.

SCHNEIDER, K., 1984: Mündliche Mitteilungen zum Auerwild-Vorkommen im verpachteten städtischen Eigenjagdbezirk Bad Orb I.

STEIN, J., 1974: Die qualitative Beurteilung westdeutscher Auerhuhnbiotope unter besonderer Berücksichtigung der Grenzlinienwirkung. Auerwild-Symp. Garmisch-Partenkirchen 1974. Allgem. Forstzeitschrift, 29, S. 837.

THIENHAUS, R., 1984: Schriftliche Mitteilungen über Beobachtungen von Auerhühnern im Hessischen Forstamt Gelnhausen vom 22. Januar 1984.

Quellenangaben, die hauptsächlich das Kapitel „Burg, Amt und Revier" betreffen

DEGEN, K., 1981: Mündliche und schriftliche Mitteilungen.

DEUFERT, J. C., 1916: Geschichtliches Gedenkbuch für die Pfarrstiftung Oberndorf, angelegt zufolge hoher Ordinariats-Verfügung vom 31. Okt. 1856 durch den zeitlichen Pfarrer Ziegler, ergänzt durch Dechant J. C. Deufert bis 1916.

GRIMM, R., 1974: Generelle Beschreibung des Königl. Forstreviers Burgjoß vom Jahr 1845, gefertigt als überarbeitete Abschrift.

GRIMM, R., 1977, 1981, 1982: Mündliche und schriftliche Mitteilungen zur Forstgeschichte des nordwestlichen Spessarts.

HOPP, P.-J.; LANGHAMMER, H., 1979, 1980: Konzepte zur Forsteinrichtung des Staatswaldes im Hess. Forstamt Jossgrund – Stichtag 1. 1. 1979.

KUNZ, R., 1971: Zur Geschichte der Burg Jossa bei Jugenheim an der Bergstraße. Der Odenwald, heimatkundliche Zeitschrift des Breuberg-Bundes, 18., H. 2, S. 47.

PUCHERT, H., 1981a: Ausarbeitungen zur Geschichte des Hess. Forstamtes Jossgrund, Entwurf.

PUCHERT, H., 1981b, 1982: Mündliche und schriftliche Mitteilungen zur Geschichte der Spessart-Inspektion.

WEBER, H., 1954: Die Geschichte der Spessarter Forstorganisation. München: Bayerischer Landwirtschaftsverlag GmbH.

WORMS, J., 1980: Mit dem Zeichenstift unterwegs: Die Burg an der Jossa und ihre vielen Herren. Frankfurter Allgemeine, Nr. 171 vom 26. 7.

Bücher für Jäger

Wilhelm Schmiedl
Von Böcken, Gams und braunen Hirschen
Erfülltes Waidwerk im Burgenland und in der Steiermark. 1984. 200 Seiten. Glanzkaschiert 34,– DM

Kurt Menzel
Glück muß der Jäger haben
Von der jagdlichen Passion eines Forstmannes in heutiger Zeit. 1983. 176 Seiten und 16 Bildtafeln mit 32 Abbildungen. Glanzkaschiert 34,– DM

Helmuth J. Manzenreither
Als wär' es mein Revier!
Von Jägerfreuden und dem Leben in einer Kärntner Bauernjagd. 1983. 208 Seiten. Glanzkaschiert 36,– DM

Heinrich von Oepen
Jagen in Rominten
Auf Elch, Hirsch, Bock und Sau in meiner masurischen Heimat. 1982. 174 Seiten und 8 Bildtafeln mit 16 Fotos. Glanzkaschiert 36,– DM

Hans Behnke
Von Mondhasen und Erdkitzen
Der Waidgenosse als Zeitgenosse. 1982. 237 Seiten und 16 Bildtafeln mit 32 Abbildungen. Glanzkaschiert 32,– DM

Willy Benzel
Im Paradies der Hirsche
Rotwilderfahrungen und Jagderinnerungen des letzten Wildmeisters beim Fürsten Pleß. 4. Auflage. 1983. 228 Seiten mit 40 Abbildungen im Text und auf 10 Bildtafeln. Glanzkaschiert 32,– DM

Gerhard von Jordan
Diana hat mir stets verziehen
Von den Taten und Untaten eines »miserablen« Jägers. 1980. 116 Seiten. Glanzkaschiert 7,80 DM

Walter Frevert
Abends bracht' ich reiche Beute
Der jagdlichen Erinnerungen letzter Teil. 5. Auflage. 1977. 166 Seiten mit 1 Zeichnung und 15 Bildtafeln mit 27 Abbildungen. Leinen 26,– DM

Walter Frevert
Das Jägerleben ist voll Lust und alle Tage neu
Jagdliche und andere Erinnerungen. 5. Auflage. 1979. 193 Seiten, 15 Bildtafeln mit 25 Abb. Leinen 32,– DM

Walter Frevert
Und könnt' es Herbst im ganzen Jahre bleiben
Jagdliche und andere Erinnerungen. 8. Auflage. 1984. 227 Seiten und 19 Bildtafeln mit 25 Abbildungen. Glanzkaschiert 32,– DM

Hans Theodor Bernhart
Karpatenjäger aus Leidenschaft
Ein Leben für die Jagd. 1976. 157 Seiten. Leinen 32,– DM

Friedrich Karl von Eggeling
Von starken Keilern, treuen Hunden und pfeilschnellem Federwild
2. Aufl. 1980. 194 S. Leinen 32,– DM

Friedrich Karl von Eggeling
Wie es Diana gefällt
Aus eines Jägers hellen und dunklen Stunden. 1978. 149 Seiten mit 45 Zeichnungen von Irene von der Lancken. Leinen 32,– DM

Preisstand: Sommer 1984.
Spätere Änderungen vorbehalten.

Verlag Paul Parey
Spitalerstraße 12 · 2000 Hamburg 1

Bücher für Jäger

Johannes K. Hogrebe
Im Paradies der Jäger und Fischer
Erfahrungen und Erlebnisse in den
Weiten Kanadas. 3. Auflage. 1979.
184 Seiten mit 7 Karten und 46 Abbildungen im Text und auf 15 Bildtafeln. Leinen 32,– DM

Johannes K. Hogrebe
Der Trapper vom Ghostriver
Ein Leben im kanadischen Paradies
der Jäger und Fischer. 5. Auflage.
1982. 184 Seiten mit 2 Kartenskizzen
und 15 Bildtafeln mit 21 Abbildungen.
Efalin gebunden 32,– DM

Johannes K. Hogrebe
Abenteuer der Wildnis
Waidwerk und Fischwaid im kanadischen Busch. 4. Auflage. 1984.
182 Seiten mit 2 Karten und 15 Bildtafeln mit 23 Abbildungen. Linson
gebunden 34,– DM

Curt Mehrhardt-Ilow
Kanadisches Scherzo
Mit lachenden Jägeraugen durch
Prärie und Busch. 87.–96. Tausend.
1982. 383 Seiten mit 56 Zeichnungen von Karl Wagner. Glanzkaschiert
28,– DM

Paul Kwaterowsky
Fährten unterm Nordlicht
Erlebnisse und Erfahrungen bei
Wildschutz und Wildbewirtschaftung
im Norden Kanadas. 1981. 205 Sei-
ten, 16 Bildtafeln mit 28 Abbildungen
und 1 Karte auf den Vorsatzblättern.
Efalin gebunden 39,– DM

Steven Jan Blaupot ten Cate
**Jagd und Wildschutz
im Norden Amerikas**
Nördliche USA – Kanada – Alaska.
1977. 170 Seiten mit 32 Abbildungen
im Text und auf 16 Bildtafeln,
32 Übersichten und 15 ganzseitigen
Verbreitungskarten. Glanzkaschiert
36,– DM

Hermann Freiherr
von Pfetten-St. Mariakirchen
Wohin mein Jägerherz mich führte
Jagd ohne Grenzen in Britisch-
Kolumbien. 1977. 175 Seiten mit
1 Karte und 15 Bildtafeln mit
23 Abbildungen. Linson gebunden
34,– DM

László Studinka
Mit heißem Jägerherzen
Ein Leben der Jagd in Ungarn.
2. Auflage. 1982. 252 Seiten und
33 Bildtafeln mit 51 Abbildungen.
Leinen 38,– DM

László Studinka
Wanderungen eines Jägers
Mit Büchse, Flinte und Kamera in
vier Erdteilen. 1981. 215 Seiten und
16 Bildtafeln mit 30 Abbildungen.
Efalin gebunden 36,– DM

László Studinka
Ewige Jagdgründe
Jagderleben in den Ostkarpaten.
1980. 160 Seiten und 16 Bildtafeln
mit 39 Abbildungen. Efalin gebunden
36,– DM

László Studinka
Unbändige Jagdpassion
Ganz Ungarn war mein Revier.
2. Auflage. 1983. 158 Seiten und
16 Bildtafeln mit 29 Abbildungen.
Efalin gebunden 34,– DM

Preisstand: Sommer 1984.
Spätere Änderungen vorbehalten.

Verlag Paul Parey
Spitalerstraße 12 · 2000 Hamburg 1